Sistema de gobierno,
Práctica
y Misión
de la
Iglesia
Metodista
Unida

Sistema de gobierno, Práctica y Misión de la IGLESIA METODISTA UNIDA

Thomas Edward Frank

Traductor: Julio Gómez

ABINGDON PRESS / Nashville

SISTEMA DE GOBIERNO, PRÁCTICA Y MISIÓN
DE LA IGLESIA METODISTA UNIDA

Derechos de autor © 2001 por Abingdon Press

Este libro fue impreso en papel sin ácido.

Polity, Practice, and the Mission of The United Methodist Church
Copyright © 1997 by Abingdon Press

Sistema de gobierno, práctica y misión de la Iglesia Metodista Unida
Derechos de autor © 1997 en inglés por Abingdon Press

Library of Congress Cataloging-in-Publication Data

Frank, Thomas Edward.
    [Polity, practice, and the mission of the United Methodist Church. Spanish]
    Sistema de gobierno, práctica y misión de la Iglesia Metodista Unida/ Thomas Edward Frank; traductor, Julio Gómez.
        p. cm.
    Includes bibliographical references.
    ISBN 0-687-05021-9 (alk. paper)
    1. United Methodist Church (U.S.)– Government. I. Title.

BX8388 .F7318 2001
262'.076–dc21
                                                                    2001023987

Las referencias bíblicas en este libro son tomadas de Santa Biblia, Reina-Valera, Revisión de 1995, Edición de Estudio; derechos de autor © 1995 Sociedades Bíblicas Unidas. Usado con permiso. Todos los derechos reservados.

A menos que se indique de otra manera, todos los párrafos y referencias a las páginas en el libro son traducidos de *The Book of Discipline of The United Methodist Church 1996* (Nashville: The United Methodist Publishing House, 1996).

A menos que se indique de otra manera, todas las referencias a Wesley's *Works* son traducidas de *The Works of John Wesley,* ed. Thomas Jackson, 14 vols. (London: Methodist Conference Office, 1872; reimpreso Grand Rapids: Zondervan Publishing House, n.d.).

A mi madre y a mi padre

Índice

La retórica de la crisis y el sistema de gobierno metodista unido

El protestantismo convencional está en crisis. Si usted no lo piensa así, estoy seguro de que cambiará de idea después de que lea libros, no sólo de la Iglesia Metodista Unida, sino también de otras denominaciones, tales como la Iglesia Cristiana (Discípulos de Cristo), la Iglesia Episcopal, la Iglesia Unida de Cristo o la Iglesia Presbiteriana (USA). También si escucha discursos en conferencias de estas iglesias y leyendo artículos de sus periódicos y boletines.

• Los comentaristas están de acuerdo en que la iglesia está en una decadencia desastrosa. Si continúa la tendencia actual, no quedará una denominación en el siglo que viene.

• La clerecía está desmoralizada. El pueblo laico está desilusionado. Nuestros líderes están temerosos de dirigir. Nuestro pueblo no conoce las enseñanzas básicas de la iglesia.

• Llegó la hora para «nuevos paradigmas» de organización. Llegó el fin a los días de una burocracia inflada y a una programación verticalista. Esta es la era de la iniciativa y control local.

• La iglesia está en una encrucijada, un punto crítico, un tiempo de decisión. Es ahora o nunca, cambio o muerte.

En pocas palabras, la iglesia está sumergida en una retórica de crisis. Esta situación es tan dominante que no hay un orador en una escuela o conferencia de pastores que se atreva a omitir una letanía de males o que deje de prometer una próxima revolución. La repetición de estadísticas alarmantes parece que llaman la atención de todos. Un orador que hable del fin inevitable será recordado por mucho tiempo y hasta puede ser que lo lleven al episcopado.

He escogido este momento histórico para escribir un libro sobre el sistema de gobierno metodista unido. Mis colegas y amigos piensan que estoy loco por emprender este tópico. Hasta me he unido al sarcasmo de este proyecto diciendo que estoy escribiendo un libro sobre el trabajo de la iglesia, que es una novela.

No hay dudas de que reconozco que el sistema que describo aquí seguirá modificándose mientras el libro está en circulación. Sin embargo, espero que la perspectiva desde la que escribo tenga un valor duradero.

Una retórica de poder

Comencé a hablar y escribir acerca del metodismo unido hace menos de diez años, cuando cambié mis labores pastorales por las de la enseñanza. Al principio estaba completamente unido a la retórica de la crisis. Vi que me daba entrada a las audiencias; personas que escuchaban atentamente cuando les describía los problemas de la denominación. Los podía deslumbrar con las metáforas de cómo la iglesia debía verse en el futuro.

Comencé a sentirme incómodo con mi celoso punto de vista por tres razones. Me sentí en realidad como parte de un cuadro de intérpretes que estaban en jira por la denominación diciendo cosas que parecía que eran para que los volvieran a invitar para seguir diciendo cosas más potentes y decisivas. Me comencé a dar cuenta de que la retórica de la crisis era una retórica de poder. Le da poder al orador quien puede manipular los datos. Le concede poder a expertos distantes que tienen conocimientos religiosos y de organización de los cuales adolece el laicado. Le hace llegar poder a grupos que tienen un plan o un programa de cambio (según ellos).

Por el contrario, la retórica de la crisis le quita el poder a los pastores y a los laicos al disminuir la importancia de sus trabajos, de éstos que se reúnen semana tras semana en santuarios diseminados por todas partes para adorar a Dios, orar por dirección, recaudar fondos y buscar voluntarios para llevar adelante el ministerio. La retórica de la crisis hace que los oficiales de las agencias, los líderes laicos de las conferencias, y otros que están a cargo del trabajo conexional, se vean como perezosos, mal informados, o peor, patéticos.

En segundo lugar, comencé a darme cuenta cómo la retórica de la crisis sirve al ídolo del éxito de la cultura americana. Una obsesión con la disminución en los números y la pérdida de influencia es la imagen en el espejo de una obligación por números que crecen y un aumento en la influencia y notoriedad. En Norteamérica, mientras más grande, mejor; mientras más atención obtenga, mejor, sin importar cuál es el efecto o el producto de esa ambición. El público se emociona con historias acerca de imperios de hamburguesas sin preguntar de dónde viene la carne. La gente se pega a la televisión para ver quién ganó la lotería más grande en la historia del estado, pero muy pocos se detienen a pensar quiénes compraron todos los boletos y qué precio tuvo que pagar la familia.

Siguiendo esta línea de pensamiento en la iglesia, sólo una congregación con miles de miembros, que tiene muchas personas de altos ingresos, se considera un éxito. Nadie va a las iglesias pequeñas para estudiar la manera de atraer nuevos miembros. Una iglesia que florece en un barrio pobre, o una iglesia que está creciendo y en donde se usa un idioma distinto al inglés, o una congregación de cien miembros que lucha incansablemente por responder a las necesidades de su comunidad, no se «cuenta» como una señal de vitalidad en la denominación.

La retórica de la crisis distrae a la iglesia del evangelio que se le ha entregado para que lo proclame. Se enfoca en la institución en vez de en el mensaje que la institución representa para el mundo. Una iglesia que está siempre hablando de pérdida de miembros, que cuenta historias nostálgicas del pasado, que regaña constantemente al pastor y al laicado porque no son más productivos, y que arenga a la gente para que busque una visión para el futuro, se está enfocando en sí misma y en sus propias necesidades. Una iglesia que anuncia las buenas nuevas de Cristo, que se identifica con el pobre, que se preocupa por el que sufre, que recibe al extranjero, que suplica por la belleza y la integridad de la buena creación de Dios, es sincera consigo misma. Y Dios es el que da el crecimiento cuando la iglesia es fiel.

El cambio como pérdida

La retórica de la crisis me estaba cegando a mí y a otros comentaristas ante la evaluación realista de las tendencias de la denominación y los aspectos emergentes y posibilidades de la iglesia del futuro.

Durante los últimos treinta años muchos eruditos y líderes protestantes se han estado preocupando con la decadencia. Habiendo comenzado su trabajo profesional en sus respectivas denominaciones en los años 1950 y 1960, tenían la tendencia a ver dicho período como a una era de fracaso, fragmentación y pérdida. Personas conocidas nacionalmente se jubilaron o murieron y no fueron reemplazadas por personas de renombre nacional. Los departamentos de misión, educación y otras causas conexionales estuvieron bajo serias dificultades económicas. Muchas instituciones que habían estado afiliadas a la iglesia aprobaron una nueva directiva que disminuyó o eliminó la relación con la iglesia y siguieron con sus propias juntas de síndicos.

Una breve revisión de los datos de membresía parece que también confirman un paradigma de pérdida. Las cinco denominaciones más grandes que se consideraban generalmente como el centro del protestantismo convencional (la lista aparece al principio), informaron su punto de membresía más alto en 1965. Desde entonces y hasta finales de 1980, los presbiterianos informaron la pérdida de una tercera parte de sus miembros, los episcopales casi el treinta por ciento, y los Discípulos, asombrosamente, la mitad.

Los metodistas unidos en los Estados Unidos llegaron a más de once millones de miembros, y en 1995 informaron una membresía de sólo 8.7 millones, una pérdida de más de 2.3 millones, como un veinte por ciento. La asistencia al culto, que llegó a 4.3 millones en un domingo promedio, bajó a menos de 3.5 millones. La asistencia a la escuela dominical bajó de tres millones a menos de dos millones.

El problema estaba en ver qué se podía hacer con estas estadísticas. Para los que interpretaban estos datos dentro de un cuadro de pérdida y decadencia, los números eran una señal de desastre. Daban a entender, por lo menos, una disminución en la importancia del protestantismo convencional y quizás, aún el fin de las denominaciones como eran conocidas por los americanos.

Una metáfora explanatoria prominente para la tendencia denominacional era la enfermedad y la necesidad de recobrar la salud. El presbiterianismo americano se estudió completamente en una serie de ensayos en siete volúmenes titulados *The Presbyterian Presence* (Presencia presbiteriana). Uno de dichos volúmenes se tituló *The Mainstream Protestant Decline* (Descenso del protestantismo convencional). Los temas los discutieron alrededor de metáforas de salud y enfermedad. Todo en la historia reciente de los presbiterianos estaba enmarcado por las perspectivas de la decadencia.

«Estadísticas como estas son señal de enfermedad,» dice el autor de un importante estudio metodista unido. En otro libro sobre la necesidad de crecimiento en la Iglesia Metodista Unida, habla de «hemorragia» y de «enferma hasta la muerte».

Tales metáforas trabajan primordialmente en mecanismos retóricos y no indican categorías analíticas actuales. La retórica del malestar pueden promover sentimientos de remordimiento y culpa; esto hace que haya un autoexamen y un deseo de buscar la medicina y el punto de vista que lleve a la mejoría. Tratar de hacer que la gente se sienta mal al reconocer que su organización está enferma y que por esa razón van a tener un deseo de mejorar la salud, es un asunto discutible. Hace mucho tiempo que se rechazó este enfoque terapéutico. Pero todavía algunos creen que puede dar resultado.

Ésta es sólo una de las estrategias para interpretar los datos y hacer que la gente entre en acción. Hay otras:

Pérdida de influencia.

En los últimos años la afiliación en la Iglesia Metodista Unida ha estado declinando como un porcentaje de la población de los Estados Unidos. Para fines de 1950 la Iglesia Metodista junto con la Iglesia Evangélica de los Hermanos Unidos, componían el 6.4 por ciento de la población americana. Más tarde, los metodistas unidos bajaron a cerca del 3.6 por ciento. La membresía no ha podido crecer junto con la población y además ha sufrido un declive en áreas de alto crecimiento, como California y en las megalópolis del noreste, desde Boston a Washington.

Por lo tanto, sigue el argumento, el metodismo unido así como otras denominaciones convencionales están amenazadas con la pérdida de influencia en las comunidades. Pocos líderes cívicos y comerciantes asisten a sus iglesias. La hegemonía cultural que una vez disfrutaron y ejercitaron las iglesias protestantes convencionales, lo cual se veía en prácticas como la ley de cierre los domingos, la publicación de sermones o columnas religiosas en los periódicos del sábado, el acceso gratis a la radio y la televisión, se ha disipado. Si las denominaciones quieren volver a ganar la posición que tenían, deberán usar más fuerza desde el púlpito con respecto al uso de los medios. Pero esto quizás requiera una definición y declaración más uniforme de sus enseñanzas doctrinales y morales.

Fracaso en una disciplina estricta y evangélica en el mensaje

Desde el argumento de Dean Kelley en 1972 de que las llamadas iglesias conservadoras estaban creciendo debido a una doctrina y disciplina estricta, algunos metodistas unidos interpretaron los datos de la decadencia como una evidencia de que los metodistas unidos en general son indiferentes a sus creencias o que no creen en algo específico que sea suficiente para atraer y mantener a nuevos miembros. Para muchas personas que siguen este punto de vista, la denominación cambiará su futuro si se tiene una predicación más evangélica, declaraciones confesionales más claras y más compromisos de los miembros, especialmente en la dedicación a Jesucristo.

Asimilación dentro de la cultura

Un esquema para comprender el descenso ha sido el argumento de que la Iglesia Metodista Unida ha sido muy asimilada dentro de toda la cultura americana. Aceptando los valores básicos de los movimientos de derechos civiles, el «libre ejercicio de la religión» de la Primera Enmienda, y la fe en la educación, ciencia y tecnología, los protestantes convencionales han perdido la fuerza para hablar en contra de los errores morales. Un libro prominente argumenta que «la iglesia es una colonia, una isla con una cultura en el medio de otra» (Hauerwas and Willimon, *Resident Aliens*, pág. 12).

Una opinión más amplia del cambio denominacional

Todas estas interpretaciones asumen un descenso o decadencia, no sólo en el número de miembros de la denominación, sino también en la vitalidad de la iglesia y el lugar de la iglesia en la cultura. Cada una de ellas ofrece una estrategia retórica para recuperarse de lo que parece ser un curso fatal. Todas pertenecen a un esquema interpretativo de fracaso y pérdida–una retórica de que «algo anda mal».

Este esquema ha limitado obviamente lo que estos observadores pudieron ver en los datos. Hay un número de factores demográficos y sociológicos que dan una cuenta más clara de los números, ayudan a reinterpretar el pasado y señalan hacia la forma de una iglesia que emerge.

Cambios en la población y movilidad. El metodismo tuvo un éxito tremendo en la América del siglo XIX, siguiendo a los colonizadores europeos hasta los sitios más lejanos en nuevos pueblos y encrucijadas, organizando congregaciones entre los africanos–libres y esclavos–los indios nativoamericanos, hispanos y asiáticos, y mudándose con los blancos urbanos de clase media del centro de las ciudades. Para fines del siglo XX la iglesia goza de ese legado de un logro enorme. Más de 37,000 iglesias metodistas unidas sirven la población americana. De 3,105 condados, sólo 140 no cuentan con una iglesia metodista, una estadística comparable solamente con la iglesia católica romana.

Sin embargo, muchas de estas iglesias están situadas en zonas de grave pérdida o cambio de la población. Algunos condados rurales han perdido tres cuartos de su población en los últimos quince años. Las megaiglesias de la década de 1920, construidas en sitios privilegiados junto a las vías del tranvía de la ciudad, con enormes auditorios y gimnasios, han visto a sus miembros migrar a los suburbios. Solamente en los últimos pocos años han podido los metodistas empezar a organizar nuevas congregaciones a un paso que responde al crecimiento metropolitano.

Cambio generacional. La generación de americanos nacidos durante los quince años después de la Segunda Guerra Mundial, han experimentado uno de los cambios más agudos en la historia de la cultura americana. Nuevas actitudes culturales, combinadas con la fuerte división provocada por la guerra en VietNam, ayudaron a fomentar una honda sospecha de las instituciones y asociaciones que antiguas generaciones consideraban normales. Así que no sólo las iglesias establecidas, sino también organizaciones fraternales, clubes cívicos y muchas otras asociaciones voluntarias se encontraron frente a una generación con la menor inclinación de unirse a ellos.

Claramente, el desafío para las denominaciones convencionales no fue simplemente adaptarse a una generación en particular, sino leer las señales de los tiempos y discernir la manera en que gente de todas las edades pudieran experimentar la riqueza de la tradición que fuera el don más grande de estas denominaciones.

Educación y la tasa de natalidad. Los metodistas unidos del siglo XIX eran prolíficos edificadores de universidades. Creían que cristianos educados podían ser líderes más eficaces de una civilización cristiana. De lo que no se dieron cuenta fue de que mientras más educada es la gente, menos hijos tienen. De acuerdo con un estudio muy respetable de los grupos religiosos convencionales, la baja tasa de natalidad que acompaña a los altos niveles de educación es en sí un factor demográfico que tiene que ver con la disminución de membresía contemporánea. Los «Boomers» pospusieron los hijos y tienen familias pequeñas. Así como la niñez de los años sesenta tienen pocos hijos relativamente, la fuente de la cual las iglesias protestantes han bebido, la membresía se ha empequeñecido.

Con respecto al temor de que el protestantismo convencional ha perdido su influencia en la sociedad, un estudio conducido por James D. Davidson sobre la afiliación religiosa de las personas que aparecen en el libro *Who's Who* demuestra que los protestantes siguen manteniendo un papel de liderazgo prominente en todas las instituciones americanas, en una proporción mayor que a sus números en la población. Ahora la pregunta es qué clase de testimonio esperan las iglesias de su laicado que está en esta posición de influencia.

15

Aquí entra en juego la prevaleciente teología de diversidad e inclusividad que practican las denominaciones convencionales. Una pluralidad de etnicidad, estado social, puntos de vista políticos y teológicos, pueden ser, según las palabras de Roozen y Dudley, «perturbadoras organizacionalmente». Todas las organizaciones nacionales–-mucho menos internacionales–que esperen cubrir una diversidad de personas, se enfrentan al desafío de mantener un programa y estructura coherente.

Los líderes blancos de las denominaciones–-personas con trasfondo de europeos del norte–a veces han confundido sus sentidos de normatividad y seguridad de sí mismos con lo que piensan que es la identidad o el centro de la iglesia. A medida que crece la participación de cristianos de muchas culturas, la identidad denominacional se hace más difusa. Pero, ¿se considera esto como una pérdida o como una ganancia que enriquece el testimonio de la iglesia? ¿La situación actual representa un descenso de un pasado imaginario en el cual el mundo era más sencillo es el fruto de la eficacia del evangelismo y misión durante los dos últimos siglos?

Perfil de una nueva iglesia

Hay una asombrosa diferencia entre contemplar la historia reciente de la iglesia a través del paradigma de enfermedad, descenso y fragmentación y verla como la historia de una iglesia que surge abrazando muchas costumbres culturales y llegando a ser una comunión global.

El metodismo wesleyano ha sido siempre por naturaleza un movimiento lleno de activismo y de energía misionera. Ha tocado a personas de muchas culturas y situación económica y social. Un paradigma de nuevas formas de la iglesia es más adecuado para entender la forma que surge en la Iglesia Metodista Unida (IMU) del futuro, una forma en la que el paradigma de pérdida se filtra como algo insignificante.

Una iglesia internacional. Los cuerpos metodistas, evangélicos y Hermanos Unidos del siglo XIX eran de carácter misionero. Se veían como un movimiento que iba a traer el cristianismo a todos los norteamericanos y finalmente, a todo el mundo, por medio de «la evangelización del mundo en la presente generación» (cerca de 1900). Establecieron iglesias en muchos países, edificaron hospitales y apoyaron las escuelas en las cuales se educaron la mayoría de los nuevos líderes.

Estos nuevos líderes recién entrenados, con el tiempo abogaron por la independencia nacional del colonialismo y por autodeterminación en las iglesias. Algunas de estas iglesias se han hecho autónomas y algunas han mantenido la afiliación denominacional. Muchas han florecido bajo el liderazgo indígena, gozando de un crecimiento notable en años recientes.

Aun sin los números de las iglesias metodistas autónomas, la membresía en las iglesias metodistas unidas en las conferencias centrales (conferencias fuera de los Estados Unidos) viene a ser de 1.2 millones, una ganancia que se triplicó en la última década. Este número representa el doce por ciento del total de la denominación de 9.9 millones. ¿Por qué no se presentan estos informes en las discusiones de los cuerpos denominacionales, en vez de los números sólo de los Estados Unidos, indicando la persistencia del paradigma de la pérdida y las preocupaciones americanas?

Una iglesia multiétnica. El metodismo unido sigue abarcando distintos grupos étnicos y culturales, no sólo dentro de los Estados Unidos. A medida que en el país se siguen agregando grandes cantidades de hispanos, asiáticos y otras personas a la población dominante de europeos y descendientes de africanos, las iglesias serán retadas a responder formando nuevas congregaciones y desarrollando líderes de distintos grupos étnicos.

Datos actuales no demuestran mucho crecimiento de miembros entre los grupos étnicos dentro del metodismo unido. Sin embargo, los datos sobre etnicidad no se habían colectado hasta hace poco y no son muy confiables. De todos modos, muchas conferencias anuales reconocen la importante necesidad de expansión del trabajo entre los grupos de inmigrantes. Programas denominacionales tales como el de la Iglesia Local de Minoría Étnica, o las iniciativas nativoamericanas, ya han comenzado y tendrán su culminación después de un tiempo de acción y respaldo. Mientras tanto, muchos edificios de iglesias están albergando congregaciones de inmigrantes de primera y segunda generación procedentes de Corea, Islas del Pacífico, América Central, Filipinas, el Caribe y África.

La iglesia ministra a los pobres. El metodismo wesleyano tiene una larga historia de preocupación apasionada por el pobre. Una de las definiciones de Juan Wesley para «hacer el bien» en las Reglas Generales es un paráfrasis de Mateo 25: «tuve hambre y me disteis de comer . . . me vestisteis . . . enfermo y me visitasteis, en la cárcel y fuisteis a verme». Los metodistas, evangélicos y hermanos unidos siguieron este mandato en el ministerio el cual luego se institucionalizó en escuelas, hospitales y muchos otros servicios.

Hoy este desafío al testimonio de la iglesia entre el pobre es muy necesario. Muy pocas iglesias metodistas unidas tienen a personas pobres dentro de su membresía. [Nota del traductor: Esta aserción no es actual ya que hoy la mayoría de las iglesias metodistas cuentan con gran número de personas pobres. Esto sin contar a las hispanas]. Muchas conferencias anuales están tratando de identificar líderes dentro de las comunidades pobres para organizar congregaciones que puedan ser catalizadoras de salud y estabilidad.

Una iglesia de resistencia histórica. Considerando los notables cambios sociales en los cincuenta años después de la Segunda Guerra Mundial, la resistencia de las tradiciones convencionales es realmente asombrosa. Cientos de congregaciones convencionales todavía están fuertes, después de más de 150 años de ministerio en el mismo lugar. Viejas iglesias en las ciudades encuentran nuevas formas de ministerio a pesar de que el vecindario ha cambiado drásticamente. Muchas congregaciones en pueblos pequeños han pasado por enormes transiciones en sus comunidades, han mantenido la membresía y ampliado la misión. Mientras que el total de miembros en los Estados Unidos ha estado bajando, menos de mil iglesias metodistas unidas americanas–especialmente en zonas rurales–- han cerrado en la última década.

Sin lugar a dudas, las congregaciones enfrentan dificultades. Éstas se reúnen en medio de la confusión de la cultura americana, luchan frente a prejuicios sociales, compiten con la televisión y los juegos en las computadoras que apasionan a mucha gente y sufren con sus comunidades los golpes de la recesión económica. Pero ellas soportan, y no sólo por sí mismas, sino como cuerpos dentro de denominaciones históricas las cuales les proveen por lo menos al pastor, oportunidades misioneras y confraternidad en el trabajo.

Una eclesiología distintiva. Tal como se aclarará en los próximos capítulos, el metodismo unido tiene una forma de organización que la distingue de otras iglesias así como de otras clases de asociaciones como gobiernos cívicos o corporaciones de negocios. Entre otras características notables, la IMU está estructurada, primero que nada, para la misión. Por la tradición y sistema, está formada para invitar a las personas a la fe y la vida cristiana para suministrar una disciplina de discipulado cristiano y para enviarlos a las comunidades como catalizadores de una sociedad amorosa y justa. Los clérigos metodistas funcionan como misioneros en la iglesia de la localidad y estas iglesias se organizan como centro de misión.

Los metodistas unidos toman decisiones en conferencia. La iglesia no tiene un solo obispo presidente, ni un jefe ejecutivo oficial, ni un comité ejecutivo. Los obispos en el metodismo unido tienen mucha influencia y tienen el poder para nombrar clérigos, pero no son elegidos por la conferencia anual. Ellos no solamente son responsables por la conferencia anual que presiden, sino por toda la iglesia.

Por todo esto, el conexionalismo del metodismo unido es muy distintivo. Es la contribución muy única de la denominación a la catolicidad de la iglesia. En su Constitución y prácticas, el metodismo unido se expresa como un movimiento dentro de la iglesia ecuménica *ad interim* en el camino para ayudar a formar una nueva iglesia que es verdaderamente católica, verdaderamente evangélica, verdaderamente reformada.

Una conexión de congregaciones vitales

Muchos programas y campañas denominacionales en años recientes han pedido una «revitalización» de las iglesias. La última iglesia de la cual fui pastor, localizada en un pueblo en un suburbio de St. Louis, racialmente balanceado, se consideraba en condiciones para una «revitalización» y usé ese término muy a menudo.

Lo usé hasta el día en que decidí limpiar los gabinetes en la oficina del pastor y encontré una caja llena de fotos viejas. Había una foto de Bob Baker con la clase bíblica de los hombres, en 1950. Las sillas de madera estaban todas en fila, el podio al frente, Bob con su traje y corbata de moño. Aquí estaba el coro de jóvenes, sesenta de ellos, bien vestidos, deslumbraba la limpieza, el cabello bien recortado. Una foto recortada del periódico de un té navideño presentado por las mujeres. Y todos en todas las fotos eran blancos.

No me pudiera imaginar al metodismo como un todo regresando al pasado y a la vitalidad de aquellos tiempos. Entre otras cosas, la vitalidad de antes consistía en clérigos y liderazgo laico todo masculino. Había una segregación de iglesias blancas y afroamericanas y un paternalismo hacia el resto del mundo, endémico a los cristianos de occidente.

Todo el que desee dar un vistazo al metodismo de mañana debe buscar las señales de vida que surgen en las iglesias locales y en las actividades alrededor del globo. Contrario a la retórica de la crisis, la vitalidad que surge en la iglesia de hoy se ha estado incubando por muchos años. El despliegue fenomenal de estudios bíblicos es la vid que se ha estado cultivando por generaciones de eruditos, pastores y laicos luchando por un lugar para las escrituras en la liturgia, la predicación y el ministerio de la iglesia.

En 1990 los obispos metodistas unidos lanzaron un documento sobre *Congregaciones vitales–Discípulos fieles*. Tuve el privilegio de escribir dicho libro que comenzaba con una declaración que sonaba como que formaba parte de la mentalidad de crisis.

El método de ese libro era por sí mismo una declaración de crítica importancia de como los metodistas unidos deberían comprender su sistema de gobierno. En vez de publicar un documento como ejecutivos de la denominación diciendo a las iglesias locales qué cosa es vitalidad y señalando diez pasos que la congregación debía seguir, los obispos invitaron a los metodistas a que se unieran a ellos en disciplinada jornada de descubrimiento. En vez de hablar acerca de las congregaciones, los líderes episcopales de la iglesia les pidió que contribuyeran con lo que ellos sabían en cada lugar de ministerio.

Muchas iglesias locales no sabían cómo manejar este proceso. No creían que sus historias eran de un profundo interés para otros. Otros reaccionaron con sorpresa y entusiasmo.

Los metodistas unidos son unos empedernidos en asuntos de llevar estadísticas. Desde el comienzo del metodismo como una sociedad en Inglaterra, Juan Wesley hacía notar constantemente en todas sus reuniones el número de asistentes y miembros.

Pero las estadísticas pueden convertirse en demoniacas institucionalmente cuando sean el solo medio para que se comunique el ministerio de la iglesia local. La reunión anual de los «cargos» metodistas unidos presidida por el superintendente del distrito, llamada la Conferencia del cargo, requiere de informes que se compilan y publican en el anuario de la conferencia anual. Como resultado de esto, el metodismo unido tiene un notable registro histórico de membresía y dinero de cada iglesia local, y de los distritos, conferencias, jurisdicciones, y de toda la iglesia. En la edad de la computadora, estos datos son un sueño para hacer infinidad de tablas, gráficos y hojas de cálculo.

Estos informes no dan la más mínima oportunidad para que las congregaciones digan algo acerca de la experiencia en la vida de los miembros. La mayoría de las personas llenan los datos personales en una encuesta con muy poco interés y resienten que los envuelvan y empaqueten en categorías numéricas. Pero en una crisis y con la mentalidad de sobrevivir, la IMU ha agarrado las abstracciones estadísticas para categorizar lo que está pasando en las iglesias locales.

Esto también es una cuestión de poder ya que los números pueden ser manipulados a favor de muchos propósitos institucionales y retóricos. Negar a la gente la oportunidad de contar su propia historia es inmovilizarlos y debilitarlos. Los números sin la narrativa de gente real son como «metal que resuena o címbalo que retiñe» (usando las palabras de San Pablo). No pueden comunicar el amor y la compasión, el conflicto y la lucha, los temores y la esperanza de tratar de ser una comunidad cristiana en el mundo de hoy.

Una gran preocupación está azotando a la iglesia de hoy. El informe del Concilio General de Ministerios sumariza opiniones de líderes de las conferencias anuales con esta conclusión:

La congregación de la iglesia local es la base primordial para el ministerio y la misión y el fundamento de todo lo que pasa en la iglesia.

La primera cosa que sigue este aserto es cómo la conexión puede dar fuerza a las iglesias locales para su ministerio. Los superintendentes de distrito están tratando varias maneras para oír las historias de las congregaciones. Ellos y los pastores están experimentando con formas de adoración como un medio de celebrar, evaluar y planear en medio de las «sesiones de negocios» de la iglesia. Los líderes están tratando de incorporar la oración y el estudio de la Biblia cuando se toman decisiones en vez de depender solamente en las Reglas de Orden de Robert, mociones formales y votos.

De este fermento saldrán nuevas perspectivas de vitalidad en la conexión metodista unida.

Como la respiración, las iglesias locales del metodismo unido y la conexión por medio de la cual se encadenan, son expresiones vitales de la iglesia. Cada iglesia local tiene un don especial para la adoración, fraternidad, educación y cuidado pastoral––inhalando profundamente la vida de la comunidad cristiana. Cada una es llevada a la misión junto a iglesias de una conexión más amplia, exhalando el testimonio y el servicio de la iglesia en el mundo.

Conclusión

He decidido escribir este libro porque creo que el metodismo unido necesita una comprensión refrescante de su sistema de gobierno y qué arreglos organizacionales pueden hacer posible la continuación del testimonio del reino de Dios. Escribir es en sí mismo un espacio de discernimiento. Estoy tratando de ver por mí mismo cómo los dones y fortalezas muy únicas al sistema metodista unido pueden ser el fundamento que soporte a la iglesia que está surgiendo hoy. Invito a mis lectores a unirse a esta reflexión.

Creo que para aprovechar una perspectiva refrescante tendremos que tener frente a nosotros la vida diaria y la acción actual de modelos de congregaciones cristianas y otras formas de comunidad cristiana. El sistema de gobierno metodista unido no tiene sentido y no tiene importancia duradera excepto en que la denominación alimente y respalde la vitalidad del pueblo de Dios en ministerio.

No es una tarea fácil alimentar la conexión de congregaciones y culturas variadas. La coherencia de esta empresa se debe formar gradualmente desde las conferencias de muchas voces que participan en la creación de la iglesia para el futuro. Así, el metodismo unido está dotado de algunas fortalezas en particular de las cuales podrá recibir fuerzas en su camino hacia ser la iglesia. El propósito de este libro es el de identificar esas fortalezas y maneras y cómo podrán ser articuladas mejor para la iglesia que será.

Los primeros dos capítulos que siguen establecen un contexto histórico y cultural para comprender el sistema de gobierno metodista unido. El capítulo 1 trata de qué cosa es el sistema de gobierno y cómo el sistema metodista unido ha surgido de su distintiva herencia wesleyana. El capítulo 2 examina cómo se han desarrollado las denominaciones en América, usando el metodismo unido como ilustración de dicho desarrollo. El libro continúa presentando un bosquejo de la *Disciplina*. Mi análisis crítico del sistema de gobierno comienza en el capítulo 3 con los elementos fundacionales de la Constitución de la iglesia. En el capítulo 4 examino la relación entre la teología, autoridad y sistema de gobierno de la iglesia. De ahí en adelante procedo a las formas de ministerios, superintendencia, conferencia y administración. Concluyo con breves comentarios sobre asuntos que me llaman la atención, entre ellos la necesidad de una reflexión crítica del tema bien descuidado del sistema de gobierno eclesial.

CAPÍTULO 1

Sistema de gobierno como una práctica eclesial y disciplina práctica

La palabra «polity» no es comúnmente usada en el inglés norteamericano. [Nota del traductor: El autor explica a continuación el uso de la palabra «polity» la cual traducimos al español como «sistema de gobierno», según el diccionario. Algunos la traducen por «política» o «político», lo cual no es correcto.]

El carácter básico del sistema de gobierno como una práctica política significa que la gente que quiere un cambio siempre está en libertad de organizarse, abogar y escribir la legislación o resolución para la reforma. Puede ser que lleve generaciones, pero la mente y la voluntad colectiva de la iglesia cambia. Los cuerpos metodistas del siglo XIX por fin se pusieron de acuerdo para oponerse a la esclavitud. El metodismo del siglo XX por fin llegó a un consenso para ordenar mujeres como clérigas.

Además, todo aquello que haya sido escrito en libros de leyes de la iglesia, la gente de la iglesia es la que tiene que vivir el sistema de gobierno y al vivirlo se deben adaptar constantemente a nuevos contextos y situaciones. Aquellos que practican el sistema de gobierno tienen una fuente de sabiduría del pasado de la cual pueden beber— algunas son escritas, otras por tradición oral– así como en su propia capacidad para responder a nuevos retos.

Lo que es más importante, un sistema de gobierno saludable sirve no sólo a la propia institución, sino a la misión de la institución. En términos eclesiológicos, el sistema de gobierno eclesial es la práctica de crear, ordenar, reformar y sostener el testimonio de la iglesia y el servicio al reino de Dios. Tal como Juan Wesley dijo en 1746:

«¿Cuál es el fin de todo orden eclesiástico? ¿No es sacar almas del poder de Satanás para Dios y edificarlas en su temor y amor? El *orden*, entonces, es valioso si contesta a estos fines, si no, no vale la pena.»

Wesley no estaba diciendo aquí que «todo se puede hacer» en el orden de la iglesia. Por el contrario, sus palabras eran un manifiesto para predicar a la gente que estaban afuera del *orden* establecido. La predicación demandaría su propia disciplina en el servicio de proclamar el evangelio.

"Polity" y política tienen la raíz en la misma palabra griega *politeia*, el gobierno, constitución y prácticas de la ciudadanía en la *polis*, que es la ciudad o el estado. Aristóteles argumentaba que *politeia* era fundamental a la vida humana. Dijo que «el hombre es por naturaleza un animal político», porque nadie puede vivir–o vivir completamente– afuera de la comunidad humana. Por lo tanto, la *praxis* central de la vida humana es política. Sólo a través de la política y de la "polity" (sistema de gobierno) que resulta, los seres humanos pueden alcanzar «el mayor de los bienes», es decir, el bien común de toda la ciudad, lo cual es el *telos* o fin de la política.

En el corazón de la responsabilidad política, Aristóteles ponía la participación en la *ekklesia*—literalmente un llamado (de *kaleo*) o un llamado de todos en asamblea. En la Grecia de sus días, los libres, varones y ciudadanos ("polities") de la ciudad se reunían para considerar asuntos que afectaban a toda la comunidad. En asamblea resolvían el bien común.

Cuando los primeros cristianos comenzaron a reunirse para la adoración y la confraternidad, usaron el término *ekklesia* para sus reuniones. Parece que esto indicaba que era una asamblea pública de personas que se reunían con un propósito. Ésta, la *ekklesia* estaba abierta para todos -mujeres y hombres, esclavos y libres– y luchaba por un ideal más amplio para el bien común, una comunidad en donde se compartía la vida anticipando el Reino de Dios. Este término luego pasó al latín (*ecclesiasticum*), inglés (*church*), francés (*église*) y español (*iglesia*). Ya que «ecclesiastical» en inglés ha desarrollado una connotación de institucionalismo y rigidez, muchos cristianos contemporáneos han adoptado el neologismo «ecclesia» o «ecclesial» en un esfuerzo por capturar el dinamismo original de la comunidad cristiana en formación.

La disertación sobre ecclesia, «eclesiología», siempre ha tenido un lugar central en la teología cristiana. Comenzando con descripciones de la vida en la comunidad cristiana del Nuevo Testamento, la eclesiología clásica ha descrito típicamente una visión de la iglesia perfeccionada con todos los santos bajo la dirección de Cristo. Los credos antiguos nombraban señales específicas de la verdadera iglesia: unidad, santidad, catolicidad (universalidad) y apostolicidad. Los reformadores del siglo XVI definían a la iglesia como una congregación (que ellos consideraban como una traducción literal de *ekklesia*), la cual se reunía para la Palabra y el sacramento. En todos estos distintos énfasis, la eclesiología ha especificado generalmente un ministerio continuo a través del cual la Palabra y el sacramento se predicaban y administraban y también un ministerio de supervisión a través del cual todo el *laos*, el pueblo de Dios, pudiera ser inspirado y responsable de su llamado.

En este siglo la eclesiología se ha transformado por un sentido dinámico de comunidades eclesiales cristianas que se reúnen para practicar la adoración, hospitalidad, educación y el servicio. El término «eclesiogénesis» de Leonardo Boff, captura el poder de las comunidades cristianas básicas en la América Latina. Muchos teólogos contemporáneos ven la eclesiología como una *praxis*, una práctica continua de acción, reflexión y una nueva acción buscando testigos fieles y servidores en el reino de Dios. Ellos conciben la eclesiología como una forma de teología práctica, la cual puede ser definida como una reflexión crítica y transformativa de las prácticas de la ecclesia cristiana. De esta manera la eclesiología es una tarea no sólo para los eruditos, concilios de la iglesia o cuerpos gobernantes de la denominación, sino también centralmente una práctica de congregaciones al organizar su ministerio, escoger sus líderes y llevar adelante su misión.

La eclesiología, tanto en forma tradicional como contemporánea, incorpora la práctica de la política. Como toda comunidad humana, las congregaciones, concilios y cuerpos conexionales de la iglesia han tenido que hacer un sistema de gobierno, un arreglo de autoridad y poder que hacen posible prácticas ordenadas.

Más básicamente, el sistema de gobierno eclesial tiene que ver con la organización y mantenimiento de un ministerio ordenado y con las disciplinas del discipulado cristiano tanto comunal como individual. El sistema de gobierno suministra a la iglesia una manera de probar y confirmar el llamado de sus líderes. Especifica la ordenación y las órdenes por medio de las cuales la iglesia nombra y bendice a aquellos que presiden sobre sus ministerios. Establece normas y responsabilidades para participar en la vida de adoración de la iglesia, sacramento, estudio, oración, confraternidad, cuidado y servicio.

El sistema de gobierno es un proceso viviente porque la iglesia es una comunidad viviente y continua, aunque cambiante. Las verdades de una generación son la camisa de fuerza de la siguiente generación. En cada época la iglesia tiene que organizar los arreglos políticos que habrán de estructurar al pueblo de Dios para que haya un eficaz testimonio del evangelio. Asimismo, el contexto en el cual el sistema de gobierno se practica, continúa cambiando. Algunos elementos del orden puede que se mantengan igual por generaciones porque la iglesia cree que son centrales a su continuidad. Otros elementos pueden cambiar con frecuencia para permitir a la iglesia adaptar su testimonio y ministerio a una sociedad fluctuante.

Por medio de la ordenación la iglesia aparta a personas en quienes se disciernen dones de liderazgo. La iglesia le entrega a los mismos una preocupación particular por el sistema de gobierno. En el caso del metodismo unido, los presbíteros son ordenados para el «Servicio, Palabra, Sacramento y Orden» (¶116). Mucha tinta se ha gastado en los primeros tres términos, y muy poca con respecto al último.

En la ordenación al «Orden», la iglesia separa a ciertas personas para que tomen una responsabilidad especial por el sistema de gobierno de la comunidad de fe. Un ministerio de Orden está fundado en la Palabra, para estar seguro de que las congregaciones y otros cuerpos traten de dar el testimonio del Reino de Dios, según testifican las Escrituras. También un ministerio del Orden está vitalmente ligado con la vida sacramental de la iglesia, ya que el trabajo de preparar y administrar el bautismo y la santa comunión se designa a los ordenados por el bien del buen orden de la comunidad. Estas son tareas críticas ya que Dios llama a través de los sacramentos y reconcilia y alimenta al pueblo para el trabajo de Dios de sanidad y justicia.

Pero la práctica del «Orden» también va más allá de la Palabra y el sacramento. La iglesia separa a personas para representar la comunidad de fe en su responsabilidad política. En términos bíblicos ellos son mayordomos (*oikonomoi*) de la casa (*oikos*) de fe, entregada con la seguridad de que cada miembro de la casa es capaz de servir (o ministrar, *diakonia*) en la manera más efectiva posible.

Los líderes que han sido ordenado para el Orden cuidan del bien común de todo el cuerpo. Ellos enfocan la preocupación de toda la comunidad de fe para organizar el ministerio de la manera que mejor pueda testificar del Reino de Dios. Estos líderes mantienen a la gente en «la esperanza de sus llamamientos», según las palabras de Efesios. Ellos ayudan al pueblo de Dios a discernir la vocación y a usar sus dones para lograr sus ministerios particulares. Por medio de sus propios dones de liderazgo, ellos «equipan a los santos para la obra del ministerio» para promover el «crecimiento para ir edificándose en amor» (Efesios 4.2-16). Ellos «ordenan la vida de la iglesia para la misión y el ministerio», de tal manera que hace responsables a las personas, las mantiene en comunidad y les da fuerzas para el ministerio (¶323).

El Orden es una práctica que puede aprenderse solamente en un proceso de compartir la acción, reflexión y nueva acción. Como cualquier práctica esencialmente política, el Orden se refina en el crisol de gozos, celebraciones, conflictos, heridas, lealtades y desafecciones que comprimen la vida en una comunidad humana.

Sin embargo, a la misma vez el ministerio del Orden está enraizado en la experiencia colectiva de la iglesia, mucho de lo cual está contenido en un libro de ley canónica, orden o disciplina. Un libro de orden presenta un patrón de organización que lleva la autoridad de un consenso amplio y una sabiduría compartida. Aquéllos que están separados como mayordomos del cuerpo no pueden dirigir sin antes sumergirse en la conversación continua que se destila en el libro.

Por supuesto que ningún libro le puede explicar a nadie que es ordenado al «Orden», cómo aplicar sus medidas en cada situación. Por ejemplo, un libro de orden contiene mecanismos para resolver conflictos principalmente en las circunstancias más difíciles. Describe un «límite de situaciones» de cómo comenzar o cómo cerrar una congregación. Pero no detalla la cotidianeidad del Orden en una comunidad viviente de personas con sus propias historias, ideas, compromisos e intereses. No da un método para llegar al consenso o para persuadir a las personas de que sus dones están parejos al trabajo que necesita hacerse. En este sentido, un libro de orden debe ser usado en el contexto de todo el ámbito del cuidado pastoral y la administración. El orden es inseparable de una vida de oración vital y disciplinada y de la experiencia cristiana.

El sistema de gobierno como disciplina

Los metodistas unidos han llamado a su libro de sistema de gobierno la «disciplina», desde los tiempos de los cuerpos predecesores que se organizaron a fines del siglo XVIII y a principios del siglo XIX. El término tiene raíces en la tradición cristiana, especialmente en el puritanismo y en el presbiterianismo como se puede ver en los Libros de Disciplina de la Iglesia Reformada de Escocia en 1561 y 1581. Pero en la herencia metodista unida, la «disciplina» se relacionaba peculiarmente a los «métodos» del metodismo––disciplinas de crecimiento en la vida cristiana y las prácticas de amor en la comunidad cristiana.

Juan Wesley no había concebido un libro de ley canónica para los metodistas ya que hasta su muerte se aferró a la ilusión de que no había creado un sistema de gobierno separado de la Iglesia de

Inglaterra. Sin embargo, a través de las conferencias metodistas que convocara, Wesley construyó un cuerpo de material titulado las «Actas Grandes» ("Large Minutes") que contenían el orden que gobernaba a las sociedades metodistas. Los acuerdos de la conferencia eran en efecto una teología práctica—un examen crítico y reflexión sobre las prácticas de las sociedades metodistas–barcando tanto la doctrina como la manera en que la doctrina se practicaba en una santidad de vida.

La práctica de un autoexamen era evidente en las Actas de la primera conferencia de predicadores que Wesley convocó formalmente en 1744.

«El diseño de nuestras reuniones tomaban en cuenta: 1. Qué enseñar. 2. Cómo enseñar. 3. Qué hacer; esto es, cómo regular nuestra doctrina, disciplina y práctica» (*Obras de Wesley*).

Para los metodistas, doctrina y disciplina estaban unidas inseparablemente con la práctica de la santidad. La doctrina sin la disciplina degeneraba en un antinomianismo el cual Wesley condenaba. Asimismo él temía una disciplina sin la doctrina vital.

«No tengo temor de que el pueblo llamado metodista deje de existir tanto en Europa como en América. Pero tengo temor de que llegue a existir como una secta muerta, teniendo la forma de la religión sin el poder. Y sin lugar a dudas, éste será el caso, a menos que se aferren a la doctrina, el espíritu y la disciplina con que comenzaron» (*Obras de Wesley*).

Así en efecto, Wesley estimuló y enseñó al pueblo metodista a que fueran teólogos prácticos. Cuando los metodistas en América se organizaron como una iglesia independiente en 1784, tomaron y revisaron las «Actas Grandes». La página del título del primer libro de orden en América (publicado en 1785) decía:

«Actas de varias conversaciones entre Coke, Asbury y otros, componen un tipo de Disciplina para los ministros, predicadores y otros miembros de la Iglesia Metodista Episcopal en América».

Comenzando con la edición del libro de 1792, el título se hizo más formal «Doctrinas y Disciplina de la Iglesia Metodista Episcopal de América». Los libros de orden que se originaron en el período de 1784 al 1820 en las iglesias Metodista Episcopal, Metodista Episcopal Africana, Metodista Episcopal Africana Sión, Evangélica y Hermanos Unidos, todos los titularon «doctrinas y disciplina». A la vez, los primeros metodistas americanos pasaron muchos tratados doctrinales que se consideraban esenciales a la enseñanza metodista, a volúmenes que se publicaron en varias ediciones durante el siglo XIX, y que titularon *A Collection of Interesting Tracts* (Colección de tratados interesantes). Éstos se publicaron a solicitud y bajo la supervisión de la Conferencia General.

El nombre combinado «doctrina y disciplina» siguió usándose hasta mediados del siglo XX, dando paso al título más sencillo del libro de la *Disciplina*. La IMU adoptó la *Disciplina* cuando se formó la nueva denominación en 1968. Los libros todavía contenían las declaraciones doctrinales básicas, como la Confesión de Fe de la Iglesia Evangélica de los Hermanos Unidos o los Artículos de Religión. Pero uno puede pensar si el cambio de título indicaba un sentido de debilitamiento de la interdependencia e inseparabilidad de lo que la iglesia enseña y lo que la iglesia practica.

En el sentido más amplio, por supuesto, en su uso eclesiástico el término «disciplina» significa

«El sistema o método por el cual el orden se mantiene en la iglesia, y se ejercita control sobre sus miembros; el procedimiento por el cual se ejecuta; el ejercicio del poder de la censura, amonestación, excomunión, u otras medidas penales, por una iglesia cristiana».

Pero para los primeros metodistas la palabra era peculiarmente apropiada. Expresaba la cualidad inherente a una vida común, esto es, su sentido de responsabilidad mutua.

La disciplina se practicó primero y especialmente en las sociedades de metodistas por medio de la estructura de las reuniones de clases y bandas. Cualquier persona de cualquier denominación era bienvenida a la sociedad metodista siempre y cuando deseaban la salvación–«para huir de la ira venidera, para ser salvos de sus pecados»–y estaban de acuerdo con las reglas o disciplina de la santidad. Esto último Wesley lo sintetizó en las Reglas Generales.

Las Reglas personificaban y expresaban la convicción metodista –en las palabras de Henry Knight–de «la vida cristiana que involucra cambio sobre el tiempo dentro de una relación continuada con Dios, o como un continuo crecimiento en el amor». Describían una vida que era tanto una respuesta a la gracia de Dios como un medio de disfrutar la presencia perenne de Dios. Ellos especificaban maneras en las cuales los metodistas se podían refrenar de hacer daño, hacer el bien y cumplir con «las ordenanzas de Dios».

Wesley podía sentir que para la fe, Dios está presente en los medios de gracia. Para la persona de fe, la oración se convierte en una conversación, la escritura se convierte en la voz de Dios y la Cena del Señor en una comida con el Cristo resucitado. Dicha fe se debe alimentar en comunidades pequeñas en las cuales cada persona es responsable a una disciplina común.

Las reuniones de clases se crearon no tanto para vigilar la adherencia a las reglas, como a alimentar un profundo amor a Dios cuyos miembros manifestarían en «la práctica del amor cristiano en el mundo».

A la misma vez, las reglas hacían ver, como dijo David Watson, que «la aceptación de la gracia de Dios . . . acarrea obligaciones inmediatas». Críticos del metodismo generalmente confunden esta posición con las obras de justicia, cuando las Reglas tenían la intención de ser un marco de *oikodome* (edificación) bíblica en una vida de fe. De hecho,

«el genio de organización de Wesley en las sociedades metodistas está en su reconocimiento de que el discipulado cristiano es primero que nada una respuesta a la gracia de Dios y no una lucha por la virtud y ni siquiera una esperanza de salvación instantánea.»

Según el punto de vista de Wesley, el creyente era cooperante o responsable de recibir la gracia de Dios. Randy Maddox sintetizó la principal preocupación teológica de Wesley, diciendo:

«Sin la gracia de Dios no podemos ser salvos; mientras que sin nuestra participación, la gracia de Dios no salva».

El punto era sutil pero crítico: los participantes en las sociedades metodistas no estaban tratando de ganar puntos con Dios, sino de entrar en una vida de amor—amor a Dios y al prójimo– porque «nosotros lo amamos a él porque él nos amó primero» (1 Juan 4.19). Esto no puede lograrse a solas (aunque la oración personal, estudio y acción eran esenciales) sino en una comunidad de apoyo mutuo y responsabilidad.

En las reuniones de clase, el líder habría de

«averiguar con cuidado cómo prosperaba cada alma en su clase; no sólo cómo cada persona cumplía las Reglas, sino también cómo crecía en el conocimiento y amor de Dios» (*Obras de Wesley*).

La práctica de la oración, «escudriñar las Escrituras», ayuno y la «conversación cristiana», junto con el sacramento de la Santa Cena que se celebraba en todas las iglesias, eran medios de gracia por medio de los cuales los miembros de la clase y los líderes se sentían más cerca del amor de Dios. Específicamente en las preguntas y respuestas sobre la conversación cristiana, ellos se sometían a estas disciplinas y examen de su crecimiento espiritual—o falta del mismo.

Wesley sabía por la experiencia que la disciplina sólo se podía mantener con atención constante. Él les decía a los predicadores que fueran «a todas las casas, y que enseñaran a todos los que estuvieran allí, ya fueran jóvenes o mayores, si pertenecen a nosotros, que fueran cristianos tanto interior como exteriormente». No sólo a los adultos, sino también a «las generaciones que se estaban levantando». Además los predicadores se debían reunir con los niños de las sociedades «por lo menos una hora a la semana» e «instruir diligentemente y exhortar vehementemente a los padres en sus propias casas».

En las reuniones de las bandas, compuestas por personas bien versadas en los senderos de la vida santa, las preguntas y disciplina eran aun más intensas.

1. ¿Qué pecado ha cometido después de nuestra última reunión?
2. ¿Qué tentación ha tenido?
3. ¿Cómo fue librado?
4. ¿Qué ha pensado, dicho o hecho, o de qué ha dudado si es pecado o no?

El propósito de estas preguntas no era el de echar fuera a la gente sino el de atraerlos para que «caminaran más cerca de Dios». Por supuesto, Wesley purgaba las listas de las sociedades metodistas con frecuencia, pero sólo por indolencia o falta de participación y con menos frecuencia por violaciones flagrantes de las reglas. Muchos que venían con la esperanza de tener una conversación eran detenidos por la responsabilidad rigurosa de la vida de disciplina. Wesley prefería «un número pequeño de comprometidos que un número grande de tibios», y así se mantuvo firme a las reglas frente a las controversias y a la tensión de aquéllos que veían otro camino hacia la santidad.

Sistema de gobierno como «conexión»

La disciplina era como un fundamento de las sociedades y sus reuniones de clases y bandas, de entonces, pero más completamente de toda la «conexión» que estaba relacionada a Juan Wesley. El término «conexión» no tenía un sentido exclusivamente eclesiástico mayor que «sistema de gobierno». La clientela de un comerciante, y aún más, los seguidores de un político, se les llamaban en aquel entonces una «conexión». Ya que Wesley mantuvo un control personal sobre el movimiento metodista durante la mayor parte de su vida (excepto en América después de 1784), el término muy bien podía ser aplicado a los metodistas como «seguidores personales y religiosos» de Wesley.

Pero siempre había algo más que eso para la conexión. Wesley no aparecía como la figura de un culto que era idolatrada por grupos indiscriminados e irreflexivos. Fue un guía espiritual para mucha gente, pero también fue muy rígido y cascarrabias. De hecho, argumentaba mucho con algunos de sus «seguidores», acribillándolos con cartas, tratados y sermones con la intención de hacerles cambiar de opinión, engatusando a aquéllos que se resistían a las reglas y separándose de aquellos cuyas doctrinas y disciplinas encontraba falsas.

La disciplina era la práctica definida no tan sólo de las reuniones de clase, sino de toda la estructura de líderes, ayudantes, asistentes y predicadores que Wesley ideara. Todo el mundo tenía que dar cuenta de su responsabilidad frente a su tiempo, a su fidelidad a la Escritura, a la oración, ayuno y a hacer buenas obras. La conferencia de predicadores no era menos inquisitiva que la conversación cristiana con candidatos en los lugares donde se reunían los metodistas.

Mucho se ha dicho de la palabra «metodista» la cual fue un término de desprecio por los estudiantes de Oxford y en otras partes. Pero parece que encerraba algo tan verdadero que Wesley la aceptó. Usó métodos de disciplina espiritual durante su vida y en las sociedades que organizó. Pero en retrospectiva, esto se ve a veces como si al principio desarrollara un sistema de métodos a lo que luego les agregó una disciplina integral la cual vino a ser el patrón de su exitoso movimiento.

Wesley estaba dispuesto a construir un «término medio» entre los varios partidos de antinomianismo, entusiasmo, formalismo y quietismo. De hecho, fue pragmático en su ingeniosidad para conseguir un lugar para el metodismo en una sociedad afianzada en una iglesia establecida. La práctica disciplinaria creció necesariamente con el movimiento metodista, el liderazgo que emergía y las situaciones de ministerio. Las Actas capturaron un proceso dinámico y no una estructura estática.

Wesley se reunía anualmente con sus predicadores «en la conexión», con quienes a través de los años desarrolló un patrón de fuertes preguntas sobre responsabilidades.

- ¿Por qué es que la gente bajo nuestro cuidado no son mejores?
- ¿Por qué no somos más conocedores?
- ¿Por qué no somos más santos?
- ¿Cuál es el mejor método para predicar?

Reunidos en conferencia, se enfrentaban a sus propios trabajos en compañía de un líder tan competente como ellos. Poco a poco traían a la conferencia más y más asuntos acerca del manejo de un movimiento cada vez más complejo. Todo esto se llevaba a cabo dentro de una conversación cristiana. Entonces, basado en su juicio de los dones de ellos y en los lugares disponibles para el trabajo, Wesley asignaba a los predicadores a los circuitos.

El efecto de una disciplina practicada localmente y que surgía en medio de una red de líderes leales a Juan Wesley y sostenidos por el mismo patrón en docenas de sociedades en Inglaterra, Escocia, Gales, Irlanda y América, fue crear una «identidad nacional colectiva y leal», excepcional para organizaciones de aquellos tiempos. El gobierno inglés era más local que nacional, y la mayoría de las iglesias reflejaban un ethos similar. No que los metodistas lograran su propósito de «reformar la nación, especialmente la Iglesia». Nunca fueron una organización grande, después de todo, pues en 1800 contaban con sólo 85,000 adeptos en una población de 9.1 millones en Inglaterra y Gales (menos del uno por ciento). Pero ellos pudieron lograr crear la conciencia de un movimiento que trascendía las fronteras locales y regionales.

Colocados en el contexto de una sociedad americana naciente, la conexión metodista floreció. A diferencia de las sociedades europeas, América no había heredado un sistema de gobierno secular ni religioso, no tenía una iglesia establecida ni un orden de ministerio. En algunas colonias se establecieron algunas formas de iglesias y muchos europeos inmigrantes trajeron con ellos ideas de un orden eclesiástico. Pero dentro de la relativa apertura del contexto americano, la disciplina metodista de formar sociedades religiosas, enviando predicadores adonde fuere necesario, y adaptando el ministerio a situaciones particulares, fue una gran proeza.

Al constituirse los metodistas americanos en un sistema de gobierno definido, inevitablemente desarrollaron un sistema menos enfocado en la sabiduría práctica de Wesley. Si la conexión americana antes de la Guerra de Independencia dependía en Wesley como «el vínculo viviente que mantenía unido al metodismo americano incipiente», ahora necesitaban una forma de disciplina de organización que incorporara el espíritu democrático y que hiciera posible la transición de liderazgo. Aunque Wesley nombró personalmente a Thomas Coke y Francis Asbury como superintendentes del trabajo metodista en América en 1784, Asbury insistió en ser electo por los propios predicadores. Mientras que Wesley dirigía personalmente su conversación a sus conferencias en Inglaterra, Asbury (o Coke con menos frecuencia) sólo presidió sobre debates polémicos algunas veces—aun acerca de su propia autoridad– y esperaba el voto de la conferencia.

La conexión continuaba sosteniendo un patrón común de vida

santa en las sociedades y uniendo a los predicadores en una conferencia anual para examinar su ministerio. Pero el espíritu egalitario puso a la sociedad y a la conferencia en una unidad para el apoyo mutuo y la «fraternidad» y fuera del sometimiento del juicio de otros. Las disciplinas de responsabilidad mutua que eran el corazón del movimiento metodista fue cambiando gradualmente hacia una simpatía no muy exigente de la fraternidad cristiana, adaptándose a un nuevo ambiente.

Al mismo tiempo, y dentro de una controversia sobre el episcopado, el sistema metodista de nombrar predicadores para viajar entre circuitos de sociedades metodistas, se hizo cada vez más riguroso. Asbury y Coke tomaron el título de «obispo»—del uso en el Nuevo Testamento del *episkopos*–y el primero viajó por toda la conexión, modelando para los predicadores una constancia de propósito para extender la obra.

El poder continuo de la conexión para permitir que la gente imaginara un movimiento que llegó a ser un lazo común para las sociedades diseminadas por un territorio escasamente poblado. Este sentido de solidaridad apeló rápidamente a otros grupos de inmigrantes como los alemanes quienes se reunieron en sociedades evangélicas y de los Hermanos Unidos, y a la liberación de los esclavos africanos que buscaban la unidad que trascendiera sus vicisitudes en ciertos lugares. Este poder conexional se destilaba con más evidencia en las revisiones y ediciones repetidas de las *Doctrinas y Disciplina* de la iglesia.

Líneas de desarrollo político

El sistema de gobierno metodista evolucionó bajo el liderazgo de Juan Wesley y además en el período nacional formativo de América, todo lo cual hizo una síntesis peculiar de énfasis teológicos, eclesiologías y prácticas políticas. Cinco corrientes principales fluyeron en este río, aunque, dada la curiosidad voraz de Wesley acerca de ideas y experiencias, así como la creciente variedad de prácticas cristianas en América, hubo innumerables influencias del mundo religioso de aquel tiempo.

Ni Juan Wesley ni los metodistas que le siguieron intentaron sistematizar esas corrientes en un solo sistema racional. Por supuesto, ellos buscaron distintas fuentes para encontrar su propia manera en medio de las disputas divisivas sobre doctrina y práctica en aquellos días. Si hubieran tomado la determinación de poner todas las corrientes en una, se hubiera creada una iglesia bien diferente. La identidad del metodismo contemporáneo está precisamente en su participación en los puntos fuertes de tantas tradiciones distintas. Pero para que una síntesis así trabaje, el pueblo metodista unido debe conocer las asunciones múltiples y reclamos de sus fuentes variadas.

Pietismo y puritanismo

La corriente que quizás se notaba más entre los contemporáneos de Wesley, era la influencia pietista continental del siglo XVII y el movimiento paralelo del puritanismo inglés. Los metodistas tenían en común con los pietistas el sentido de ser una *ecclesiola*—una iglesia pequeña—entro de la *ecclesia*—la iglesia establecida. Las reuniones de los pietistas eran pequeñas, casi siempre en la casa de alguien, y consistían de lectura de la escritura, oración y una exhortación a hacer buenas obras. Los miembros de la *ecclesiola* seguían asistiendo a su parroquia para recibir los sacramentos y otras ministraciones de la iglesia.

Pronto Wesley se diferenció de los grupos más sectarios del continente, especialmente de los moravos, reconociendo que eran muy quietistas, hasta el punto de abstenerse de los medios de gracia en los sacramentos. Pero este movimiento compartía el arreglo político de una disciplina de grupo pequeño practicada dentro de las parroquias geográficas que existían de la iglesia establecida, nacional.

Para las prácticas de la disciplina en grupos pequeños, Wesley y sus seguidores echaron mano de una variedad de fuentes. Las autobiografías espirituales de la vida interior eran especialmente útiles y el propio diario de Wesley puede considerarse como un modelo que seguía tal intensidad de enfoque en el estado del alma de uno. Muchos metodista leían el *Progreso del Peregrino* de Juan Bunyan y el *Llamado al Inconverso* de Richard Baxter. Por supuesto, los escritos antiguos estaban limitados, según los ojos metodistas, por sus doctrinas calvinistas y su relación con la Disconformidad en Inglaterra—con la cual el pueblo metodista, y Wesley en particular, no querían estar relacionados.

Wesley concebía el metodismo como una sociedad, una organización con un propósito especial auxiliar del trabajo normal de la iglesia por medio de las parroquias. Asociaciones voluntarias similares habían comenzado en la Iglesia de Inglaterra, setenta años antes. Entre las más conocidas estaba la Sociedad para Promover el Conocimiento Cristiano fundada en 1698 para publicar literatura religiosa y estimular la piedad personal, y la Sociedad para Propagar el Evangelio en Partes Extranjeras, la cual sostenía el trabajo misionero a principios de 1701.

A diferencia de otras sociedades, el metodismo estaba construido alrededor de las prácticas de predicación y cuidado pastoral las cuales se sobreponían claramente sobre las funciones sacerdotales. Wesley estaba perpetuamente encerrado entre su necesidad de autorizar y controlar a los predicadores laicos—en algunos casos ordenados–a quienes quería estimular, y en su insistencia en permanecer dentro de la Iglesia. Irónicamente, muchos de los pasos que tomó para fortalecer su control sobre los predicadores lo empujó a una estructura diferente de la Iglesia. Sus conferencias, nombramientos de predicadores a los circuitos, la detallada descripción de las responsabilidades con las sociedades bajo sus cuidados, y la emanación de sermones y tratados definiendo su movimiento, todo tendía a la separación. Pero la idea de que el metodismo se convirtiera en una mera secta era completamente repugnante a sus instintos anglicanos.

Anglicanismo

Entonces, la segunda corriente claramente identificable era seguir una ambigua lealtad de los metodistas a la Iglesia de Inglaterra. Wesley era un sacerdote ordenado de la Iglesia, licenciado como «Fellow» de Lincoln College de Oxford. Él honraba el *Libro de Oración Común* como la base para la adoración cristiana. Él hizo una regla para su propia vida y la de las sociedades, recibir la Cena del Señor con regularidad en una parroquia anglicana. Respetó el papel de los obispos en la ordenación y supervisión de la iglesia.

También Wesley estaba empapado en el carácter teológico del anglicanismo, esto es, su comprensión de temas tanto del catolicismo como de la reforma para formar una iglesia nacional. Aunque él comenzó su sacerdocio con puntos de vista de la Iglesia Alta con respecto al episcopado, ordenación y sacramentos, más tarde en su vida adoptó posiciones más de acuerdo con la opinión de una iglesia moderada –aquéllos que querían que la iglesia abarcara una mayor amplitud de comprensión basada en un consenso de lo esencial.

Así Wesley habrá de decir que ningún orden específico de la iglesia fue prescrito en el Nuevo Testamento y que el orden anglicano fue sólo para el bienestar de la iglesia y no es su esencia. Quería que el pueblo cristiano se enfocara en su misión común de una vida reformada y santificada, no en asuntos eclesiásticos o simples puntos de opinión.

En su sermón abogando por un «espíritu católico», instó a los cristianos a que realizaran su «unión en el afecto» y en el terreno común del amor en Cristo. «¿No podemos ser de un solo corazón, aunque no tengamos una sola opinión?», alegó. Modos de adoración, formas de oración, maneras de administrar los sacramentos no tocaban lo esencial de la fe:

«¿Está tu corazón bien con Dios? . . . ¿Crees en el Señor Jesucristo? . . . Está tu corazón bien con tu prójimo? . . . ¿Demuestras tu amor por tus obras? . . . Si es así, dame la mano» (*Obras de Wesley*).

El propio movimiento de Wesley estaba, sin embargo, en una creciente tensión con la iglesia. Los predicadores itinerantes metodistas ignoraban los límites de las parroquias y transgredían las responsabilidades de los sacerdotes locales. La predicación al aire libre estaba en contra de aquéllos que estaban a cargo de una vida de parroquia ordenada. La predicación laica sin una licencia de la Iglesia era una violación de la ley canónica. Tanto los obispos como los sacerdotes condenaron estas prácticas metodistas.

Sin embargo, Wesley disputaba fieramente a cualquier metodista que quisiera separarse de la Iglesia. Solamente cuando los metodistas americanos tuvieron que organizarse como iglesia fue que Wesley consideró tomar los pasos necesarios para separar parte del movimiento de la Iglesia de Inglaterra. Aún así, veía a la naciente iglesia como anglicana en lo esencial, pidiendo a los americanos que organizaran su eclesiología alrededor de los elementos básicos de los Artículos de Religión y del *Libro de Oración Común*. «Creo que (la Iglesia de Inglaterra) es la iglesia nacional mejor constituida en el mundo», escribió a los americanos, aunque estaba de acuerdo de que no deberían enredarse en «la jerarquía inglesa». Después de mucha agonía de la conciencia, él y otros sacerdotes ordenaron a Richard Whatcoat y a Thomas Vasey como diáconos y presbíteros y a Thomas Coke (ya un sacerdote) como superintendente. Éstos a la vez habrían de constituir un sacerdocio ordenado en América con lazos con la apostolicidad (sino al episcopado) de la tradición anglicana.

Pero Wesley no podía concebir realmente la franqueza completa de la sociedad americana. Quería que el pueblo metodista pudiera recibir los sacramentos en una forma ordenada, pero no se podía imaginar los problemas de organización que tenían que resolverse en la ausencia de un sistema parroquial. Cuando Asbury y Coke usaron el título de obispo, Wesley se horrorizó, quizás principalmente porque estaba pensando en un marco de referencia inglesa, en donde los obispos pertenecían a una clase social alta y formaban parte de la Cámara de los Lores. Ninguna de estas situaciones existían en América, y los nuevos obispos—por los menos Asbury— tomaron el título como *episkopoi* bíblico, supervisores del trabajo de la iglesia. No obstante, los metodistas americanos estaban en continuidad con la tradición anglicana. Por medio del sistema episcopal de supervisión y ordenación así como el ritual sacramental que practicaron, mantuvieron una eclesiología muy de acuerdo con la de la Iglesia de Inglaterra. Sus prácticas perpetuaron también las tensiones entre la sociedad -*ecclesiola*- y la iglesia -*ecclesia*- que eran inherentes al metodismo inglés. La intensidad de la disciplina en los grupos pequeños continuaron en las sociedades metodistas en la nueva nación. Los americanos siguieron con el hábito de los metodistas británicos de llamar capillas a sus edificios y no iglesias.

Sin embargo, el hecho de que se continuara dando la bienvenida a cualquier persona de cualquier persuasión que viniera buscando salvación, combinado con la necesidad ahora de ser realmente una iglesia—dando los sacramentos bajo la administración de un ministerio ordenado y sirviendo a toda la comunidad— amplió el metodismo americano en una forma tan completa que resonaba profundamente a su herencia anglicana. Con razón se le ha llamado al metodismo «la segunda iglesia inglesa», un anglicanismo evangélico que ofrece una alternativa «al anglicanismo de patriarquía y gentilidad».

Tradición católica

A una mezcla ya complicada de influencias se le debe agregar la naturaleza católica de mucho de la práctica metodista. Los opositores de Wesley llegaron al extremo al llamarlo «papista» en su autoridad. Sin embargo, tanto en la disciplina espiritual como en el estilo organizacional, el metodismo tenía mucho en común con las tradiciones católicas.

Wesley y muchos otros eclesiásticos del siglo XVIII tenían la tendencia hacia los clásicos –un redescubrimiento de las prácticas de la santidad descritas por cristianos del siglo IV como «Macario el egipcio» y Clemente de Alejandría. De ahí Wesley tuvo la idea de reclamar la perfección cristiana como la meta de una vida disciplinada. Un punto de vista progresivo de la santificación fue una enseñanza católica a través de los siglos. Wesley instaba a los metodista a que buscaran crecer en la santidad, «ir hacia la perfección» siempre, y además decía que la perfección en el amor era posible en esta vida.

Además, aunque Wesley no era un papa, su organización de predicadores tenía tonos definitivos de un tipo de predicación evangélica y de un orden en la enseñanza como el de los jesuitas o los dominicos. Estos grupos surgieron de una visión de un individuo particular que creció rápidamente en su misión. Éstos constaban de hombres bajo votos de celibato y obediencia, libres para itinerar adondequiera que se les mandara. Los jesuitas comenzaron en 1534 bajo Ignacio de Loyola y hasta llegaron a construir casas de predicación que les causaron conflicto con la iglesia establecida. Con el tiempo ambas órdenes fueron disciplinadas, reformadas y abrazadas por la iglesia católica romana (aunque permanecieron fieramente independientes en carácter).

En los primeros años del metodismo americano, las características similares fueron bien pronunciadas. Con muy pocas excepciones, los predicadores metodistas eran masculinos. Menos de una cuarta parte eran casados. Les pagaban lo justo para poder subsistir, y todos recibían la misma cantidad. Tenían un sentimiento de misión fraternal y un deseo de ir (no sin quejarse, por supuesto) adonde los mandaran. La mayoría de los predicadores tenían menos de treinta años de edad y la mayoría no duró más de doce años en el trabajo. Muchos murieron jóvenes, otros se casaron y tuvieron familia. Francis Asbury se lamentaba por cada matrimonio que separaba a sus hombres del rigor de la itinerancia. El matrimonio casi siempre significaba «localización», que no estaban disponibles para viajar. En la mente de Asbury la primera lealtad de los itinerantes era para la conferencia de «predicadores viajeros» y localizarse era perder el derecho a participar.

Así que aunque el metodismo no compartía ninguna clase de lazos institucionales con el catolicismo romano, seguía aspectos de la tradición católica. Igual que otras órdenes, floreció al principio como un movimiento evangélico en la periferia de la iglesia. En un sentido, tenemos que ver cómo el metodismo con el tiempo –como las órdenes de antes– trajo sus dones y experiencias inigualables a una unidad más amplia con la iglesia orgánica.

Reforma

El metodismo también recibió una profunda influencia de la reforma del siglo XVI. El propio descubrimiento de Juan Wesley de la profundidad de Romanos 1.17—el mismo versículo que trajo a Martín Lutero a una nueva comprensión de la fe– fue la chispa de su nueva predicación a fines de 1730. Justificación por la fe solamente, conectada con la creencia apasionada de Wesley en el poder de la gracia de Dios. Su celo por este descubrimiento lo llevó, en contra de todos sus instintos anglicanos, a ir a predicarle a la gente que nunca había entrado a una iglesia.

Asimismo, Wesley vio la escritura como el fundamento principal de esta promesa de fe e hizo como actividad central de las sociedades el «escudriñar las Escrituras». Allí estaban reveladas la salvación de Dios y su voluntad, si sólo la gente leyera y meditara en la misma. Creía que la Palabra de Dios contenía todas las reglas necesarias para la vida cristiana y que el metodismo era una expresión sencilla del cristianismo bíblico.

Al igual que los reformadores, Wesley estaba cautivado por los ideales de la «iglesia primitiva», tal como se intentaba que fuera la iglesia en el principio. Por esto entendía no que hubiera un sistema de gobierno específico y autoritativo en la iglesia según el Nuevo Testamento, sino que la iglesia estuviera cimentada y construida en los principios y prácticas del cristianismo primitivo. Se dio cuenta de la diferencia entre la ley canónica y la práctica sacerdotal de los cristianos contemporáneos y la iglesia primitiva.

Estos impulsos los expresó Wesley especialmente en sus controversias en Inglaterra cuando trató de reformar «particularmente a la iglesia». Sólo en el caso de América vio realmente el prospecto de crear una iglesia basada en principios bíblicos. Por supuesto, todavía confiaba en las formas anglicanas. Pero les dijo a los americanos que estaban «ahora en completa libertad para seguir sencillamente las Escrituras y la Iglesia Primitiva».

Aun en la terminología básica de sus ordenaciones, mientras que imitaba el triple ministerio de la Iglesia de Inglaterra, reflejó un impulso hacia una nueva traducción de términos del Nuevo Testamento. «Diácono», «anciano» (algunas veces «presbítero») y «superintendente» tenían la intención de cortar el uso anglicano de «obispo» y «sacerdote» yendo a la raíz original en griego.

La manera de ordenar de Wesley, –reuniendo sacerdotes o «presbíteros» a su alrededor como sacerdote—se conectaba más con la reforma que con la práctica anglicana. Estas eran realmente ordenaciones presbiteriales, no episcopales, para las cuales Wesley buscó justificación en parte de la iglesia primitiva en Alejandría la cual practicaba la ordenación por medio de un cuerpo de presbíteros.

Carlos Wesley, en desacuerdo con su hermano, se quejó en los comienzos de este evento chocante para él, diciendo que «los metodistas se convertirían en una nueva secta del presbiterianismo». Irónicamente, el mismo acto de ordenar a Coke a su puesto, quien luego ordenó a Asbury a la superintendencia, llegó a convertirse en un episcopado metodista al cual se le dio el exclusivo derecho de ordenación.

Avivamiento evangélico

Si la infusión de corrientes pietistas, anglicanas, católicas y reformadas no fuera suficiente, a éstas se les agrega una quinta influencia, el avivamiento evangélico que barrió a Inglaterra y a América en repetidas olas durante los siglos XVIII y XIX De este avivamiento salieron toda clase de prácticas por lo general desconocidas por cristianos de antiguas generaciones—predicación al aire libre, reuniones prolongadas, bancos para dolientes y arranque de gritos emocionales, sacudidas, entusiasmo y confusión. Las conversiones y el celo por la fe que produjeron los métodos de avivamiento, trajo nueva energía a las iglesias y también a menudo fomentó rebelión en contra de la autoridad establecida.

Así que el avivamiento evangélico siempre mantuvo una relación ambigua con la eclesiología establecida. Por otro lado, los avivamientos hacen que gente que nunca ha entrado a una iglesia puedan conocer la fe cristiana. George Whitefield, uno de los predicadores mejor conocidos en América, alegaba que su predicación en los campos estaba dirigida a gente que estaba excluida o alienada de la iglesia y que si producía conversos era por la voluntad de Dios.

La continuación de los avivamientos servían para confirmar y profundizar el compromiso de la gente que ya estaban en las congregaciones. De hecho, algunos eruditos han alegado que la petición de «avivamientos» en América en realidad llevaron a una rápida expansión de la iglesia y no al revés. Los avivamientos ayudaron a solidificar la disciplina congregacional al atraer a nuevas personas a una experiencia cristiana más profunda.

Por otro lado, los avivamientos americanos llegaron a ser una fuerza democrática que traspasaron todas las fronteras de autoridad eclesiástica. No había pastor ni obispo que pudiera vigilar o controlar los vuelos de doctrinas que se exponían en las campañas y púlpitos de avivamiento, por predicadores que eran más famosos que ellos. En realidad, un ministerio ordenado para el cual los candidatos se prepararon cuidadosamente por medio del estudio y que les daba a los pastores la autoridad de Palabra y sacramento en sus congregaciones, a veces era lo menos que les interesaba a los americanos que habían sido influidos por los avivamientos.

La prueba principal del ministerio era predicar y el criterio principal de la predicación era tener la habilidad para atraer, convencer y convertir a una audiencia. Los metodistas eran especialmente adeptos a ese ritmo de representar los horrores del infierno, ofrecer gratuitamente la gracia de Dios para las almas que se arrepienten y pintar un cuadro de pecados que deben evitarse y enseñar el comportamiento que se retrata en una vida santificada. Un montón de figuras folklóricas aparecieron alrededor de la representación del Día del Juicio que hacían los predicadores, tan vívidas que hacía que la multitud gritara de terror o que salieran corriendo llenos de pánico. Ningún exceso retórico era mucho, y con la bendición del obispo Asbury, los primeros metodistas hicieron de las campañas de avivamiento su mejor terreno de reclutamiento.

Este tipo de predicación y especialmente la separación del contexto de liturgia y sacramento, tuvo una raíz profunda y unas consecuencias enormes para el sistema de gobierno de la iglesia. A menudo los americanos han dicho que la rápida expansión del metodismo por dispersos pueblecitos hizo necesario un énfasis en la predicación mientras los jóvenes pastores metodistas viajaban a caballo de pueblo en pueblo organizando y disciplinando las sociedades metodistas por remotos circuitos.

Pero este argumento es difícil que sea suficiente. De hecho, el metodismo siempre había puesto la predicación en un lugar privilegiado. El movimiento ganó la atención del público debido a una atrevida predicación. Wesley usó mucho de su tiempo para estimular, halagar, enseñar y reprender a sus predicadores. Las sociedades se reunían para escuchar la predicación y construyeron capillas o «casas de predicación» con ese propósito principal y no estaban sujetos a la Iglesia de ninguna manera.

Wesley defendía esto con todas sus fuerzas. Por un lado, insistía en que el metodismo no era una separación sectaria de la Iglesia porque después de todo involucraba solo la predicación—no era un reemplazo del sacerdocio completo- y por el otro, hacía gala del don de la predicación de los metodistas en contraste con el fracaso de los sacerdotes para predicar el evangelio y traer a la gente a la fe. Esto lo completaba con la distinción que hacía entre el llamado interior del Espíritu Santo y el llamado exterior de la iglesia. Lo primero, el llamado de Dios, era suficiente autoridad para predicar, aun el laico, y para predicar en todas partes, sin importar los límites de la parroquia ni las regulaciones del canon legal. Sobre lo segundo, la ordenación por la iglesia era la autoridad necesaria para administrar el sacramento de la Cena del Señor, lo cual quería que los metodistas observaran en sus iglesias parroquiales. Los metodistas aumentaban su resistencia a esto, en parte porque el propio Wesley había separado la autoridad de predicar de la autoridad de la ordenación. ¿Por qué recibir el sacramento de un sacerdote que carecía del llamado del Espíritu

Santo o que predicaba doctrinas contrarias a los temas metodistas de la gracia y la perfección?

Como consecuencia de esto, en el contexto poco estructurado de América, los predicadores metodistas sintieron una completa libertad de ignorar la liturgia anglicana de Wesley del culto del domingo y descuidar la Cena del Señor como un asunto secundario. Después de todo, ¿no había Wesley dicho que la predicación era absolutamente esencial para traer a las personas a la salvación, y la Cena del Señor sólo uno de los medios de gracia? Los predicadores de circuitos organizaron sociedades, no congregaciones y le pedían a la gente que construyeran capillas, no iglesias. Los predicadores itineraban constantemente, no eran sacerdotes residentes suministrando servicios pastorales a la parroquia. Se reunían anualmente en conferencia como una orden de predicadores evangélicos y por generaciones resistieron cualquier estructura que le diera representación en la conferencia a los laicos de las sociedades locales. Después de todo, las conferencias trataban de la predicación itinerante y la organización agresiva en un campo misionero abierto, no trataban de congregaciones establecidas.

Esto señala por lo menos parte de la tensión que a menudo se describiera como la jornada metodista «de sociedad a iglesia». Habiendo sido una sociedad evangélica dentro de la iglesia establecida, ahora tenía que convertirse en iglesia en América. Pero la resistencia presente en este cambio indica algo que no siempre se reconocía. El metodismo como una orden de predicación y conexión de sociedades era en realidad un sistema de gobierno distinto del orden de la iglesia. Representaba una eclesiología distinta.

Los primeros predicadores metodistas elogiaban la apertura y espontaneidad de los avivamientos, la libertad que tanto el predicador como el oyente les hacía sentir el poder de la fe. Pero, por supuesto, esas ocasiones estaban muy lejos de no ser estructuradas. Estos eran eventos cuidadosamente planeados y orquestrados con un orden muy distintivo. Asimismo, los predicadores alababan la predicación itinerante y la flexibilidad dentro del movimiento metodista para ir adonde estaba la gente. Lo que ellos consideraron como definitivo y que no articularon, fueron las asunciones eclesiológicas alrededor de la primacía de la predicación que estaba por debajo de este sistema de gobierno bien ordenado.

El fruto de un sistema de gobierno de la predicación fue un metodismo que para fines del siglo XIX ya había dejado de tener la estructura de las reuniones de clase, descansando solamente en el púlpito para la disciplina -predicadores exponiendo la verdad cristiana y movilizando la conciencia de los creyentes. Desde un punto de vista eclesiológico, las sociedades quedaron como un poco más que una audiencia para la predicación evangélica, audiencias que respondían organizando una variedad de actividades misioneras como lo haría cualquier asociación voluntaria americana. Pero ahora carecían de la disciplina característica que les había dado continuidad y consistencia a las reuniones metodistas, una constancia personal que salía de los participantes laicos. La escuela dominical tomó el lugar de las reuniones de clase, la cual se reunía en salones y aulas, lo cual, como en los auditorios, ponían énfasis en una persona que habla y los demás escuchan.

Este cuadro se aliviaba gracias al celo con que los metodistas se juntaban en estas reuniones, el canto voluptuoso y el entusiasta compromiso para las misiones y el activismo social. Pero seguía por debajo la tensión en el sistema de gobierno. ¿Se estaba convirtiendo el metodismo en una iglesia? ¿O simplemente estaba evolucionando desde sus raíces como una sociedad voluntaria a una eclesiología inconsciente de adaptación al individualismo privado y al modo burocrático organizacional de la sociedad y cultura americana?

La síntesis de Wesley en América

Henry Rack ha argumentado que el eclecticismo de Wesley no podía llamarse una síntesis teológica por ser sus elementos constitutivos tan conflictivos e inconclusos. (Rack, *Reasonable Enthusiast*, 408). Wesley fue un escritor prolífico, pero casi siempre respondiendo a conflictos entre predicadores metodistas y los que proponían otras doctrinas o como defensor de ciertos asuntos éticos. No fue un teólogo dogmático, y su síntesis, era elástica y muy personal. Por otro lado, en su lluvia de tratados, sermones, ayudas para el estudio de la Biblia, cartas y diarios, Wesley aparecía como un teólogo práctico por excelencia. Trató de construir un sendero entre los partidos que dividían el cristianismo de su tiempo. No quería ni la pureza racional de proposiciones doctrinales ni tampoco lo inmediato del sentimiento de la experiencia personal, ni la conformidad a la autoridad ritual establecida, ni el quietismo de espera de la acción de Dios. Abogaba, por otro lado, por una «orientación del corazón—un cierto patrón de afectividad» que habría de llevar a los metodistas al «amor, gozo y paz de la santidad». Predicó una vida cristiana activa, llena del amor de Dios y poniendo este amor en práctica con el prójimo.

Por cierto que en términos prácticos, el sistema por medio del cual Wesley esperaba hacer avanzar los acentos teológicos metodistas, la «conexión», surgieron por lo general de conflictos de autoridad que lo impelían a buscar información en varias fuentes. Estaba tratando constantemente de adaptar la práctica metodista a situaciones particulares y buscaba una justificación en ello. Un ejemplo principal fue la ordenación de predicadores no a la iglesia universal, sino a ciertos lugares en necesitados de funciones sacerdotales–especialmente en América y partes de Escocia.

Tal pragmatismo estaba perfectamente apropiado para una sociedad americana sin estructura que estaba empezando a adquirir forma en 1780. No sobrecargado con un legado de fidelidad a la tradición de una iglesia establecida y además no teniendo el carácter de separación sectaria de la sociedad ordinaria, el metodismo pudo romper un nuevo terreno eclesiológico. Los historiadores han declarado con frecuencia que el metodismo en la denominación más americana, en parte porque la misma cultura americana fue armada pragmáticamente de diversas influencias que coincidían en una síntesis no sistemática.

Organizado en sociedades, muchos de los miembros fueron reclutados en reuniones de avivamiento; dieron la bienvenida a la gente a una fraternidad con un corazón cálido en la adoración y el canto; predicó la disponibilidad de la gracia para la gente de cualquier raza, clase o género que aceptara a Cristo; inspiró y dio el liderazgo para el trabajo educativo y la misión tanto en los Estados Unidos como en otras tierras; reclutó líderes laicos para muchos papeles importantes tales como líderes de clase o exhortadores; el metodismo fue la asociación voluntaria americana por antonomasia. Tuvo una influencia gigantesca, localizada en casi todas las comunidades del país y con una membresía en 1850 que comprendía más de la tercera parte de los miembros de todas las iglesias.

Esta asombrosa expansión provocó a veces serios debates sobre el sistema de gobierno. ¿Qué justificaba la exclusión del laicado de las conferencias anuales? ¿Cuáles eran exactamente los poderes de un obispo y cómo podían ser reconciliados con la igualdad de derechos? ¿Por qué el laicado y los predicadores no podían tener el derecho de rechazar un nombramiento pastoral? ¿Dónde estaba la autoridad para la ordenación metodista? ¿Por qué razón no se podía aceptar a mujeres como delegadas a la Conferencia General? Y así las preguntas corrían por el siglo XIX y en el XX. Pero mientras que estas discusiones clarificaban algunos aspectos del sistema de gobierno, la eclesiología del metodismo en general permanecía anómalo. En realidad, las corrientes enlodadas del pasado se ven todavía sin reconciliar en la vida denominacional contemporánea.

- El lenguaje de las «sociedades» se destiñó hace cien años, pero las iglesias metodistas unidas están todavía organizadas y relacionadas con unidades locales de una conexión más grande.
- Las reuniones de clase desaparecieron y el nuevo resurgir no se puede comparar a la escala original; sin embargo, en una encuesta reciente los miembros de la conferencia anual de la IMU señalaron el estudio de la Biblia, evangelismo, oración y disciplina espiritual como las prioridades más grandes de la denominación.
- Los obispos siguen siendo nombrados por vida y con autoridad final para la ordenación y hacer nombramientos; sin embargo, no tienen membresía en ningún cuerpo de la iglesia excepto en su propio consejo, ningún papel legislativo, ninguna función litúrgica en las congregaciones y ninguna relación orgánica con el laicado. La influencia de ellos en la denominación se deriva de la predicación y de sus poderes de persuasión.
- La itinerancia persiste, pero sus cualidades como una orden misionera de predicadores han dado paso a un modelo más profesional con menos itinerancia y simplemente con menos capacidad para ir adonde lo manden.
- El laicado ganó la batalla del siglo para tener representación en la conferencia anual, pero tienen un papel limitado en el centro oficial de las funciones del sistema de gobierno—órdenes ministeriales, disciplina y nombramientos.
- La prueba y evaluación para los candidatos al ministerio ordenado se han hecho más rigurosos, estableciendo altos niveles para la ordenación; sin embargo, los pastores locales que no son ordenados siguen autorizados para administrar los sacramentos en la iglesia local en donde están nombrados.
- Una categoría consagrada al servicio llamada «ministerio diaconal» se creó debido a la necesidad práctica de autorizar el servicio de personas profesionales en la iglesia; sin embargo, no es ni una orden ordenada ni una forma de servicio laico en el sentido normal.

Éstas y muchas otras anomalías dan evidencia de las muchas cosas que dan forma al sistema de gobierno y práctica metodista unido. La cuestión no es resolverlas todas, sino reconocer lo bueno que cada una trae al ministerio y misión de la iglesia. Los metodistas unidos deben conocer bien las fuentes variadas de su sistema de gobierno. Ese conocimiento puede entonces informar las decisiones del sistema de gobierno en respuesta a las necesidades actuales y al contexto del ministerio.

El cacareado pragmatismo del carácter del metodismo unido está basado en las prácticas de Wesley y en la fácil adaptación del movimiento a varias sociedades mundiales. Pero esta libertad para hacer lo que se crea necesario para que la fe cristiana esté disponible a la gente, no debe degenerar en una simple indiferencia. Pero tampoco resultan las perogrulladas—como en las palabras del inmortal obispo americano Charles Henry Fowler (electo en 1884): «el metodismo significa hacer siempre la mejor cosa posible». Si la síntesis no se teje constantemente y se reentreteje en las conferencia en donde los metodistas unidos debaten qué enseñar, cómo enseñar y qué hacer, se habrá de deshilachar y por fin desintegrar.

Los metodistas unidos siempre hacen el chiste de que cuando un conflicto se va de la mano, o el debate es muy divisorio, todo el mundo se pone de pie y canta un himno. Hay una gran verdad en la risa sobre esto. Especialmente cuando el himno es «Firmes y adelante». Además, el canto y la oración, escritura y ayuno, comulgando y dando a los pobres, todas éstas son disciplinas bien incrustadas en el carácter metodista. Regresar a estos pasos es el patrón que permite que se teja una nueva síntesis.

CAPÍTULO 2

Denominación y sistema de gobierno en Norteamérica: el caso del metodismo unido

El sistema de gobierno de la Iglesia Metodista Unida se alimenta de una corriente compleja de influencias eclesiológicas sintetizadas por Juan Wesley. Sin embargo, el sistema de gobierno de hoy no puede interpretarse aparte del contexto de la sociedad americana en la cual se generó principalmente. Cualquier movimiento para convertirse en una iglesia global de muchas culturas debe tomar en cuenta esta herencia, ya que las presunciones americanas invaden la mayoría de las prácticas que comprenden el sistema de gobierno metodista unido. Y para comprender la influencia mutua del metodismo unido y la cultura americana, debemos ver la forma de protestantismo exclusiva a la sociedad voluntaria americana, la denominación. Uno puede argumentar, sin embargo, junto con Nathan Hatch, el historiador de la religión americana, que el metodismo «inventó la denominación americana, haciendo anticuada la realidad europea de la iglesia en el centro cultural y la secta en la periferia».

Desde que se fundó la nación, las denominaciones han sido la forma básica de organización de los cristianos protestantes en América. Para jugar con las palabras, los viejos grupos «denominacionales» son cuerpos nacionales; se identifican con el desdoblar de la cultura nacional y con la misión nacional e internacional. Las denominaciones han crecido con la nación y son una forma eclesiológica única a una sociedad comprometida al ejercicio voluntario de la religión sin el control del estado. En tal sistema tiene que ser creada alguna clase de asociación organizada de personas que piensan igual. Por medio de constituciones, declaraciones y libros de leyes y disciplina, las denominaciones han demostrado su lugar en la vida americana.

Esta manera de organizar la religión es una innovación que desafían viejas categorías de la teoría social europea de la cual han copiado los eruditos americanos. La denominación no es una «iglesia» en el sentido europeo. No tiene ninguna identificación con el estado; no recibe fondos públicos; no puede reclamar que envuelve a toda la población. Las congregaciones locales de las denominaciones no están organizadas como parroquias responsables de todos los ciudadanos de una zona determinada. Aun las denominaciones que tratan de organizar a sus adeptos en parroquias de barrios, tienen un éxito limitado frente al establecimiento de fronteras firmes.

Tampoco se puede considerar sectarias a las denominaciones, es decir, como una sociedad separada o una contracultura. En el mercado religioso americano, la vasta mayoría de las congregaciones tratan de atraer miembros basados en que todos son bienvenidos, a pesar de que luego un nuevo converso tendrá que pasar por un riguroso nivel de creencias y comportamiento. La retórica emitida desde los púlpitos o publicaciones denominacionales pueden sonar sectarias por la manera en que atacan a la cultura general o aboga por creencias específicas que las separa de la cultura secular. Pero, mientras más éxito tengan las denominaciones en diseminar su mensaje, por definición, podrían ser menos sectarias.

No importa qué proclame una denominación, si sus adeptos constituyen una cuarta parte de la población de toda una región como, por ejemplo, los bautistas del sur en mucho de la parte sur de América, es difícil que se consideren una secta o sus puntos de vista como sectarios. Igualmente, cuando se dice que hay denominaciones que abogan por creencias que van claramente en contra de las de la cultura dominante—como la de un cielo e infierno literal– cuando una encuesta hecha por Gallup dice que la mayoría de los americanos creen en un cielo y un infierno, tales denominaciones no pueden considerarse sectarias.

Las denominaciones tampoco funcionan como cultos místicos. Pudieran mirar atrás a figuras fundadoras carismáticas como una influencia formativa. Una iglesia episcopal pudiera tener un Cuarto Canterbury o un salón Seabury y una iglesia metodista unida pudiera tener un Cuarto Epworth o una Biblioteca Wesley; retratos de los fundadores puede que cuelguen de muchas paredes. Pero éstos son artefactos de una cultura denominacional más amplia ahora y no la parafernalia de un culto centrado en un líder.

Sin embargo, las denominaciones son iglesias. Por medio de sus congregaciones ofrecen la Palabra y el Sacramento que son señales tradicionales de la iglesia. Por lo general, están abiertas para recibir miembros de cualquier trasfondo. Anuncian su presencia en las comunidades y publican sus actividades. Y en una miríada de maneras se responsabilizan por—o suministran un foro en el cual los adeptos pueden responsabilizarse por—los problemas y dirección de la sociedad americana como un todo.

El carácter denominacionalista no siempre ha servido bien a los cristianos de América. Especialmente en momentos de severas interrogantes sobre la estructura denominacional, los miembros han tenido dificultad para explicar qué es exactamente una denominación o cómo debía funcionar. Muy pocas personas se dan cuenta de cómo las denominaciones han cambiado a través de varios períodos históricos y qué cosa es distinta en esta era a principios del siglo XXI.

Funciones cambiantes de las denominaciones

Los recientes ensayos de Russell Richey y de Craig Dystra y James Hudnut-Beumler, son de ayuda para delinear las fases de la vida denominacional en América. Ciertas funciones predominantes denominacionales están asociadas a cada período histórico que hoy siguen de alguna manera.

En los períodos coloniales y de principios de la nación, las denominaciones «respondían a los problemas eclesiásticos de sucesión ministerial, guías y gobierno que habían sucedido por el hecho de la aparición de América como una nación separada». Se constituyeron a sí mismos como cuerpos para ofrecer un marco para suministrar pastores entrenados y aprobados y para apoyar un orden y disciplina en la congregación. Dykstra y Hudnut-Beumler le llamaron a esto la era de denominacionalismo de la «confederación constitucional», porque cuerpos eclesiásticos por encima de la congregación tomaron como su sólo propósito las funciones básicas de la disciplina de la iglesia.

En conexión con lo que vino a llamarse el Segundo Gran Avivamiento del protestantismo americano, las denominaciones comenzaron a enfocarse en un propósito misionero central. Con la retórica común de cristianizar la tierra, las denominaciones siguieron la expansión hacia occidente de la población europea, les predicaron el evangelio a los esclavos africanos y a los indios nativoamericanos, educaron a la gente por medio de escuelas, tratados, reuniones de clase y abogaron por causas sociales como la de temperancia y las leyes del domingo.

Como quiera que mucha de la energía organizativa de la misión fue canalizada por medio de asociaciones voluntarias independientes, los líderes y participantes de dichas asociaciones fueron traídas frecuen-

temente de los rangos denominacionales. Estas sociedades voluntarias fueron dirigidas generalmente por laicos (segregadas por género),
con hombres de negocio y empresarios que traían habilidades burocráticas a estas empresas.

Después de la Guerra Civil, las iglesias protestantes pasaron a una
fase en la que actuaban más como iglesia. Se concentraron en su propia organización, construyeron nuevas iglesias, ampliaron sus escuelas dominicales y la literatura educacional y comenzaron asociaciones
de mujeres, hombres y jóvenes. Las denominaciones comenzaron a
asumir muchas de las funciones de las asociaciones voluntarias del
principio, absorbiendo y consolidando sus programas y reduciendo la
duplicación de la recaudación de fondos y los esfuerzos de reclutamiento.

Esto llevó a una cuarta fase a la cual Dykstra y Hudnut-Beumler le
llaman la era de la «corporación». Así como los negocios y el gobierno se estaban moviendo hacia una burocracias centralizadas y aumentando los procedimientos racionales para la eficiencia, también las
denominaciones construyeron oficinas centrales y conglomeraron sus
funciones en oficinas nacionales. Las asambleas denominacionales
comenzaron a parecer como reuniones de«accionistas» en la que los
participantes votaban sobre asuntos ya preparados por los ejecutivos
denominacionales. La requisición de fondos se unificó en campañas
por eran manejadas desde un centro, con un sistema de asignaciones
de los fondos denominacionales parecido al recién instituido impuesto de ingreso federal.

Finalmente, en respuesta a las revoluciones de los derechos humanos de 1960 y 1970, las denominaciones formaron nuevas unidades y
escribieron una nueva legislación que les dio el carácter de «agencias
regulatorias». Instituyeron reglas para proteger los derechos de participación y proceso debido. Promulgaron su teología de inclusividad
tomando medidas para la representación y vigilancia de funciones. A
medida que crecían los costos para mantener una burocracia corporativa, así también las medidas para adjudicar la distribución de escasos
fondos.

A este cuadro Richey le agrega la observación de que agencias
denominacionales trataban de encontrar un papel consistente. A veces
operaban como fundaciones que hacían donaciones, y otras veces
como sucursales de un evangelismo específico y otras veces como
cuerpos que acreditaban y daban credenciales.

Así que por más de doscientos años las denominaciones americanas
se desarrollaron en tres funciones fundamentales. Originalmente y

más básicamente, proveyeron un abastecimiento de credenciales ministeriales y la disciplina congregacional necesaria para la continuidad de la iglesia.

En segundo lugar, asumieron una misión común al coordinar los recursos y esfuerzos de sus congregaciones participantes con los de las oficinas centrales. Tercero, abogaron por la inclusión y completa participación de todas las personas que desearan afiliarse con ellos, y hasta cierto punto poner estructuras específicas a trabajar para que se asegure dicha inclusión.

Como se verá en capítulos subsecuentes, el sistema de gobierno metodista unido tanto refleja como contribuye a estas funciones históricas. Mientras que el término «confederación constitucional» describe con más exactitud el sistema de gobierno de las iglesias reformadas, alude a la disciplina básica de ministerio y membresía que se ha llevado a cabo por las conferencias anuales desde el comienzo del metodismo americano. La misión denominacional se ilustraba en la consigna metodista derivada de las sociedades inglesas bajo Wesley: «Reformar el continente y esparcir santidad bíblica sobre estas tierras». De nuevo, aunque esto no es lo mismo a la lucha de los reformados de crear una «América cristiana», los metodistas sin lugar a dudas compartieron una fe de que mientras más personas se hacían cristianas, la civilización americana y mundial sería más como el reino de Dios.

Ninguna denominación ha estado mejor preparada para entrar en la era después de la Guerra Civil de edificar instituciones denominacionales, como en el centenario metodista que dio la oportunidad de construir cientos de nuevas iglesias locales, así como hospitales, hogares y escuelas. Muchos del laicado metodista se convirtieron en cabezas de grandes empresas comerciales. El metodismo unido adoptó completamente los principios sociales de los derechos humanos y de una justicia progresiva, y por 1970 puso la rúbrica para una participación total de todas las personas.

Todas estas funciones están incrustadas en el sistema de gobierno metodista unido. De hecho, esta complejidad da por resultado la mayor parte de la *Disciplina*. Sin embargo, uno pudiera pensar si todas estas funciones son realmente compatible con un sistema de gobierno denominacional o si pone demasiada presión en las estructuras organizacionales. ¿Qué amplitud de actividades pueden esperar los participantes que una denominación lleve a cabo? Ésta ha sido una pregunta importante en cada período de la historia denominacional de América, lo mismo que es hoy cuando las iglesias aparecen en muchas comunidades como las asociaciones que disfrutan el mayor nivel de participación y de confianza del público.

Perspectivas de las denominaciones

Las viejas denominaciones convencionales no tan sólo han evolucionado múltiples funciones a través del tiempo. Su desarrollo está también muy entretejido con los patrones de cambios y cultura de la sociedad americana. Su vida colectiva puede ser vista desde una variedad de perspectivas, cada una de las cuales resaltan un aspecto de su heterogeneicidad como instituciones.

La denominación como local

Muchos escritos sobre las denominaciones se enfocan en sus estructuras nacionales (o internacionales). Desde otra perspectiva, sin embargo, uno puede argumentar que las denominaciones son primariamente locales por su naturaleza. Las congregaciones de una afiliación particular dan un punto de entrada en la vida social y religiosa de la comunidad. Unirse a una congregación es una manera básica que los americanos tienen para pertenecer y participar en la sociedad. Hasta los musulmanes y los hindúes forman algo así como congregaciones en los Estados Unidos, cuando no existen como tal en la mayoría de las otras sociedades en donde se practica esa fe.

Así que la mayoría de las experiencias de la gente en las denominaciones es local. Los miembros de la iglesia conocen su propia iglesia local. Por lo general no se dan cuenta de que las maneras de adorar en su congregación, predicación, educación, misión y disciplina están moldeadas por la herencia de una denominación particular. La mayoría de los miembros están conscientes (aunque algunas veces inconscientes) de las características únicas de su propia congregación: lugar, edificio, sonidos, olor, ritual, idioma, símbolos, historias, actividades, fraternidad y manera de hacer las cosas.

Es fútil que los pastores y líderes denominacionales se preocupen sobre la falta de conocimiento de la denominación por el laicado promedio. La mayoría de la gente experimenta una denominación sólo en su propio punto de entrada: en la congregación local de una comunidad definida.

La congregación es el único punto en el cual, para la mayoría de la gente, lo distintivo de la herencia denominacional se hará perceptible. Es por ese motivo que la tarea central de las denominaciones es la de suministrar los recursos para practicar la fe cristiana en congregaciones: himnarios, traducciones de la Biblia, material educativo, proyectos misioneros, libros de disciplina y orden, entrenamiento para el laicado, y, naturalmente, las credenciales y supervisión del liderazgo clerical.

Así, las denominaciones son una mezcla peculiar de lo nacional (o global) y lo local. Han tenido períodos de celo organizacional para convertir y transformar sociedades como un todo. Han generado recursos notables para llevar adelante programas nacionales y globales. Pero en su forma más duradera, las denominaciones consisten de congregaciones locales cuya disciplina y ministerios administran y coordinan de alguna manera.

Las denominaciones como asamblea y comunidad

A medida que las instituciones de la iglesia se han desarrollado y los recursos de programas y financieros han crecido en tamaño y en ámbito durante el último siglo, las denominaciones han encontrado que las oficinas burocráticas han sido más efectivas y hasta indispensables para administrar el ministerio y la misión. Esto siempre ha provocado críticas de aquellos que quieren que la iglesia sea más participadora y más local.

Mucha de la tensión sobre la burocracia corporativa sale de la idea de muchos miembros de que las denominaciones son primero que nada asambleas participadoras. Las denominaciones históricas han autorizado reuniones en las que los miembros pueden ser oídos, ya sea en persona o por medio de delegados. Aunque estas asambleas han sido constituidas de distintas maneras, se ha considerado que los participantes jueguen un papel en escribir la legislación, toma de decisiones y autorizando resoluciones. Estos roles son esenciales al sentimiento americano de asociaciones voluntarias.

Sin embargo, las asambleas denominacionales no son tan sólo legislativas. Éstas también han sido ocasión de avivamiento, testimonio, hacer pactos y fraternidad. Cualquier reunión denominacional exhibe las maneras en la cual las denominaciones son comunidades humanas entretejidas por años de relaciones personales entre colegas, amigos y familia. Todas las doctrinas establecidas, constituciones, reglas legislativas y procedimientos racionales en el mundo, no pueden sostener una denominación. Su cohesión depende del respeto mutuo, cuidado y sostén de los miembros y líderes juntos.

En un ensayo sobre los líderes protestantes a finales del siglo, William Hutchinson mostró cuántas de las figuras claves en las iglesias protestantes vacacionaban en los mismo lugares, socializaban juntos y disfrutaban la mezcla de sus familiares por medio del matrimonio de sus hijos e hijas. Esto es del común conocimiento de cualquiera que visite Montreat, Gulfside o Junaluska. Las reuniones de miembros de distintas denominaciones crean la relación de trabajo y amistad que hace posible la vida denominacional.

Cuando se forma una iglesia como la IMU, una de las cosas que menos se habla y que es un problema crítico, es que las personas no se conocen entre ellas. El elemento más patético entre los Hermanos Evangélicos Unidos acerca de la unión con la iglesia metodista unida en 1968, era que los pastores, líderes laicos y ejecutivos denominacionales de aquella iglesia se habían conocido por muchos años y sabían cómo trabajar juntos. Cuando los miembros de la Iglesia de los Hermanos Evangélicos Unidos llegaron a la primera Conferencia General de la IMU, se quedaron asombrados por el número de caras nuevas y la fraternidad menos cálida de la denominación mucho más grande con la que se estaban uniendo.

Uno de los puntos fuertes del sistema de gobierno metodista unido siempre ha sido la unión de toda la clerecía en la conferencia anual para participar de un pacto de fraternidad. Este modelo tiene sus problemas. La membresía clerical en una conferencia anual goza de su fraternidad con los colegas de una manera que los laicos no comparten. Sin embargo, usted no necesita más que escuchar a unos pocos discursos de clérigos que se jubilan en la sesión de la conferencia para darse cuenta de la importancia que tiene ese pacto de fraternidad para sostener una dedicación al ministerio. Y así cuando los laicos de una conferencia se conocen unos a otros, también ellos se dan cuenta de la manera en que sus congregaciones particulares se fortalecen al compartir desafíos y esperanzas con otras comunidades de fe en la conexión.

La movilidad de la sociedad americana ha hecho muy difícil la continuidad de la relación con la denominación. Sin embargo, por todos los cambios de residencia y trabajo, típicamente americano, es asombroso ver cuánto personal han trabajado en las oficinas denominacionales por años o cuántos clérigos han dado sus vidas a la misma conferencia o cuántos laicos han servido en juntas y comités por décadas.

Estas relaciones están escondidas debajo de palabras impresas de doctrinas o sistemas de gobierno. Pero éstas constan en la comunidad de la memoria que le da a la denominación su carácter peculiar y lleva esa contribución única al trabajo de la iglesia en el mundo.

Cultura denominacional

Al funcionar por mucho tiempo, todas las organizaciones desarrollan una cultura corporativa que consiste de los símbolos, historia, idioma, lugares, prácticas, artefactos y maneras de hacer las cosas de modo que cada organización sea distintiva por sí misma. Sólo desde hace poco las culturas religiosas han recibido mucha atención, y aquí sólo se puede hablar de un comienzo. Pero ciertamente nadie puede comprender una denominación sin tener cierto conocimiento de su cultura.

Nombres e identidades

Al nivel más básico de la definición, una denominación es literalmente un nombre, el denominador, de un grupo. Dichos nombres expresan algo de una identidad organizacional común. Pueden ser:
* *Bíblica*, tomado de un texto de la escritura—como Discípulos de Cristo, Asambleas de Dios, Iglesia de Dios (ambas son *ekklesia tou theou* en el Nuevo Testamento);
* *Personal*, nombrada en honor de un fundador o figura seminal—tales como wesleyanos, luteranos o menonitas;
* *Teológica*, recordando la posición teológica central -como Reformada o Pacto Evangélico;
* *Política*, nombrando el sistema de gobierno por el cual guían su vida de organización -tales como Episcopal o Presbiteriana– o señalando la posición política que les dio vida—como Metodistas Libres o Congregacional Continuada;
* *Étnica*, describiendo la raza primaria o grupo étnico que la denominación sirve--tales como Metodista Africana Episcopal, Presbiteriana Coreana o Metodista Hispana;
* *Regional*, que denota el área geográfica de origen—como Presbiterianos Cumberland, Luteranos del Sínodo de Wisconsin o Missouri.

Para los metodistas unidos es importante darse cuenta de que la IMU pertenece aún a otro grupo de nombres, denominaciones que se representan a sí mismas una *practice* -metodistas, bautistas, pentecostales. Esto es, la identidad distintiva que se reclama por un nombre es una manera específica de practicar la fe cristiana. En el caso de los metodistas, esto quiere decir los métodos o disciplinas de espiritualidad y vida santa que fueron refinados por Juan Wesley y enseñados por generaciones de predicadores y líderes de clases de las sociedades metodistas.

Logos, símbolos y rituales

El nombre es sólo un aspecto de toda una cultura organizacional el cual crece con el tiempo mientras que la denominación hace su trabajo. La cultura también puede tener un logo, como los diseños de la cruz y la llama que aparecen en tarjetas, papelería, boletines, himnos, libros de disciplina, materiales educativos, tableros, paredes de edificios y en muchísimos otros sitios.

Muchos símbolos—como el grabado de un predicador de circuito, un globo con el letrero «el mundo es mi parroquia»– evoca una tradición específica de la denominación. Al mismo tiempo, la vida denominacional en su interacción con la cultura general, está sujeta a tendencias y modas que nunca son relacionadas «oficialmente» a ninguna herencia particular.

Muchas iglesias protestantes tienen cuadros de Jesús colgando de las paredes de sus santuarios, salones o aulas de clases. El arte de Werner Sallman llegó a ser inmensamente popular en los años 40 y 50. Aunque pocas personas conocían el nombre del artista, la representación imaginativa de Jesús llegó a ser casi como una fotografía para aquellos que la veían dentro de una página de la Biblia o cada vez que iban a la iglesia. Antiguas generaciones disfrutaban de los vitrales que representaban escenas bíblicas, tales como Jesús de rodillas en el Getsemaní o las mujeres frente al ángel en la tumba vacía. Muchas de estas pinturas son idénticas en numerosos santuarios.

Aunque nunca fue oficialmente recomendado por los cuerpos denominacionales, el «sermón de los niños» se adoptó por muchas congregaciones en los años 70. Se publicó mucha literatura sobre esos sermones, pero lo más interesante es que se esparció cierta manera de hacerlo en muchas iglesias (un solitario adulto o adulta, sentado en los escalones del presbiterio o plataforma, rodeado de niños de diez años o menos, contando una historia o señalando una acción con una lección objetiva). Esta forma está en una larga línea de rituales que se han convertido en práctica común en distintos períodos de la historia de la denominación, como por ejemplo el uso de copitas plásticas o de cristal para el jugo de la Comunión (lo cual es lo más higiénico) o poner cruces en el altar, candeleros y platos de ofrenda.

No es de sorprender que pocos de estos símbolos y rituales aparecen mencionados en los documentos oficiales de la denominación. La *Disciplina* de la Iglesia Metodista Unida no contiene virtualmente ninguna instrucción para el ritual ni canones para el uso de los objetos simbólicos. El Himnario metodista unido y el *Libro de Adoración*, son aprobados y endosados por la Conferencia General, pero tienen un estado legislativo más ambiguo ya que se entiende por lo general que son recursos para la adoración y no formas de adoración que deben ser practicadas rígida y exclusivamente. Como resultado, la vida de símbolos y rituales de la denominación es extremadamente incierta y a veces sigue las tendencias corrientes en la iglesia y la cultura.

Geografía

En la cultura denominacional descuellan muchos sitios de reunión o para negocios. Cuando la gente se reúne año tras año para conferencias, convocaciones, o simples días de fiesta, tales sitios se convierten en polos magnéticos de memorias, tradiciones y amistad. El sitio de las oficinas centrales de la denominación también tiene un poder notable para simbolizar el centro de gravedad de la organización y como identificación cultural.

Los metodistas unidos que están activos en cualquier magnitud en programas o con cuerpos denominacionales, pronto descubren una geografía distintiva de la denominación. Centros de asambleas como Ocean Grove en New Jersey; Lake Junaluska en North Carolina; Lakeside en Ohio; Mount Sequoyah en Arkansas; y Gulfside en Mississippi, han sido lugares conocidos de reuniones y de vacaciones por generaciones. Muchas conferencias anuales se han reunido por años en los mismos colegios o universidades o en una misma iglesia.

Los metodistas unidos que participan o que son observadores de la Conferencia General forman parte de los que recuerdan dichas conferencias por el sitio en que se reunieron –Denver, Louisville, St. Louis, Baltimore, Indianapolis, Portland, Atlanta, Dallas, para nombrar algunas. Los lugares se rotan entre las jurisdicciones—regiones—geográficas en los Estados Unidos de modo que cada región pueda tener un sentido de propiedad y hospitalidad para la conferencia.

Las agencias generales de la IMU están localizadas en varios lugares por razones históricas definitivas se han retenido hasta cierto grado en la memoria corporativa. El Concilio General de Ministerios (GCOM siglas en inglés) está en Dayton, Ohio, en el edificio que fue el centro de oficinas de la Iglesia Evangélica de los Hermanos Unidos. La Junta General de Educación Superior y Ministerio (GBHEM), la Junta General de Discipulado (GBOD), Comunicaciones Metodistas Unidas (UMCOM) y la Casa Metodista Unida de Publicaciones (UMPH) están localizadas en Nashville, Tennessee, el foco de la Iglesia Metodista Episcopal del Sur (MECS) y también centro de publicaciones antes de 1939.

Las decisiones para relocalizar oficinas centrales de la denominación tienen una importancia muy simbólica. La Junta General de Ministerios Globales (GBGM), por ejemplo, ha operado por muchos años en la ciudad de New York, la ciudad principal del metodismo norteño que iba desde New Jersey hasta Iowa. Cuando se trató de mudar la Junta en 1992 para un sitio más al centro de los Estados Unidos continentales, hubo un sentimiento de que la fuerza denominacional se movía para el sur. Es más, New York se había hecho tan diversa y difusa que alguna gente no podía identificarse culturalmente con la misma. Aun el símbolo del Interchurch Center, en el cual están las oficinas de la Junta—construido en 1960 con la ayuda de la familia Rockefeller como un bastión de unidad cristiana– ya no era un atractivo adecuado. Otras denominaciones convencionales han abandonado este edificio en años recientes, la mayoría de las oficinas de la Iglesia de Cristo Unida y la Iglesia Presbiteriana USA se mudaron para Cleveland y Louisville respectivamente.

En una denominación nacional e internacional como el metodismo unido, un regionalismo distintivo es casi inescapable. Aunque fue más claro durante la crisis de la esclavitud y la Guerra Civil a mediados del siglo XIX, el poder de las regiones para dar forma a la cultura organizacional y estilos de vida continúa siendo la fuente de chistes y tensión. El lugar de la iglesia en la sociedad es muy diferente, por ejemplo, entre la costa occidental y el sureste. Los metodistas unidos en el oeste se ven como una minoría de fe y sus congregaciones como levadura invisible en un pan grande. Los metodistas unidos en muchas áreas del sureste comprenden el diez por ciento de la población total. En una región en donde ir a la iglesia es normal, los metodistas se sienten muy en su casa al practicar su fe.

El ambiente subregional también surte sus efectos. Los metodistas unidos en el norte de Alabama y el sur de Tennessee están sumergidos en una cultura religiosa dominada por la Iglesia de Cristo. Debido a que estas congregaciones practican la comunión semanal, así lo hacen muchas iglesias metodistas. Una adaptación similar en predicación, cantar himnos o formatos de avivamientos, prevalecen en dondequiera que los metodistas unidos se encuentran formando parte de un estilo regional dominante. Estas peculiaridades no aparecen en los documentos oficiales de un sistema de gobierno. Sin embargo, la manera en que se practican los principios básicos del sistema de gobierno varía mucho de región en región. Los obispos metodistas unidos en el sureste caminan sobre una herencia de cortesía efusiva y de deferencia, que culminan en regalos grandes y en una emanación de honores y afectos cuando se jubilan. Tradicionalmente tienen un poder e influencia más grande no sólo sobre los clérigos que han sido nombrados, pero también sobre decisiones de la iglesia. Los obispos del noreste o de los estados de los llanos, por otro lado, tienen que presentarse ellos mismos y recordarle a la gente los poderes episcopales que nombra la *Disciplina*. Encuentran que las iglesias están más dispuestas a actuar independientemente en la mayoría de los asuntos.

Idioma y retórica

Otro centro de la dimensión de la cultura organizacional es el lenguaje. De hecho, algunos eruditos dicen que las organizaciones son esencialmente retóricas por naturaleza. Como George Cheney propuso en un estudio sobre el uso de documentos en la iglesia católica romana, «mucho de lo que hacen las organizaciones es retórico o persuasivo y mucho de lo que es retórico en la sociedad occidental contemporánea es organizado».

Desde el lado corporativo o colectivo, la retórica permite que organizaciones complejas manejen las «identidades múltiples» de sus asociados. Al desarrollar un «nosotros» corporativo que use cierta gramática y vocabulario, una organización grande atenta demostrar el propósito común y los valores de grupos diversos dentro de la misma.

Desde el lado individual, la retórica permite que las personas se identifiquen con una organización. Saber el lenguaje no sólo facilita la participación, sino que refuerza la identificación del individuo con las metas e intereses de la organización. Ciertamente en la sociedad americana, la identidad individual depende más de tales identificaciones.

Así las denominaciones han desarrollado una gramática distintiva y un lingo de frases, referencias y siglas que expresan una identidad corporativa de significados compartidos. El conocimiento del lenguaje—mucho del cual se expresa «oficialmente» en libros de orden, pero mucho de lo cual es tradición oral—no solamente es esencial para la participación en programas o en cuerpos en donde toman decisiones, pero también provee una base para que los líderes denominacionales apelen por una causa común.

Las siglas de las oficinas y agencias de la iglesia mistifican al recién llegado y hace reír a los que los llevan años en la iglesia. En la IMU uno debe conocer enseguida al DS (Superintendente de distrito) y puede ser que reciba correspondencia del COM (Concilio de ministerios) y de CFA (Concilio de finanzas y administración). En una lectura rápida de cualquier comunicación oficial encontrará siglas (en inglés) como: GBGM, GBOD, GBCS, GBHEM, y otros muchos signos crípticos.

La fluencia en este lingo—o la carencia de la misma- tiene el desafortunado efecto de crear gente de adentro y gente de fuera, personas con experiencia, «los que saben» y los que no han participado mucho. Pero al conocer los signos se crea una camaradería entre distintas personas que están tratando de trabajar juntos y provee un método para hablar, discutir y escribir acerca de actividades y decisiones.

Los metodistas unidos siguen aprendiendo este vocabulario vivo y fluido, mucho del cual ha pasado de generación en generación. Nombramiento, circuito, itinerancia, obispo, ordenación, conferencia—todos éstos han sido términos conocidos en la historia del metodismo. Sociedad, predicador itinerante, temperancia o santidad son términos muy asociados con el metodismo de años atrás. Designaciones e iglesia local son términos que aparecieron originalmente en la era «corporativa» del metodismo americano. La reunión de clase, original en el metodismo, está regresando. Y neologismos tales como discipulado y formación espiritual siguen apareciendo dentro de una denominación que toma nuevos intereses y direcciones.

Como toda organización compleja, las denominaciones a veces adoptan la retórica de otras organizaciones en la sociedad. Un reciente estudio efectuado por el Concilio general de ministerios de la Iglesia Metodista Unida, en el cual participé, pude identificar nueve retóricas del lenguaje que los líderes de la iglesia estaban pidiendo. Cada una de ellas traía ciertas suposiciones básicas sobre la naturaleza de la iglesia. Sin embargo, estas asunciones son raramente exploradas, lo que hace más difícil la comunicación.

1. *Mercadeo*: mercado, segmento, blanco, necesidades, visibilidad.
2. *Comunicaciones*: tecnología, carretera de información, cadena de conexiones, computadoras, vídeo.
3. *Ciencia organizacional*: reducir el tamaño, racionalizar, decentralizar, eliminar funciones que se repiten, bajar la jerarquía o pirámide, burocracia más austera, control local contra el de arriba, flexibilidad.
4. *Administración de calidad*: cambio de paradigma, búsqueda de calidad, tarea primaria, proceso del centro, aprendizaje de la organización, visión, parámetros.
5. *Política:* poder, control, jerarquía, democracia, no respuesta a necesidades locales, distancia de lo local.
6. *Justicia*: inclusividad, disparidad económica, falta de un adecuado ministerio de minorías étnicas, situación de los homosexuales, analfabetismo, desempleo.
7. *Teología*: misión, hacer discípulos, Mateo 28.19, ministerio del laica-

do, comunidad, herencia wesleyana, conexión del pacto, mayordomía, liderazgo servidor.

8. *Demografía*: bilingües, inmigrantes, diversidad étnica, cambio de la población, urbano, rural, ancianidad, generación X.

9. *Crisis*: en la IMU –cambio, pérdida, declive; en la sociedad– valores, familia, drogas, juego de azar, niñez fuera del matrimonio, violencia, crimen.

Se pudiera decir mucho acerca de estas formas de retórica y qué es lo que asumen de la naturaleza y propósito de la iglesia como una organización humana y como el cuerpo de Cristo en el mundo. ¿Es la iglesia igual que una empresa comercial que vende un producto en el mercado de religiones? ¿Es la iglesia una entidad sociológica descrita por las variables demográficas de sus participantes? ¿Es la iglesia una organización que necesita un nuevo paradigma? ¿Es la iglesia una comunidad profética principalmente que aboga por la justicia en la comunidad? ¿Está la iglesia en un punto crítico de declive? Todas estas variadas perspectivas crean tensión al haber conflicto en las asunciones básicas.

La retórica denominacional se podría apiñar a los polos de varios «partidos» dentro de la iglesia. Eruditos y líderes han prestado gran atención en este siglo a las diferencias entre los puntos de vista de los llamados «evangélicos» y los «liberales», cada uno de los cuales tiene su propia fuente de lenguaje. Evangelismo, crecimiento de la iglesia, ganar almas, conversión, hacer discípulos y testimonio del laicado están entre los términos adjudicados a los evangélicos. Inclusividad, diversidad, pluralismo, multicultural, justicia, liberación y transformación están entre las palabras asociadas con los liberales.

Las denominaciones han declinado tanto que los evangélicos de distintas denominaciones tienen más en común entre ellos que con otros miembros de su propia denominación—lo mismo con los liberales. Así que las «fronteras simbólicas que dividen el mundo social» han cambiado a nuevos alineamiento al desarrollar estos campos sus propios y definidos «discurso, obligaciones morales, compromisos» así como los patrones de interacción social.

Este es un argumento perturbador para quienes están en una organización compleja como es el metodismo unido, quienes no desean usar un lenguaje que los identifique con un partido específico dentro de la iglesia. Quizás no hay nada más conmovedor, humoroso o indicativo de tensión que la retórica en una conferencia general reciente. A veces parecía como si el orador o el grupo, sin importar la persuasión ni la sustancia de su argumento, estaba determinado a apelar a Juan

Wesley y los principios originales del metodismo. Si Wesley se podía entonces estirar como una masa sin forma por el jalar y arrastrar de ese Leviatán que ayudó a crear, al menos parece que todos los partidos están tratando de tener un terreno común de apelación.

Es muy importante el uso del lenguaje en una organización tan diversa como es el metodismo unido dentro de una amplia cultura de sonidos, titulares de periódicos y conversaciones de radio. De ahí que aquellos que usan la retórica de la crisis deben estar conscientes de la posibilidad de que sus palabras dividan, separen, rearreglen el poder así como que creen nuevas comprensiones. Es esencial una forma de comunicación efectiva—tanto interna como externa– para establecer un lenguaje común que mantenga una identidad compartida y de propósito.

Las denominaciones como instituciones económicas

Cualquier otra cosa que se diga de su teología, prácticas o cultura organizacional, las denominaciones en Norteamérica son también instituciones económicas independientes que generan una enorme cantidad de actividad económica. Como asociaciones voluntarias, las denominaciones deben recaudar sus propios fondos para mantener o aumentar su trabajo. La habilidad para inspirar a la gente a dar y manejar eficazmente los fondos, determinan su fortaleza económica.

Ocasionalmente alguien dice en broma que el metodismo unido u otra denominación nunca quebrará porque el fondo de pensiones la mantendrá a flote. Ciertamente, con unos 40,000 clérigos pagando su plan de pensiones, con un activo de $7 mil millones, el metodismo unido tiene un enorme centro de gravedad financiero que es manejado por la Junta General de Pensiones y Beneficios de Salud en Evanston, Illinois.

Pero ésta es solo una porción de la economía generada por esta organización. El gran total de los gastos del metodismo unido en los Estados Unidos sobrepasa los tres mil millones de dólares anualmente. De este total, más de $1 mil millones son para pagar a los clérigos, incluyendo a los superintendentes. Las benevolencias en los Estados Unidos, juntando todas las donaciones para servicios conexionales y misión, sobrepasa los $375 millones de dólares. Tan sólo las Mujeres Metodistas Unidas (UMW siglas en inglés) recaudan más de $25 millones al año. Los edificios, propiedades, casas pastorales y fondos de reserva de las 37,000 iglesias locales en los Estados Unidos tienen un valor colectivo de más de $29 mil millones. Otros $1,300 millones están invertidos en hipotecas o préstamos para construir o mejorar edificios.

Las denominaciones son la fuente de sostenimiento económico de otros componentes. Por medio de sus congregaciones, pero a veces por una fuerte influencia de los administradores de las oficinas centrales (como el Superintendente de distrito), proveen salarios, cobertura de seguros de salud y de vida, contribución a pensiones y otros beneficios para los clérigos. Hacen donativos a congregaciones aptas para ciertos programas como el ministerio de minorías étnicas o misión urbana en el centro de la ciudad. Ofrecen becas a personas que asisten colegios, universidades y seminarios. También les dan subsidio en efectivo a congregaciones que lo necesitan y que no pueden pagar el sueldo del pastor y los beneficios necesarios para emplear a un pastor.

Debido al ámbito de su actividad económica y su naturaleza voluntaria, las denominaciones también generan mucha tensión y conflicto sobre el dinero. Los salarios de los pastores son muy desiguales en distintas congregaciones, salarios que principalmente (aunque no exclusivamente) están correlacionados con el tamaño de la iglesia. Por consiguiente, en reuniones de clérigos se ven diferencias en el estilo de vida, al observar la ropa que usan, tipo de carro o la habilidad para viajar.

Algunos metodistas unidos ven esas diferencias como un detrimento no bíblico en un trabajo común. Con regularidad se oye en las conferencias anuales un llamado a salarios equiparados y los americanos miran a menudo con vergüenza a la Conferencia Metodista Británica en donde todos los clérigos están en la misma escala de pagos, lo cual está de acuerdo con la práctica metodista del principio.

La disparidad económica entre los grupos raciales reflejan la tensión en la sociedad americana. Las congregaciones metodistas unidas compuestas de personas de herencia afroamericana, en término medio tiene una fortaleza financiera muy pobre y los edificios son más viejos y más mal atendidos, tienen menos pastores de tiempo completo, que las congregaciones predominantemente blancas. Los esfuerzos denominacionales para redistribuir los fondos de sectores prósperos a los menos acomodados, han tenido muy poco éxito.

La tensión también aumenta en todas las unidades de la iglesia más allá de la congregación, cuando los fondos para servicio y misión de la denominación decrece o no sigue la pauta de la inflación. En el metodismo unido y en otras denominaciones convencionales, las agencias generales siguen reduciendo los presupuestos y eliminando puestos al ser forzados a competir con más rigor por los pocos fondos disponibles. Subunidades se combinan, se cancelan reuniones y no se realizan los programas. Las conferencias anuales están reduciendo sus presupuestos hasta en un 15 por ciento, reorganizan y eliminan puestos y ponen la responsabilidad para fondos como el del seguro de salud, a cargo de las congregaciones para que lo paguen.

Muchas personas suponen que el problema económico de la denominación se resolverá por medio de campañas financieras—la responsabilidad de un fiel discípulo de Cristo a que dé a la iglesia un porcentaje de sus entradas. Pero estudios recientes de las ofrendas de la denominación en los Estados Unidos ofrecen poco apoyo empírico a esta esperanza.

A menos que ocurran cambios grandes en la actitud y motivación (y no dudo que es posible con el poder del Espíritu Santo) se mantendrá tan cierto como una regla, que el 20 por ciento de los que ofrendan en la iglesia contribuyen con el 75 por ciento de todo el dinero que se da. También es cierto que la gente que va a la iglesia más a menudo, son dadores más generosos, y que la gente que es activa en organizaciones de la comunidad, así como en la iglesia, tienden a donar más de su tiempo y dinero. Las personas que planean sus ofrendas (por medio de las promesas, por ejemplo) dan más que los donantes espontáneos. Personas de poca o mediana entrada darán un porcentaje más alto de sus entradas que personas que tienen altas entradas, con la excepción de personas de altas entradas que tienen convicciones fuertes («conservadores» por lo general).

Hay datos que demuestran claramente que las denominaciones que demandan más de sus miembros y que les hacen seguir más estrictamente sus doctrinas y prácticas, generan los niveles más altos de ofrendas. Estos grupos, como los de los Santos de los Últimos Días (mormones) y las Asambleas de Dios, están en un nivel más alto de ofrendas que grupos convencionales como los presbiterianos y los metodistas unidos.

Dividiendo el total de los gastos anuales de la IMU por el número de miembros, da un resultado de $368 por miembro. Descontando los legados y otras fuentes de ingreso, esta cantidad puede ser un poco alta para ser considerada como la ofrenda anual promedio. Pero en realidad, los metodistas unidos dan a la iglesia un promedio de menos del dos por ciento de sus ingresos. Hay un estudio que dice que el promedio de ofrendas de los metodistas es una tercera parte de la de los mormones y como la mitad de los bautistas del sur.

Dado que estos patrones es difícil que cambien mucho, los líderes denominacionales están considerando nuevas estrategias para interpretar las necesidades financieras y recaudar fondos. El sentido común y la experiencia demuestran que cuando los protestantes americanos ven una necesidad urgente, tal como el sufrimiento causado por desastres naturales o la guerra, responden con generosidad. Asimismo, están más dispuestos a pagar por recursos--en la adoración, educación, evangelismo- que pueden ponerse en uso inmediato.

Los cuerpos denominacionales no pueden contar simplemente con la lealtad a la organización para proveer una base segura de apoyo económico. Pero nunca han tenido ese lujo. La interpretación de causas más allá de la congregación local siempre ha requerido de un mayor esfuerzo. En cada período histórico los líderes han luchado con los miembros de la iglesia local para que se identifiquen con el trabajo que se está haciendo por medio de las oficinas centrales de la denominación o por medio de las iglesias locales y conferencias en otras partes.

Mirando hacia atrás, estos esfuerzos han tenido un éxito fenomenal. Las denominaciones convencionales han desarrollado o auspiciado una enorme cantidad de servicios por medio de los hospitales, hogares, escuelas, colegios, centros de la comunidad, misiones y muchas otras instituciones. Muchas de éstas han podido llegar al sostén propio. Otras siguen dependiendo de fondos de la iglesia. De todos modos, cada generación es responsable de articular su propia visión para el ministerio y recaudar el dinero necesario para ponerla en práctica.

Las denominaciones y la ubicación social

Los americanos siempre han sabido que las denominaciones guardan correlación en varias maneras con clase social y etnicidad. Abundan chistes y cuentos de pueblo acerca de estas diferencias en la cultura popular (un metodista es un bautista con un título de la universidad, un presbiteriano es un metodista con un Ph.D., doctor en filosofía). Estudios actuales sugieren que los viejos límites sociales entre las denominaciones convencionales y entre convencionales y otras denominaciones, se toleran, aunque están cambiando gradualmente. La raza sigue siendo una línea divisoria consistente y definitiva.

Observando los indicadores de estado social, tales como ingresos, educación y prestigio de la ocupación, las denominaciones con raíces coloniales-- unitarios universalistas, presbiterianos, episcopales, y la Iglesia Unida de Cristo--junto con los judíos, continúan con los rangos más altos. La representación de éstas en puestos de liderazgo como el Congreso de los Estados Unidos y cuerpos gobernantes de grandes instituciones, está fuera de proporción.

Los metodistas, luteranos y Discípulos de Cristo desde hace mucho tiempo han permanecido en el rango del medio. Pero en los últimos cuarenta años han sido acompañados por los católicos romanos, mormones y muchos otros grupos evangélicos que han subido en sus estado de ingresos y empleos. Mientras tanto, grupos como los pentecostales, Asambleas de Dios, la mayoría de los bautistas y todas las denominaciones afroamericanas ocupan el rango más bajo en el indicador de estado social.

El movimiento de crecimiento económico social ha guardado una fuerte correlación con las denominaciones en dos maneras. Durante el tiempo, grupos completos se han levantado en el estado social, como por ejemplo los metodistas. A principios del siglo XIX, el pueblo metodista estaba compuesto mayormente de granjeros y familias trabajadoras, especialmente en los nuevos sitios que se colonizaban. A fines del siglo XIX, ya había muchas familias ricas y un grupo de clase medio que se levantaba entre los comerciantes y profesionales. Para mediados del siglo XX, los metodistas estaban adquiriendo nuevos niveles educativos, ocupando más puestos profesionales y sobrepasando la economía después de la guerra con un estándar de vida sin precedente.

En segundo lugar, las personas cambian de denominaciones de acuerdo con el estado social que mejor perciben. Lo cierto es que la mayor causa del cambio es el movimiento, digamos, de metodistas a episcopales cuando la persona sube en sus ingresos y en el prestigio de su ocupación.

La identidad étnica permanece como un factor en la afiliación de la denominación. Grupos de inmigrantes han establecido por lo general sus propias congregaciones y conexiones denominacionales en los Estados Unidos. Pero el patrón general para la primera generación de inmigrantes ha sido encontrar en la iglesia un sitio en donde continuar su idioma y cultura, la segunda generación es más inquieta con estas limitaciones al aprender el inglés y recibir una educación en América, y la tercera generación entra completamente en la corriente de la sociedad, aun cuando miren atrás para retener costumbres de valores y recuerdos de su cultura original. Se pudiera demostrar este patrón con los Hermanos Evangélicos Unidos alemanes, al unirse a la Iglesia Metodista más convencional, o la unión de las congregaciones Evangélicas y Reformadas, predominantemente alemana con los Congregacionalistas (formando la Iglesia Unida de Cristo), más convencionales, o la formación de la Iglesia Luterana Evangélica en América que une luteranos de muchas naciones del norte de Europa.

Los inmigrantes de hoy están fundando sus propias congregaciones y trabajan de manera que se pueden relacionar con las denominaciones. En el metodismo unido, por ejemplo, muchas congregaciones coreanas se reúnen en los edificios de iglesias locales predominantemente blancas o en sus propios edificios. Son dirigidos por pastores coreanos nombrados por obispos metodistas. Dirigen los cultos y usan material educativo en el idioma coreano. La situación que confronta ahora la IMU es si organizar las congregaciones coreanas en una Conferencia Misionera separada o continuar el modelo de absorber gradualmente a las congregaciones étnicas en la denominación establecida. Otra pregunta es cómo el metodismo unido debe relacionarse con las congregaciones de la Iglesia Metodista Coreana, un cuerpo autónomo radicado en Seúl, pero que tiene obra misionera en los Estados Unidos.

El denominacionalismo y la raza

El factor persistente de la raza sigue causando tremendo dolor en la vida denominacional aun cuando los grupos raciales tratan de aceptar las respectivas formas de adoración y maneras de actuar como iglesia. Todavía es cierto que la hora de la semana más segregada en la vida norteamericana es cuando los blancos y negros, y también los hispanos, asiáticos y otros, van a la iglesia. Hasta en las congregaciones que tratan de incluir miembros de otras razas, estos últimos constituyen un pequeño porcentaje de la membresía.

Algunos afroamericanos han subido en la escala económica después que las leyes de derechos civiles fueron aprobadas para asegurar acceso a los lugares públicos, educación y trabajo. Muchas congregaciones negras están luchando por mantener el interés y la participación de una nueva generación de jóvenes adultos educados y profesionales. Pero la movilidad en la escala económica de los negros generalmente no pasa a través de las líneas raciales que dividen las instituciones.

En diversos estudios se ha tratado la historia de la lucha de los afroamericanos por tener una participación completa en el metodismo. Todos concluyen con que las injusticias del racismo blanco sigue impidiendo la clase de respeto mutuo y el amor cristiano que daría significado a la palabra «unido» en el metodismo unido. Por principios las congregaciones negras han abierto sus puertas a todas las personas. Han predicado el nuevo nacimiento a una comunidad del evangelio que sobrepasa diferencias raciales. Pero esta apertura no siempre ha sido reciprocada por los blancos.

A consecuencia del fallo de la mayoría de metodistas blancos de participar con los negros en la vida denominacional, hay hoy tres denominaciones grandes de negros metodistas. La Iglesia Metodista Episcopal Africana (AME siglas en inglés) y la Iglesia Metodista Episcopal Africana de Sión (AMEZ) fueron fundadas a principios del siglo XIX como respuesta a la lucha de algunos miembros blancos de la iglesia que excluían a los negros de una participación total en el culto o la vida congregacional. Ambas denominaciones tienen sus raíces en la disciplina metodista, sistema de gobierno y práctica así como en perpetuar términos y prácticas tales como mayordomos y reuniones de clase que están mucho más cerca del original metodista que del metodismo unido contemporáneo.

La Iglesia Cristiana Metodista Episcopal (CME siglas en inglés), consiste históricamente de congregaciones negras especialmente en el sur que fueron organizadas en una denominación separada después de la Guerra Civil de 1870. Los miembros blancos de la iglesia veían estas congregaciones de antiguos esclavos como una misión especial y siguieron ayudándoles financieramente hasta que hubo la unificación metodista en 1939. Pero los blancos no podían concebir que hubiera conferencias o actividades integradas, y entonces animaron a los negros a que formaran su propia denominación. Al principio se llamaba la Iglesia Metodista Episcopal «de Color» y la denominación cambió el nombre en 1954.

Un cuarto grupo de metodistas negros consiste de aproximadamente 220,000 miembros afroamericanos y 1500 congregaciones de mayoría negra, dentro de la Iglesia Metodista Unida. Estos metodistas negros entraron en la denominación principalmente por medio de congregaciones y misiones de la antigua iglesia metodista episcopal (MEC), la principal rama metodista del norte entre 1844 y 1939.

Cuando los metodistas episcopales del sur y la iglesia metodista episcopal junto con los metodistas protestantes comenzaron a planear la unificación, el lugar de los negros en una nueva denominación fue un asunto prominente. La solución––tanto para los blancos del sur que no podían concebir una conferencia integrada, o itinerancia, como para los blancos del norte que habían ayudado a los negros a organizarse y mantener conferencias anuales separadas– fue crear una Jurisdicción Central no regional. Este módulo anómalo de la denominación tendría el poder para elegir sus propios obispos y coordinar sus propias conferencias anuales.

La historia de la Jurisdicción Central está como escondida para los lectores de la *Disciplina*, pero permanecen sus efectos. No solamente es un ejemplo discordante de cómo a veces se trata la política de la iglesia por detrás de los débiles. Es también una cicatriz en el cuerpo de Cristo que sigue doliendo cuando la iglesia deja de ser una verdadera fraternidad. James P. Brawley recuerda la escena de la Conferencia Unificadora en Kansas City en 1939, citada por el obispo James S. Thomas:

«La membresía negra de la iglesia metodista episcopal tenía la esperanza de que su estado habría de mejorar en la nueva iglesia unida y que ninguna organización estructural la separaría ni le quitaría la dignidad ni el reconocimiento que ya tenía. . .»

Sigue el obispo Thomas:

«El rechazo fue decisivo. De los cuarenta y siete delegados afroamericanos a la Conferencia General, treinta y seis votaron en contra del plan de unión y once se abstuvieron . . . cuando el pleno de la conferencia se levantó para cantar "We Are Marching to Zion" (Marchamos hacia Sión), la delegación afroamericana permaneció sentada y algunos de ellos lloraron». (Thomas, *Methodism Racial Dilemma*, 43).

Durante las décadas de 1950 y principios del 60, la Conferencia General de la Iglesia Metodista trató de corregir la injusticia de segregar sus miembros negros. La IX Enmienda a la Constitución, de 1956, creó un sistema voluntario por medio del cual las iglesias locales y conferencias anuales completas, podrían transferirse de una jurisdicción a otra. Finalmente en 1968 fue abolida la conferencia central a raíz de la unión de la Iglesia Evangélica de los Hermanos Unidos y la iglesia metodista.

Tal acto constitucional, aunque importante para la identidad de la nueva denominación, no podía presentar por sí misma una iglesia unida. Cuatro años más se necesitaron para fundir finalmente las últimas conferencias separadas de negros y blancos en el sureste de los Estados Unidos (South Carolina, Georgia, Alabama, Mississippi, Louisiana y Arkansas). La Comisión General de Religión y Raza (GCRR por sus siglas en inglés) se creó en 1968 para continuar abogando por la justicia social y vigilar la inclusividad racial en la nueva denominación. La «iglesia local de minoría étnica» se convirtió en una prioridad de la denominación para generar fondos y programas entre 1976 y 1984. Muchos líderes negros unieron sus fuerzas para formar el grupo «Metodistas negros para la renovación de la iglesia», que se fundó en 1968 y el cual ha continuado en su lucha por la justicia racial en el metodismo unido desde fuera de la estructura oficial de la iglesia.

A pesar de todos estos esfuerzos, todavía quedan asuntos raciales sin resolver. La injusticia económica entre las iglesias negras y blancas mencionada más arriba, que reflejan el patrón de la raza en la economía americana, persiste a pesar de todos los esfuerzos para eliminarla. Desde un punto de vista, las iglesias locales pueden ser consideradas como unidades económicas independientes paralelas a negocios pequeños que compiten libremente en el mercado de la religión. Así que esta injusticia simplemente refleja los ingresos relativos de los miembros de la iglesia y es tan sólo parte de la vida en una sociedad de mercado. Desde otro punto de vista, la iglesia es una comunidad separada, con un ideal de reciprocidad y justicia tal como aparece en Hechos 2 y 4 y esto es una injusticia y una señal de la continua pecaminosidad de la iglesia.

La itinerancia abierta no se practica con amplitud todavía, aunque se han hecho importantes nombramientos cruzando líneas raciales. Los clérigos negros tienen la tendencia a circular entre las congregaciones negras––entre las congregaciones negras más grandes a veces mudándose de una conferencia a otra– funcionando así como si las congregaciones y los clérigos negros constituyeran una iglesia nacional dentro de la iglesia. La falta de participación interracial en la mayoría de las congregaciones significa que los clérigos y el laicado deben hacer esfuerzos continuos para crear ocasiones especiales para que metodistas unidos de diferentes razas adoren y trabajen juntos.

El metodismo unido ofrece una oportunidad excepcional para que negros y blancos se conozcan y trabajen juntos en el ministerio y misión. Muchas amistades duraderas se han desarrollado durante los años. Dado un nuevo surgimiento de racismo blanco y tensiones raciales en los sociedad americana de hoy, la iglesia tiene un desafío mayor que nunca para responder modelando una comunidad de aprecio y justicia mutua.

Hace sesenta y cinco años que H. Richard Niebuhr habló apasionadamente de la colusión del denominacionalismo con el estado social y los límites raciales en América. «El denominacionalismo en la iglesia cristiana es una hipocresía no reconocida», escribió.

«Representa el acomodo del cristianismo al sistema de castas . . . de grupos nacionales, raciales y económicos. Pone la línea del color en la iglesia de Dios . . . sienta al rico y al pobre aparte en la mesa del Señor».

Niebuhr argumenta que las denominaciones permitieron la ética de las clases sociales las cuales eran una expresión para dominar la ética cristiana. «Cada grupo religioso le da expresión a ese código que forma la moral de la clase política o económica que representa». Por lo tanto, las denominaciones fueron un fracaso moral a tal extremo que ignoraron la «ética de la fraternidad». (H. Richard Niebuhr, *The Social Sources of Denominationalism*, 6, 25).

Las palabras de Niebuhr le dan una sacudida a las injusticias de la sociedad americana y les presenta un desafío a los protestantes para que conecten la fe que profesan con las actitudes sociales. Sin embargo, en años recientes eruditos y líderes de las iglesias han buscado una nueva perspectiva para tolerar la diversidad étnica y cultural de la sociedad americana. El viejo llamado a «la fraternidad del hombre» no sólo evoca un mundo social en el cual predominaba el liderazgo masculino. Nos recuerda un tipo de "melting pot" ideal en el cual las identidades étnicas se mezclarían y mucho de su sabor distintivo se perdería para tomar los ideales de protestantes blancos de la civilización cristiana. Ya que muchos americanos de hoy resisten la absorción y reclaman las memorias y prácticas culturales de su herencia étnica, el desafío ha sido encontrar maneras de celebrar esta rica diversidad y ofrecer a todos los grupos un acceso igual a los medios para expresar su singularidad.

Para las denominaciones esta nueva identidad étnica representa un nuevo desafío. Las iglesias llevan en realidad lo distintivo de varias tradiciones culturales. La pregunta que persiste es cómo estimular esta diversidad en el contexto de una unidad de apoyo mutuo y vital. En el metodismo unido podemos ver numerosos esfuerzos para llegar a ser una comunidad de culturas. El Himnario de 1989, por ejemplo, tiene cantos de muchas culturas e idiomas. Fondos especiales y prioridades de programas han puesto énfasis en el trabajo entre grupos étnicos que están en la minoría en el metodismo unido y los nativoamericanos de los Estados Unidos, hispanos y otros han organizado grupos (caucus) para abogar por sus intereses. Algunas congregaciones han tomado la misión específica de incorporar miembros de muchos trasfondos étnicos y culturales.

Pero la denominación tendrá que buscar una nueva retórica para estos esfuerzos. El lenguaje de «minorías étnicas», por ejemplo, que se actualizo en los años 70, se ha convertido en un síndrome de asunciones de que los grupos étnicos que se supone que representan son siempre algo menor o están en la posición de «abajo». En algunos círculos esta etiqueta para las personas que no son blancas se cambió en los 80 por el término «étnico- racial». El problema con este lenguaje es que se asume que las personas blancas no son raciales ni étnicas, sino solamente «humanos» (o algo).

Hasta que los blancos no reconozcan su propia identidad étnica, seguirán atrapados en un mundo en el que todo se dará por sentado y en el que pensarán de su propias maneras como normativas y la de todos los demás como una aberración. Así que no tendrán una pers-

73

pectiva desde la cual contar su propia historia o señalar sus fortalezas culturales y necesidades. Esta condición irreflexiva no sólo agota la vitalidad de su vida congregacional. También les hace unos pobres compañeros en la imaginación y construcción de la iglesia que realmente incorpora a toda la familia humana.

Las denominaciones, género y sexualidad

El género y la orientación sexual han sido asuntos muy visibles en las denominaciones, el primero por más de cien años, y el segundo, más recientemente. El papel y las relaciones de las mujeres y los hombres en la iglesia por lo general han reflejado la tendencia imperante en la sociedad americana. Las denominaciones en el siglo XIX alentaban a las mujeres a entrar en el campo del servicio y en asociaciones para la educación y misiones. A los hombres se les reclutaba y apoyaban para papeles de liderazgo como pastores, ejecutivos de agencias y líderes de campañas para recaudar fondos y para programas de construcción. Las asunciones que salieron de esta división duraron hasta bastante después de la Segunda Guerra Mundial, por medio de un patrón que negaba la ordenación de mujeres hasta 1956 en la iglesia metodista, y el uso exclusivo de pronombres masculinos en el lenguaje de la *Disciplina* hasta 1972.

La fuerte conexión entre las iglesias y la vida familiar victoriana era evidente en la manera en que estaba organizado el trabajo congregacional. La asociación de hombres se reunía para cenar y sus esposas hacían todo el trabajo de cocinar y después limpiar. Las mujeres estaban encargadas de enseñar a los niños en la escuela dominical y los hombres enseñaban a los adultos. Las mujeres inspeccionaban los salones de clases, cocina, flores para el culto y otras decoraciones. Los hombres eran los síndicos y los oficiales de finanzas, supervisaban el presupuesto, hacían reparaciones en el edificio y cuidaban los terrenos. Algunos de estos patrones, por supuesto, se mantienen intactos en la iglesia al igual que en muchas familias.

Las asociaciones de mujeres tenían tal fortaleza que los líderes masculinos a veces no sabían qué hacer. Cuando, por ejemplo, la Unión de Temperancia de Mujeres Cristianas, produjo una líder nacional de la estatura de Frances Willard, los hombres líderes en las denominaciones estaban muy complacidos—hasta que ella empezó una campaña para tener mujeres delegadas a la Conferencia General de 1888. En ese punto James M. Buckley (un conocido comentarista del sistema de gobierno metodista) y otros líderes masculinos, tomaron la iniciativa de hacerles ver a las mujeres cuál era la esfera de trabajo apropiada para ellas.

Por generaciones las mujeres han recaudado sus propios fondos y han administrado sus propios programas de misiones. La Sociedad Misionera Extranjera de Mujeres, la Sociedad Femenina de Servicio Cristiano y desde 1972, las Mujeres Metodistas Unidas, han desarrollado todo un campo de empresas e instituciones misioneras. Sus materiales de educación misionera cubre bien el territorio en el metodismo unido y los miembros activos de la Sociedad de Mujeres es el laicado mejor informado sobre las condiciones y actividades del trabajo misionero en los Estados Unidos y alrededor del mundo.

Pero la independencia de las organizaciones de mujeres dentro de las denominaciones ha sido causa de un constante conflicto. Cien años atrás las mujeres tenían que batallar con sus juntas de misiones para poder recaudar y gastar sus propios fondos. Más recientemente, las mujeres han tenido que negociar con sabiduría para retener su autonomía como «División de Mujeres» de la Junta de ministerios globales, para continuar como dueñas y administradoras de instituciones y para evitar el control de los clérigos ejecutivos.

Así que la exclusión de mujeres de cargos de liderazgo en la denominación las llevó a la creación de esferas en las cuales se pudieran usar sus ofrendas. Pero su habilidad para organizar y recaudar fondos en sus propias asociaciones, las enfrentó con los programas de la denominación, diseñados y administrados por hombres.

El papel del género en las denominaciones de hoy está en un estado de cambio tal como en la sociedad. Las mujeres están ocupando un lugar tradicional del liderazgo masculino en sus puestos en las congregaciones así como en las unidades denominacionales, actuando como líderes laicos, presidentas de juntas, moderadoras y ejecutivas. Las mujeres han entrado al seminario en grandes cantidades desde 1960, comprendiendo la mitad o más en algunas escuelas. Más de 3,000 mujeres han sido ordenadas presbíteras en la IMU, componiendo como el 12 por ciento del total de clérigos activos. Como setenta mujeres clérigas funcionan como Superintendentes de distrito y once mujeres han sido elevadas al episcopado desde la elección en 1980 de la primera obispo, Marjorie Swank Matthews.

Sin embargo, hay muchas mujeres que asisten al seminario y que no son ordenadas, ya que pueden entrar en otros ministerios como el de capellanía o el de formación espiritual. Muchas mujeres que no están relacionadas con una denominación adoran juntas en «iglesias de mujeres», aunque es de observar que las mujeres no han formado su propia denominación en el sentido tradicional.

Mientras tanto, asociaciones de un solo sexo como las Mujeres Metodistas Unidas y los Hombres Metodistas Unidos están luchando por ganar para su trabajo a las nuevas generaciones. Ya que muchos jóvenes no dividen los roles por géneros como el modelo victoriano, estas organizaciones tienen que encontrar nuevas formas para acomodar, por ejemplo, a mujeres que no se pueden reunir en los días de trabajo de la semana debido a sus empleos, o los hombres que no se pueden reunir por las noches, debido al cuidado de sus niños.

Además, las organizaciones de hombres parece que habían prosperado en el pasado «cuando muchos hombres percibían que había una conexión directa entre la misión de la iglesia y asuntos políticos y sociales que enfrentaban la nación como un todo» (Coalter, ed., *Organizational Revolution*, 233-253). En una era en la que falta un amplio consenso sobre estos asuntos, las asociaciones de hombres deben buscar otras conexiones como proyectos misioneros o grupos de apoyo y crecimiento espiritual.

Así que mientras que las mujeres y los hombres han ganado un mayor balance en los derechos de participación en la vida denominacional en los últimos treinta años, sus papeles respectivos en la autoridad de la iglesia, liderazgo e influencia están inciertos. La inestabilidad en sus relaciones en la vida de la iglesia se ve en las controversias sobre los esfuerzos que algunas mujeres y hombres hacen para crear un nuevo lenguaje e imágenes para expresar la fe cristiana de una manera que incluya más ampliamente la experiencia de las mujeres.

Además, las mujeres están presentando un mayor número de quejas, cargos y demandas civiles en contra de clérigos, personal de agencias y laicos masculinos en el campo de hostigamiento sexual y mala conducta. Este asunto que antes se mantenía «detrás de puerta cerrada» está cada vez más en público. Casi cada conferencia anual metodista unida ha visto la salida de un clérigo masculino debido a dichas quejas. Y como que las mujeres han ganado los casos que han llevado ante la corte civil, ha habido la urgente necesidad de que los obispos y juntas de ministerio ordenado mantengan mejores récords y que tomen medidas más decisivas sobre el comportamiento inapropiado.

Como una respuesta a los cambios de relaciones del género y con el deseo de que las mujeres tomen más liderato en la iglesia, la Conferencia General de 1976 autorizó la formación de la Comisión General del Estado y Rol de la Mujer (GCSRW las siglas en inglés), con unidades paralelas en la conferencia anual y en la iglesia local. Esta comisión existe, al igual que la de Religión y Raza, para abogar por la justicia y vigilar actividades de la iglesia, que aseguren la inclusividad. Considerando la violencia masculina en contra de la mujer en la sociedad general, como los casos de violación, abuso y hostigamiento, la iglesia se ha sentido con la necesidad de hablar en favor de la mujer y de un modelo de iglesia basado en la igualdad y la reciprocidad.

La tensión sobre la comprensión sobre variados géneros y sexualidad en la iglesia se refleja en otra manera obvia en la preocupación con la homosexualidad en las denominaciones. Aunque homosexuales de ambos géneros siempre han participado en la vida de la iglesia, no es hasta hace unos pocos años que ellos han sido más francos acerca de sus vidas y el deseo de ser completamente aceptados en la iglesia.

La sociedad americana ha estado tratando de ver cómo proteger los derechos civiles de los homosexuales frente al hecho de que muchos grupos proclaman públicamente su deseo de que los homosexuales se excluyan de participación. Los americanos han estado en desacuerdo con que éstos sean empleados en el ejército o en las escuelas públicas.

Las denominaciones han experimentado una ambigüedad y tensión similar. Los Principios Sociales de la IMU intentan mantener cierto término medio, pero la *Disciplina* de la iglesia dice claramente que el comportamiento homosexual es «incompatible con la enseñanza cristiana» y no debe ser aprobado (¶¶65.G y 66.H).

Asimismo, la IMU atenta excluir homosexuales de la ordenación al ministerio declarando que «un practicante homosexual» no será aceptado en la candidatura, ordenación o itinerancia (¶304.3). Muchas personas de la iglesia no desean investigar la práctica sexual del clérigo siempre y cuando esas prácticas no sean de hostigamiento o de abuso de otras personas. Muchas personas se sienten bien con la solución de los militares de «no preguntar y no decir». Por otro lado, los miembros de una iglesia no aceptarían a un pastor o pastora homosexual que viva en la casa pastoral con su compañero o compañera.

El rápido crecimiento del SIDA entre los hombres gays ha exacerbado estas tensiones. Mientras que muchos protestantes convencionales han respondido a la crisis de esta enfermedad virulenta con ministerios de compasión y consuelo, muchos otros se han mantenido a distancia.

Algunas congregaciones convencionales han dado a conocer que reciben en su iglesia a gays y lesbianas. Lo que hacen estas congregaciones es aumentar la tensión, por supuesto, sobre cómo interpretar la declaración conflictiva de los Principios Sociales. Y en las Conferencias Generales se hacen propuestas para que el lenguaje sea de más aceptación, por un lado, o más exclusivo, por el otro.

Un factor más que complica el asunto de género y sexualidad es que una denominación internacional como el metodismo unido, no sólo se tiene que enfrentar a la sociedad de los Estados Unidos, sino también a las diferencias de opinión y tradición de otras culturas. Muchas sociedades están mucho más en contra de los homosexuales que la de los Estados Unidos. Todavía las mujeres tienen que lograr roles de liderazgo en la mayoría de las sociedades. Esto pone a los cristianos americanos ante un verdadero dilema. ¿Deben abogar por las convenciones de género y sexualidad de una cultura en constante cambio en los Estados Unidos, convirtiéndose por lo tanto en una influencia revolucionaria en las culturas tradicionales? ¿O deben respetar las culturas de otras tierras y permitir que esas iglesias excluyan a las mismas personas cuyos derechos la iglesia americana ha tratado de proteger? A medida que el número de delegados de fuera de los Estados Unidos siga aumentando en la Conferencia General, las divisiones sobre el género y la orientación sexual se harán más agudas y necesitarán un gran esfuerzo de reconciliación.

Teología y prácticas de la fe

Muchas personas asumen que lo que le da una identidad distintiva a las denominaciones es la doctrina y la teología. En realidad las tradiciones representadas por las denominaciones convencionales contemporáneas han nacido de un fermento teológico y el deseo de, ya sea de representar una posición doctrinal definida, o perpetuar las enseñanzas y prácticas de una figura fundadora. Es interesante, sin embargo, cómo muchas de esas figuras fundadoras -Juan Wesley entre ellas– no preveían y tan sólo aceptaron de malas ganas organizar a sus seguidores en un sistema de gobierno separado.

Las denominaciones se posesionaron de ciertos credos o confesiones. Pero esas declaraciones de fe fueron ampliamente compartidas, y no en la denominación exclusivamente. Obviamente los credos antiguos de los Apóstoles y de Nicea eran comunes en toda la tradición occidental. Aun las Confesiones de Heidelberg o Westminster, o los Artículos de Religión de la Iglesia de Inglaterra, eran usados por varios grupos.

Generalmente, las denominaciones convencionales como cuerpos corporativos han estado reacios a tratar de condensar sus enseñanzas en declaraciones concisas de doctrina. Cuando escribieron su teología, fue presentada en términos amplios para que se mantuvieran abiertos los límites para más perspectivas y para una amplia participación de los adeptos con varias comprensiones de dichos términos.

Por otro lado, las denominaciones han expresado cierto acento teológico o preocupaciones típicas. Sólo hace poco el metodismo unido decidió anotar esto oficialmente. El documento disciplinario sobre «Nuestra herencia doctrinal» resalta los énfasis distintivos de la teología wesleyana sobre la gracia de Dios y la respuesta agradecida de la vida santa de la humanidad. Esto captura el carácter no sólo de la predicación típicamente metodista, sino que también practica asuntos como la comunión abierta, invitación para hacerse miembro, formación de reuniones de clases y actuar por la justicia social. A través de todo esto los metodistas unidos han tratado de vivir su teología.

No es de sorprender entonces que la mayoría de los americanos han identificado a las denominaciones convencionales con sus prácticas y no con sus credos. A pesar de los esfuerzos de aquellos que piden una declaración verbal clara de las creencias, estas denominaciones son conocidas en su mayor parte por la manera en que las congregaciones practican la fe. Los himnos, oraciones, orden litúrgico, administración de los sacramentos y símbolos de la adoración congregacional son señales distintivas de las diferencias denominacionales. Las maneras en que se toman las decisiones, ordenación del liderazgo, llamar o recibir pastores y la organización del ministerio, son señales notables y distintivas de las distintas tradiciones.

Lejos de implicar que la «teología» no es importante para la identidad denominacional, esta percepción sólo sugiere que lo que está disponible para reflexión y el diálogo es principalmente la teología vivida y practicada por los adeptos de la denominación al adorar y trabajar juntos en congregaciones, concilios, misiones y muchas otras formas de la iglesia. Las prácticas expresan posiciones teológicas profundamente enraizadas en la herencia de la denominación. Cuando una iglesia presbiteriana tiene una reunión con todos los miembros para elegir ancianos de entre el laicado para gobernar los ministerios de dicha congregación, ellos están cumpliendo con una creencia en la responsabilidad intencional y de pacto de cada congregación para cuidar de su propia vida y la vida de su comunidad. Cuando una iglesia episcopal instala a un sacerdote, ellos saben que el sacerdote representa al obispo en una parroquia geográfica definida y es el pastor para la gente de ese lugar—el ritual no limita las obligaciones sacerdotales a «miembros» episcopales.

En años recientes las denominaciones han tendido a estructurar sus declaraciones doctrinales alrededor de métodos para la reflexión teológica en prácticas cristianas. El metodismo unido es ejemplar en esta tendencia, aun al nombrar su declaración de 1988 «Nuestra tarea teológica». Es decir, que la declaración es acerca de una tarea, método o práctica teológica, no acerca de doctrinas que enseña la iglesia.

La tarea es «tanto crítica como constructiva . . . individual como comunal . . . contextual como encarnacional . . . y esencialmente práctica». La declaración entonces nombra las «fuentes y criterios» para un trabajo teológico fiel, comenzando con la escritura e incluyendo la tradición, experiencia y razón (¶63).

Algunos metodistas unidos han abogado por una declaración doctrinal clara o que se nombren las doctrinas fundamentales sin las cuales la iglesia no puede ser una auténtica testigo de Jesucristo. Hasta la fecha, sin embargo, la IMU no ha demostrado mucho consenso acerca de dicha tarea. Quizás la razón principal sea la preocupación característica metodista de prácticas de la educación, servicio y misión, esto es, prácticas que surgen del encuentro entre el evangelio y el mundo.

Asuntos eclesiológicos contemporáneos

La interacción de la iglesia como una comunidad de testigos del evangelio con necesidades humanas y crisis mundial, es la fuente de la mayor reflexión teológica hoy. A fines del siglo XX la atención teológica se enfoca en varias preguntas de enorme importancia para vivir la fe cristiana y de más interés para esta discusión, la manera denominacional de ser la iglesia.

El asunto más explosivo para un cisma está en la autoridad de la fe cristiana. El lugar de la escritura es especialmente crítico ya que los métodos para explorar el contexto literario e histórico de los escritos bíblicos han proliferado. ¿Pueden las palabras de Jesús, tal como están en los Evangelios, resistir el peso de la averiguación? ¿Son dignas de confianza las proclamaciones de la escritura con referencia a la crucifixión y resurrección de Jesús? ¿Aprueba la Biblia cualquier eclesiología particular? ¿Depende la autoridad de los líderes de la iglesia de su adhesión a y la habilidad de interpretar ciertas declaraciones bíblicas acerca de Jesucristo?

La sensitividad de éstas y otras preguntas similares han hecho un lenguaje denominacional sobre las escrituras en el cual cuenta cada palabra. Afirmaciones acerca de la verdad de la Biblia –y qué palabras son necesarias para hacer una afirmación particular-–se han convertido en polos magnéticos para partidos teológicos dentro de las iglesias que son quizás más virulentos ahora que en cualquier tiempo desde los cismas denominacionales por causa de la esclavitud. Entonces, como ahora, las denominaciones se dividían sobre cómo literalmente seguir las prácticas abogadas en la escritura, especialmente opiniones del apóstol Pablo. Entonces, como ahora, las denominaciones se desgarraban entre los que reclamaban el señorío de Cristo en un Reino por venir y aquellos que hablaban de las maneras de practicar el Reino en la sociedad de hoy.

Estas tensiones sacudían la estructura de autoridad de las denominaciones hasta sus propias bases. Ya que las denominaciones son también asociaciones voluntarias, sus formas de autoridad heredada eran relativamente débil. Como organizaciones nacionales abiertas que ocupaban un terreno intermedio ideológicamente, son vulnerables al levantamiento de partidos bien organizados de cualquier persuasión. En un sistema de gobierno episcopal, alguna gente insiste en que el obispo debe actuar de acuerdo con sus puntos de vista si es que van a respetar su autoridad. En sistemas de gobierno presbiterial o de sínodos, algunas congregaciones dicen que si las decisiones no son de su agrado, pueden considerar retener los fondos o retirarlos por completo. El mensaje es claro: la autoridad de la denominación llega solamente hasta el punto en donde «yo» o «nosotros» podamos estar de acuerdo. Esta clase de autonomía e individualismo, aunque muy americana en el estilo, socava en sí mismo la misma autoridad que vendría de una fe tenida comúnmente.

Una segunda pregunta que es de crítica importancia para la eclesiología de las denominaciones es el significado de Jesucristo. ¿Quién es Jesucristo y cuál es el lugar de reclamo cristiano acerca de Jesús como Salvador en un mundo de muchas religiones? Si los cristianos no insisten en Jesús como el único camino de salvación, ¿habrá alguna otra motivación para misiones?

Estas preguntas son básicas para la vida denominacional, porque como vimos más arriba en la encuesta histórica, las denominaciones americanas crecieron alrededor de ideales de misión. El deseo de hacer de América una tierra cristiana y al mundo una civilización cristiana le dio el ímpetu necesario a las congregaciones para unir esfuerzos y recursos y que los miembros se unieran a asociaciones nacionales de causas específicas.

Esta causa compartida ampliamente entre las denominaciones correspondía con la era de construcción de instituciones en la sociedad americana. Las iglesias fueron instrumento en la fundación de escuelas, hospitales, hogares, liceos y hasta cierto punto la vida pública de los nuevos pueblos y ciudades que se habían formado a través del país. Con ese celo por los ideales de educación, familia, salud y trabajo, las denominaciones llevaron la misión a muchas partes del globo con la misma esperanza de construir sociedades cristianas.

En el mundo a fines del siglo XX, sin embargo, los reclamos acerca de Jesucristo no parece que se traducen rápidamente en una acción que no deja lugar a dudas. Los cristianos están mucho más conscientes de la historia e integridad de otras religiones mundiales. Los misioneros han tenido que idear un nuevo lenguaje para proclamar el evangelio de manera que inviten a la fe sin amenazar con la exclusión a posibles conversos. Además, la vasta expansión de los mercados mundiales ha hecho conocer que los beneficios de la vida occidental se pueden obtener sin la necesidad de seguir valores cristianos específicos, los cuales antes se consideraban como un complemento necesario. Las denominaciones han tenido que buscar un nuevo niche institucional al responder a las crisis de inhumanidad que acompañan el rompimiento de sociedades -guerra, hambre y opresión- mientras que tratan de ayudar a pueblos indígenas a construir las instituciones que necesitan para sostener una justicia básica.

Un tercer asunto eclesiológico crítico para las denominaciones tiene que ver con la naturaleza y propósito de la iglesia. Las sociedades occidentales contemporáneas presentan la pregunta de por qué la fe cristiana no puede ser practicada en la privacidad del propio hogar de uno o en la rutina diaria. ¿Es realmente necesario unirse a una congregación o ser parte de una comunidad de fe?

Las denominaciones se crearon originalmente para dar orden y disciplina al ministerio en y a través de las congregaciones. Sin embargo, la vida congregacional está hoy bajo una tremenda tensión. La tecnología de las comunicaciones y el paso de la vida diaria se combinan para hacer que la gente atesore la privacidad de sus hogares. Los americanos de hoy no se unen a nada en la misma forma que generaciones anteriores—partidos políticos, asociaciones de padres, logias, fraternidades estudiantiles o iglesias. Cuando la gente participa en las congregaciones, traen con ellos toda la tensión de familia y comunidad con la cual viven todos los días. Algunos de ellos también traen la expectativa de que la iglesia les brindará servicios religiosos en vez de llamarlos a servir a otros.

Las denominaciones no se han acostumbrado a articular el propósito de la comunidad cristiana o la naturaleza social de la fe cristiana. Por supuesto, por años han montado campañas de membresía y han arengado a los miembros sobre «ir a la iglesia». Pero estos esfuerzos se situaron dentro de un mundo de asunciones de que la gente que pensaba de sí misma como buenos ciudadanos podían ser motivadas para involucrarse en una congregación.

El metodismo unido nunca ha desarrollado mucho de una eclesiología para las congregaciones—o más ampliamente, para la práctica de la fe cristiana en la comunidad. El documento de los obispos sobre

Congregaciones vitales–Discípulos fieles (1990) es uno de esos pocos esfuerzos. Así que el metodismo está confrontando una tarea multifacética de articular su comprensión de congregaciones y también su compromiso a una conexión de congregaciones, miembros y líderes como personificación de la iglesia.

Un cuarto asunto de vital importancia para el futuro de la forma denominacional de la iglesia es el mensaje del cristianismo en un mundo de guerras, hambre, exceso de población, injusticia racial y de género, conflicto étnico y desastre ecológico. ¿Hay alguna esperanza? ¿Cómo la iglesia puede expresar la esperanza de una manera que haga real las promesas bíblicas de Dios? ¿Qué clase de iglesia podrá hacer tangible esa esperanza por medio de sus prácticas?

Mucho de lo que sucede en las denominaciones no refleja esperanza. Los recursos están escasos. La conferencia corta el número de empleados y programas. La membresía está dividida sobre la manera en que la iglesia enfoca los asuntos sociales.

Las denominaciones enfrentan la cuestión de en qué forma de iglesia se puede expresar la esperanza cristiana. Ninguna eclesiología se puede encerrar en nada más que en vasijas de barro. Ninguna iglesia puede eliminar el conflicto, producir solamente relaciones cordiales o alcanzar un consenso instantáneo en acciones y direcciones. Los cristianos tienen que poner en práctica la esperanza cristiana con valor, determinación y perseverancia.

Esto no es lo mismo que una cara blanda del optimismo de la cultura americana. Esto es una esperanza cimentada en la proclamación de Jesucristo y la promesa del Reino de Dios en el mundo. Personas que estén poseídas de esa esperanza no se contentarán con ningún sistema de gobierno que sea inadecuado para expresar nuevas maneras de vivir en esperanza.

Finalmente, ¿cuáles son las contribuciones distintivas en tradiciones particulares como marco para responder a estas preguntas que confrontan todas las expresiones del cristianismo? ¿Qué ofrecen las denominaciones en lenguaje, perspectiva y práctica para dialogar sobre estas preguntas? ¿Hay alguna manera peculiar metodista unida para vivir dentro de estos asuntos?

Muchos consultores sobre el crecimiento de la iglesia y otros observadores, presentan el punto de vista de que las denominaciones están perdiendo sus características y que a la gente ya no le importa nada las tradiciones que representa la denominación. Los bancos están llenos de gente que conocen muy poco de la herencia denominacional de su congregación. Matrimonios que cruzan la línea denominacional o de fe, son hoy muy comunes. Mucha gente basa su membresía en la iglesia sólo en qué le puede ofrecer una congregación particular o cómo pega en su estilo de vida personal, que en la afiliación que aparece en el tablero de afuera. Muchas personas aprenden del sistema de gobierno de su congregación solamente cuando el obispo anuncia que va a poner al pastor en otra congregación o cuando se les invita después del culto para elegir nuevos diáconos.

Así como los pastores luchan qué enseñar a los nuevos miembros, ya sea qué es lo distintivo del presbiterianismo o del metodismo, así en cada terreno de su ministerio las denominaciones están luchando en cómo y cuándo expresar la manera de ser iglesia que se levanta de sus tradiciones. Los libros de disciplina y orden son el lugar central en donde aparecen las características distintivas de la tradición. Sin embargo, poca atención se le ha prestado a estos escritos como una expresión profunda de las características de la denominación.

Presentaría el punto de vista de que cualquiera que sea lo que digan los entendidos acerca de la pérdida de distintivos, las maneras denominacionales no sólo son notables, sino una contribución críticamente importante para toda la eclesiología. Esto es, cada tradición trae puntos fuertes y verdades al tremendo desafío de tratar de ser hoy la iglesia. Ignorarlas es perder una herencia viviente más la sabiduría de generaciones de creyentes. Construir sobre las mismos es emprender una tarea generativa de práctica teológica cimentada en experiencias del pasado y esperanzada en la fidelidad de la iglesia en el futuro.

Sistema de gobierno

Las secciones que preceden comienzan a demostrar lo complejo del fenómeno de las denominaciones. Parte de la ambigüedad de muchas discusiones del denominacionalismo contemporáneo está en que los participantes traen muchas perspectivas diferentes. Una institución que es a la vez una fuente profunda de memoria comunal, un sistema económico, una cultura de muchas capas y el sitio o la ocasión para la experiencia religiosa de la gente, no se puede agarrar fácilmente y mucho menos manejar o dirigir a ciertas direcciones.

Sin embargo, se puede presentar el punto de vista de que lo que le da a las denominaciones su coherencia en el sentido más comprensivo es su sistema de gobierno. Sus formas de autoridad, gobierno, orden y toma de decisiones, constituyen el pacto que las ata en instituciones. El sistema de gobierno no es suficiente para hacer una denominación; momentos de asamblea, relaciones de amistades, y la energía de un propósito compartido, están entre muchos de sus factores críticos. Pero el sistema de gobierno es sin dudas una condición necesaria si las denominaciones van a tener continuidad y resistencia.

El sistema de gobierno es el tema más descuidado en la literatura de las denominaciones convencionales. Manuales interpretativos como *Organization of the United Methodist Church* por el obispo Jack Tuell o *Faith and Form* por Robert L. Wilson y Steven Harper, han sido herramientas de enseñanza muy útiles. Pero ningún estudio largo y entendido del sistema de gobierno de la Iglesia Metodista Unida se ha publicado desde el libro del Obispo Nolan B. Harmon, *Organization of the Methodist Church*, editado en 1962. Algunos de los recursos más útiles para entender el sistema de gobierno metodista unido data de finales del siglo XX, especialmente la obra del obispo John J. Tigert.

También se ha escrito muy poco sobre la iglesia como una organización. Las características de eclesiologías particulares y su expresión en formas de gobierno denominacional han sido exploradas muy escasamente. Teorías que surgen sobre organizaciones, tales como los esfuerzos para entender la cultura organizacional o la naturaleza de instituciones modernas, no han sido muy usadas en estudios denominacionales.

El sistema de gobierno ha sido parte del mundo ya establecido. Los miembros y líderes de la iglesia lo conocen principalmente en lo inmediato de la toma de decisiones. Los eruditos lo han pasado por alto tanto como una ventana histórica y contemporánea dentro de la riqueza de la vida denominacional. El fermento actual sobre cambios en la iglesia, sin embargo, promete despertar un nuevo interés en cuestiones de fundamentos acerca de qué son realmente las denominaciones y para qué son.

Las denominaciones americanas han hecho sus sistemas de gobierno en el contexto cambiante de una sociedad en una nación que tiene poco más de doscientos años. Ni las iglesias en el sentido europeo - una expresión unitaria de cultura nacional coincidiendo con la autoridad del estado– ni las comunidades sectarias que viven aparte de la sociedad establecida, las denominaciones han tenido que crear sus propias formas de ser iglesia. Han tenido que escribir constituciones para constituirse ellos mismos como cuerpos distintivos y que se perpetúan. Por medio de sus libros de orden y disciplina, han establecido la autoridad y organización del ministerio y las normas y responsabilidades de la membresía.

Las denominaciones tradujeron de sus sistemas de gobierno europeos elementos variados de práctica congregacional, pastoral y episcopal. Pero siempre fueron adaptadas a las realidades del contexto americano. En una sociedad que carecía de formas de autoridad y gobierno heredadas, pero en la cual la autoridad fue conferida hasta un punto por el gobernado, las denominaciones rechazaron mucho de la formalidad y ceremonia que acompañaban las tradiciones europeas. Por ejemplo, el recién elegido obispo Francis Asbury probó que el traje episcopal apropiado para Inglaterra era totalmente impráctico para montar a caballo y nunca lo usó.

Al básico sistema de ordenación, ministerio y disciplina congregacional las denominaciones añadieron gradualmente los estatutos legislativos que eran necesarios para gobernar la misión que se expandía en América y en otras tierras. Al crecer estas empresas, así crecieron las provisiones para gobernarlas y la ayuda económica. Y a esta legislación se le añadieron aún más regulaciones al ver que las iglesias estaban estableciendo sus ministerios más permanentemente y para ser más globales e inclusivos en su trabajo conexional y cooperativo.

Hoy los libros de sistema de gobierno son mucho más grandes que los de sus antecedentes en el siglo XIX. Estos reflejan el esfuerzo de la denominación para enfrentarse a una sociedad cada vez más compleja. A través de sus párrafos se entretejen las realidades más amplias de la cultura, economía y sociedad que las denominaciones reflejan y a la vez afectan con sus acciones. Aun así, los libros de orden registran sólo un bosquejo desnudo de las acciones de la iglesia. Las responsabilidades de los concilios de la iglesia, obispos y pastores, cubren múltiples páginas, pero no describen el trabajo detallado de cada día de aquéllos encargados de hacerlo. Además, los asuntos que se aluden a menudo en los documentos de sistema de gobierno están entretejidos con la vida denominacional de una manera mucho más compleja de lo que se pudiera poner en un papel.

Para comprender bien el sistema de gobierno de una denominación, no sólo se debe conocer el libro de orden, sino estudiar también los cambios y tensiones que dieron lugar al libro. Una frase puede evocar toda una historia. El ¶364.2 dice sencillamente que «tanto hombres como mujeres estarán incluidos en todas las previsiones de la *Disciplina* que se refieren al ministerio ordenado». Pero más de cien años de conflicto, dolor, problemas y una lucha continuada por la reciprocidad y la aceptación estaban revolviéndose detrás de estas palabras.

Una previsión que nombra algo fundamental al sistema de gobierno normalmente ni siquiera toca el contexto dentro del cual se debe llevar a cabo. «Todos los presbíteros en plena conexión que están en buena relación en una conferencia anual deben continuar bajo nombramiento por el obispo», dice el ¶328.1. Pero todas las noches de desvelo que pasan los obispos y superintendentes de distrito tratando de emparejar pastores con lugares, y toda la carrera, matrimonio, familia y asuntos personales que confrontan los pastores al aceptar un nombramiento, están presentes sólo en la experiencia de tratar de ser fiel a los asuntos básicos del metodismo unido.

Así que el sistema de gobierno denominacional es tanto un texto escrito como una práctica vivida. Los antiguos predicadores de circuitos solían decir que todo lo que llevaban en las alforjas era una Biblia, un himnario y un *Libro de Disciplina*. Como la escritura, los libros de disciplina proclamaban muchas verdades sobre la manera de ser iglesia de los metodistas, evangélicos o hermanos unidos. Para un movimiento que crecía rápidamente bajo la orden de «reformar el continente y esparcir la santidad bíblica por toda la tierra», la *Disciplina* era otro evangelio. Pero, al igual que el himnario, la *Disciplina* era una práctica básicamente, con significado solamente cuando era vivida a través de la acción y las relaciones de los metodistas, evangélicos y hermanos unidos. Se había destilado en el papel una tradición oral compartida en experiencias comunes de sus adeptos.

El sistema de gobierno denominacional en palabra y práctica teje las funciones y contextos del ministerio de la iglesia en un inmenso y complejo patrón. Esta complejidad refleja las varias dimensiones de las denominaciones como instituciones culturales, económicas, sociales y teológicas. Debido a que han crecido con la sociedad americana, las denominaciones convencionales generalmente reflejan los cambios sociales y las tendencias culturales de la nación. Debido a que han expresado una misión mundial y están unidas a cuerpos denominacionales similares en muchas tierras, cada vez más reflejan las tensiones de las relaciones con otras culturas. Debido a que sus adeptos también participan en una cultura más amplia, adoptan varias maneras de retóricas y *estilos* que se usan en muchas organizaciones—especialmente en una cultura comercial como América, la retórica de los negocios y mercados.

Ningún texto pudiera describir adecuadamente la densidad o sutileza de estas relaciones entre denominación y cultura. Pero como este estudio en particular sobre el sistema de gobierno del metodismo unido se mueve a lo largo del bosquejo de la *Disciplina*, notamos como el contexto está siempre presente en el lenguaje, la selección de previsiones legislativas y la atención dada a asuntos particulares. Habrá puntos que preguntar así como si ciertas maneras de definir las prácticas de la iglesia son realmente adecuadas frente al desafío que presenta el mundo contemporáneo.

El Libro de la Disciplina *hoy*

El *Libro de la Disciplina* es el único documento de sistema de gobierno que los metodistas unidos tienen en común a través de toda la conexión. La *Disciplina* ha estado en continua revisión y publicación por doscientos años y contiene la influencia cultural y eclesial identificada más arriba además de otras. En sí misma, es un ejercicio en teología práctica, demostrando cómo la iglesia ha respondido a los cambios de contexto y situaciones.

Así que la *Disciplina* es necesariamente el foco de este libro y de cualquier discusión detallada del sistema de gobierno y organización metodista unida. La *Disciplina* no comienza a capturar la riqueza y complejidad de la práctica en situaciones variadas por todo del globo. Ésta es recibida en la tradición oral mantenida por cadenas de amistad y colegialidad pasadas de generación en generación. Pero la *Disciplina* permanece como la destilación de una sabiduría práctica en forma escrita y comprende la única ley que tiene la iglesia. Cada palabra que tiene ha pasado por los ojos de la Conferencia General. Ya sea que se use o no, por supuesto que es asunto de los laicos y clérigos a cuyas manos se ha entregado.

Algunas voces sugieren que la *Disciplina* es muy larga y está llena de regulaciones innecesarias. El obispo Roy H. Short habló sobre esto hace más de veinte años.

Es cierto que muchos párrafos de la *Disciplina* entran en muchos detalles. Ha ido creciendo más y más en años recientes a medida que se han agregado más regulaciones y descripciones. Lo seguro es que seguirá aumentando con la necesidad de más atención, por ejemplo, a los procesos que puedan ayudar a la iglesia en medidas legales.

Sin embargo, lo que resalta de la *Disciplina* como un todo no es la longitud o los detalles, sino su desigualdad e inconsistencia. Se han insertado largos párrafos para cubrir situaciones especiales que involucran a relativamente pocas iglesias locales. Sin embargo, párrafos que den un fundamento eclesiológico para la misión y el ministerio son breves y casi no existen. Hasta ahora la sección más grande del libro es el capítulo 5, más de 200 páginas sobre las agencias generales, titulado «Orden administrativo». Este es el único documento en donde la legislación básica para estas organizaciones puede ponerse lógicamente ya que son distintivamente conexionales en su naturaleza. Sin embargo, la sección sobre el ministerio del laicado, que tiene la posibilidad de ser instructiva sobre la disciplina y vocación que el metodismo unido espera de sus participantes, tiene sólo seis páginas.

El discurso episcopal que introdujo la *Disciplina* de 1939 de la nueva Iglesia Metodista, quizás explique mejor esta situación:

«La Disciplina metodista es un crecimiento más bien que una creación intencional. Los fundadores del metodismo no trabajaron con un plan hecho, con respecto a los detalles. Enfrentaron las condiciones tal como se presentaban . . . En tal proceso de ajuste, la Disciplina se convirtió no en un libro de reglas definidas, ni siquiera un código formal, sino más bien un registro de etapas sucesivas de perspicacia espiritual obtenida por los metodistas bajo la gracia de Cristo».

Es posible estar de acuerdo con la explicación episcopal y todavía notar las consecuencias de un libro que es un crecimiento personal. Por una cosa, la *Disciplina* no nos dice cómo ha crecido. Ningún párrafo ni previsiones tienen ninguna anotación que indique cuándo fueron agregados o bajo qué circunstancias. Este es todavía el caso, aun con la Constitución. Las enmiendas no se ponen en listas separadas, sino que se incorporan simplemente en el cuerpo presente del documento. No hay lector que pueda encontrar cómo ha sido revisada sin tener que referirse a todas las *Disciplinas* desde 1968.

Además, la *Disciplina* tal como está publicada es el trabajo de un comité encargado de la fuerte responsabilidad de «hacer cambios en la fraseología si fuere necesario para armonizar la legislación sin cambiar la sustancia». También prueban la consistencia de la numeración de los párrafos, una tarea que a veces ha confundido porque los números cambian al agregar legislación (y a veces eliminarla). (*Journal* de la Conferencia General, 1896).

A estas perennes dificultades se le agrega el problema de que la Conferencia General no da a nadie en la iglesia la responsabilidad de considerar el libro como un todo -cómo está organizado, qué secciones necesitan puntos fuertes, puntos de mandatos conflictivos y aun el formato en que está impreso. El saludo episcopal de 1966 insiste en que «la comunicación es esencial para comprender qué es la iglesia y qué hace». Pero uno podría preguntar con razón si la actual publicación de la *Disciplina* realmente comunica a la audiencia a la cual está dirigida o si realza la comunicación entre varias entidades de la iglesia.

De todos modos, lo que la iglesia tiene en la *Disciplina* es «la declaración más actual de cómo los metodistas unidos están de acuerdo en vivir sus vidas juntos». En tal caso se debe tomar con la mayor seriedad, no tan sólo porque sea el libro de ley de la iglesia, sino porque es el registro de prácticas que la iglesia intenta. Es un libro de responsabilidad por la disciplina que los metodistas unidos profesan. Éste da las estructuras y procedimientos que pueden poner esa disciplina en práctica.

Finalmente, la *Disciplina* es el producto de la conferencia cristiana— la forma elemental de vida metodista. Al continuar viviendo juntos los metodistas unidos, para buscar la plenitud del amor de Dios en comunidad, y para cumplir con la misión de Dios como una conexión, deben hacerlo así en conferencia. Aquí todas las corrientes de influencia política –junto con los idiomas y preocupaciones de culturas contemporáneas– fluyen juntas. Aquí el pueblo metodista unido debe discernir junto la dirección que el espíritu les está indicando.

En esta práctica, los metodistas unidos heredan una tradición viviente. Pueden mirar al pasado a uno de los personajes más intrigantes de la historia cristiana, Juan Wesley, no tanto para buscar respuestas como para buscar caminos provocativos y pragmáticos que los lleven hacia el Reino de Dios. También pueden sacar de la experiencia de gente metodista unida a través de las generaciones quienes también buscaron caminos auténticos para ser la iglesia en sus propios tiempos y lugares.

CAPÍTULO 3
La constitución del metodismo unido

Desde un punto de vista eclesiológico una constitución formal para un cuerpo de la iglesia parece una cosa rara. Qué extraño es pensar que el cuerpo de Cristo en el mundo necesita de una constitución. La iglesia simplemente *es*, después de todo, y no por invención humana. Tal como declara el ritual del bautismo metodista unido, «la iglesia es de Dios y será preservada hasta el fin de los tiempos».

Por medio del bautismo el pueblo de Dios es «incorporado por el Espíritu Santo en una nueva creación de Dios», cuya presente manifestación se «inicia en la Santa Iglesia de Cristo». La iglesia es llamada a ser, por el Espíritu Santo, la nueva realidad de la resurrección. El Espíritu encarga a la iglesia el trabajo de llevar adelante el ministerio del testimonio de Cristo y de servicio al Reino de Dios y suministra todos los dones necesarios para esta tarea.

La iglesia es un cuerpo viviente de tradiciones originadas en la era apostólica, formada en concilios para doctrina y sistema de gobierno y moldeada por hombres y mujeres fieles de todos los tiempos y de todas las partes. Cristo ha prometido estar presente en cualquier reunión en el nombre del Señor, para que haya unidad en dichas reuniones. Así que ¿qué podrá significar para la iglesia tener una constitución?

La Constitución de la IMU, concebida y aprobada por las Conferencias Generales de 1966 de la Iglesia Metodista y la Evangélica de los Hermanos Unidos, respectivamente, y puesta en efecto en la Conferencia de Unión de 1968, comienza la más amplia perspectiva de cooperación eclesiológica. «La Iglesia es una comunidad de todos los verdaderos creyentes bajo el señorío de Cristo», declara el preámbulo. Palabra y sacramento son definitivos para esta comunidad, y todas las expresiones de ministerio y misión—fraternidad, adoración, edificación y redención– sigue con ellos «bajo la disciplina del Espíritu Santo» (págs. 21-2).

Hasta ahora tenemos la definición básica. Pero hay una nube en el horizonte. La I mayúscula de Iglesia en la primera frase entra en las realidades del mundo para dividirse en partes. Hay más de una iglesia en la Iglesia. De hecho, el preámbulo continúa, el propósito de las negociaciones detrás de este documento es el de traer una unión de iglesias como «una expresión de la unidad del pueblo de Cristo». Y debido a que las iglesias han sido cuerpos distintos, se necesita una declaración para hacer esta unidad «actual en la organización y administración en los Estados Unidos de América y por todo el mundo».

Se hace necesaria, pues, una constitución para constituir -crear, establecer, traer a la vida- una nueva entidad eclesial, en el contexto particular de una sociedad libre de diversas prácticas religiosas. Como una organización, la iglesia debe ser constituida por ciertos principios fundamentales y unidades orgánicas que juntos le den su naturaleza sustantiva. A diferencia de una persona individual, la iglesia no puede existir por sí misma; tiene que constituirse su ser asociativo.

La Comisión de la Constitución de la iglesia metodista episcopal, la cual trabajó de 1888 a 1900 para formalizar por primera vez una constitución para la iglesia, definieron su objetivo de esta manera:

«Una constitución es un instrumento que contiene una relación de principios de organización y de declaración de poder, permisos y limitaciones que no se le pueden quitar, agregar o cambiar en ningún particular sin el consentimiento del poder que originalmente creó este instrumento, o por el procedimiento legal determinado por el cuerpo que posea el poder original» (*Journal* de la Conferencia General, 1896, 338).

Por lo tanto, en la División Una de la Constitución de 1968, las previsiones generales para la iglesia, primero nombra los cuerpos originales de la Constitución declarando la unión de la Iglesia Evangélica de los Hermanos Unidos y la Iglesia Metodista (Art. 1). Los artículos siguen para dar un nombre a la nueva entidad, la Iglesia Metodista Unida (Art. II) especifica la continuidad de doctrina con los cuerpos que se unen (Art. III) y reclama los activos físicos a través de los cuales la iglesia expresa sus ministerios (Art. IV). También hacen explícito la naturaleza fundamental de la iglesia como una comunidad abierta luchando hacia una «unidad en todos los niveles de la vida de la iglesia» (Art. IV, V). Esta naturaleza resuena con el principio de una sociedad libre en la cual «todas las personas, sin importar raza, color, origen nacional, estado o condición económica» son «elegibles» para participar (Art. IV); note que no dice que son «bienvenidos» para participar– aquí está el lenguaje de los derechos humanos, no de hospitalidad).

Hasta este punto la Constitución ha nombrado básicamente los seres de este cuerpo corporativo. El nombre en sí mismo es profundamente significante. La iglesia metodista era la entidad más grande de esta unión, y la Evangélica de los Hermanos Unidos necesitaba cierta indicación de su lugar en este nuevo cuerpo. La palabra «Unida» no sólo era un eco de la palabra «Unidos» en el nombre de esta iglesia, sino que indica una nueva y distintiva iglesia que estaba comprometida a un proceso dinámico de crecimiento hacia una unidad más amplia en las iglesias (Art. V). Esta unidad estaba manifestada en la continuidad de acuerdos doctrinales, la unión de las propiedades y la participación libre y abierta para todas las personas.

En las subsecuentes dos divisiones entran los elementos que constituyen el cuerpo. El primero de éstos, División Dos, se titula «organización» pero realmente tiene que ver con conferencias enteramente y cómo están constituidas. La segunda, División Tres, se titula «supervisión episcopal» y describe cómo están constituidos los obispos.

Las últimas dos divisiones de la Constitución crean un proceso por medio del cual puede ser arbitrado o enmendado. La División Cuatro constituye un Concilio Judicial para hacer determinaciones finales de «la constitucionalidad de cualquier acto de la Conferencia General» y revisar y «pasar decisiones de la ley hechas por obispos en conferencias anuales» (¶54). Estas funciones pertenecían a la Conferencia General o los obispos hasta que se creó un cuerpo judicial separado en la Iglesia Metodista en 1939.

Un sistema jurídico separado ayuda a balancear los poderes del metodismo unido en dos entidades constitutivas básicas. Las resoluciones del concilio judicial limitan los poderes de la Conferencia General, la cual no puede juzgar la constitucionalidad de sus hechos. La revisión del concilio judicial es una observación de los poderes episcopales sobre decisiones de la ley de la iglesia. Como en los sistemas de gobierno civil, por supuesto, los poderes judiciales ejercitados a plenitud se convierten en intervenciones constructivas en el gobierno del cuerpo. Las opiniones el Concilio Judicial pueden forzar a la Conferencia General a hacer leyes nuevas y más claras y a las conferencias anuales a redefinir y revisar las pólizas. El Concilio puede invalidar a los obispos y forzarlos a que pesen las decisiones por un criterio nuevo o diferente. El mismo hecho de interpretar la ley de la iglesia contribuye a la autocomprensión de la iglesia y sin dudas que afecta sus prácticas. Pero la judicatura no es todavía una entidad constitutiva en el mismo sentido de las conferencias o del episcopado (¶¶57,58).

La División Cinco simplemente provee un método para enmendar la Constitución. Las enmiendas pueden salir de la Conferencia General o de las Conferencias anuales, pero deben ser aprobadas por una mayoría de las dos terceras partes (tres cuartas en algunos casos), de ambos, la Conferencia General y «el total de los miembros de las varias Conferencias anuales que estén presente y votando». El Concilio de obispos certifica el voto.

Dos principios constitutivos

Así que si alguien pregunta qué constituye la Iglesia Metodista Unida, uno podría tomar las Divisiones Dos y Tres de las conferencias y del episcopado, respectivamente. Estas han sido en efecto los elementos constitutivos desde el principio del metodismo. Como escribió el historiador constitucional de un tiempo atrás, John J. Tigert:

«Desde 1744 los dos factores constantes del sistema de gobierno metodista, (1) un poder supervisador y de nombramiento, y (2) un cuerpo consultante llamado la Conferencia, siempre han estado en operación. Estos dos factores son constitucionales o elementales en el gobierno del metodismo ... el anterior principalmente ejecutivo y el posterior principalmente legislativo» (Tigert, *Constitutional History*, 15).

Mucho de la tensión, tanto creativa como distrayente, que ha movido a las iglesias metodistas por todos los años, está contenida en las dinámicas de estos dos elementos originales.

El principio de Conferencia

Para presentar el caso en una forma más amplia, el metodismo unido consta de dos principios constitutivos. Primero, el principio de representación democrática, esencial a repúblicas libres y asociaciones voluntarias, ha sido constitutivo en el metodismo unido, más visiblemente en las conferencias. Mientras que estas reuniones tuvieron su origen en organización del metodismo como una sociedad voluntaria en la Iglesia de Inglaterra, tomó una forma distintivamente americana paralela a las asambleas legislativas y convenciones políticas del principio de los Estados Unidos en el siglo XIX.

Wesley reunió conferencias de predicadores metodistas para que consultaran con él, pero éstas nunca fueron cuerpos para tomar decisiones. En el contexto americano, sin embargo, desde el momento en que votaron para aceptar a Francis Asbury y a Thomas Coke como superintendentes generales en 1784, los predicadores llegaron a ser colectivamente el cuerpo legislativo fundamental de la nueva iglesia.

De hecho, uno podría aludir con el peso de la opinión constitucional a fines del siglo XIX, que «el cuerpo de presbíteros viajeros (itinerantes)», esto es, todos los predicadores ordenados, fueron el «distrito electoral original o primario» que trajo a existencia a la Iglesia Metodista Episcopal. Ellos eligieron a sus superintendentes generales en la «Conferencia de la Navidad» en 1784, votaron por cambios en la *Disciplina* todos los años en la conferencia anual, crearon una conferencia general cuadrienal de todos los pastores ordenados en 1792 y en 1808 hicieron delegaciones a la Conferencia General con restricciones en sus poderes. Entonces, en un sentido genealógico, tanto el sistema de la conferencia como el episcopado deben sus principios a este cuerpo original—los «predicadores viajeros» (¶33) de esta «conexión viajera» intacta.

Pasaron casi cien años antes de que los laicos tuvieran alguna representación en las conferencias, y cincuenta años más antes de que hubiera igual participación. Fue este cuerpo primario de predicadores ordenados el que tenía voto para enmendar la constitución en favor de la representación laica. Este cuerpo ampliado y continuo de toda la clerecía en plena conexión y los correspondientes miembros laicos de todas las conferencias anuales, es hoy el cuerpo fundamental—la Conexión como un todo– que debe votar en cualquier enmienda a la Constitución (aunque las enmiendas tienen que pasar por la Conferencia General, ¶57).

Por supuesto, el sistema de conferencia no es completamente democrático. A diferencia de cuerpos eclesiásticos como la Convención Bautista del Sur, las conferencias no están abiertas a todo el laicado que las congregaciones envían. De hecho, el sistema no está ni siquiera basado en la representación de todo el laicado. La conferencia empezó como la reunión de los predicadores y todos los predicadores son miembros de conferencias anuales. Las personas laicas, por otro lado, son miembros de la conferencia anual a base de un miembro laico por pastor o cargo, sin importar el tamaño de la congregación u otros grupos de los cuales un miembro laico pueda asistir. Éstos no son realmente «representativos» del cuerpo mayor, ya que su membresía en la conferencia anual está basada en el cargo pastoral, no en la membresía de la congregación.

Las conferencias anuales eligen entonces delegados a las conferencias Jurisdiccional y General a base de lo que dice la Constitución (¶¶ 12-14). Estos cuerpos requieren de igualdad, un laico y un clérigo, los laicos y los clérigos votan por separado por sus propios delegados. Pero ya que la base de representación está ya sesgada hacia el clérigo en las conferencias anuales, difícilmente se le puede llamar representativo al cuerpo de delegados. Además, la fórmula está basada igualmente en el número de clérigos y el número de miembros de la iglesia en cada conferencia anual, la cual no da cuentas adecuadas del hecho de que en regiones con muchas congregaciones grandes, el clérigo puede servir a muchos más miembros que en zonas en donde las congregaciones son más pequeñas

Conferencia General

Como quiera que sea, la Conferencia General, constando con los delegados de las conferencias anuales, es el único cuerpo en la IMU con poderes legislativos sobre toda la conexión. Define y ordena los poderes de todas las otras unidades, incluyendo a los obispos, clérigos, laicos, conferencias anuales y «empresas conexionales de la Iglesia» en misiones, educación y otros ministerios (¶15). Tiene poder sobre todas las conferencias anuales las cuales, colectivamente, la crearon (aunque los miembros de la conferencia anual colectivamente pueden todavía rechazar por votación las enmiendas constitucionales pasadas por la Conferencia General).

Sin embargo, estos poderes no son ilimitados. Comenzando en 1808, la iglesia metodista episcopal puso cierto control de delegaciones del cuerpo que estaba creando. Las «reglas restrictivas» han seguido en efecto en casi la misma forma que antes (¶¶16-20). En la Iglesia Metodista Unida las reglas protegen los Artículos de Religión, la Confesión de Fe y otras «normas establecidas de doctrina» no especificadas, para evitar que se alteren excepto por una mayoría abrumadora (tres cuartos) de todos los miembros de todas las conferencias anuales (¶¶16, 57). Las reglas previenen un cambio fácil de las Reglas Generales que se originaron en las sociedades metodistas del principio. Se protege el derecho a un juicio de tanto los ministros como los miembros y el ingreso neto de la casa de publicaciones se designa para el uso exclusivo de predicadores y sus familiares (¶¶18, 20).

Y lo más importante, desde el punto de vista de un sistema de gobierno, las reglas restrictivas también previenen que la Conferencia General tome cualquier acción «para eliminar el episcopado o destruir el plan de nuestra superintendencia general» (¶17). Este lenguaje general se ha discutido a veces con fervor. Esto fue un asunto central cuando la división de las ramas del norte y del sur del metodismo episcopal en 1840. La iglesia del norte consideraba a los obispos como electos y responsables ante la Conferencia General. La iglesia del sur vio la regla restrictiva como una manera de dar a los obispos un lugar junto a la Conferencia General. Como la Conferencia General de la iglesia del sur en 1844 dijo, el obispo era «no una simple criatura» o en ningún «sentido permanente un oficial de la conferencia general», sino más bien «una delegación coordinada, el propio departamento ejecutivo del gobierno».

El asunto resaltó de nuevo cuando la Conferencia General de la iglesia metodista episcopal hizo provisión para la elección de obispos misioneros en 1856 y obispos de raza e idioma en 1912 cuyas jurisdicciones estaban limitadas a su propio grupo étnico o de idioma–excluyéndolos así de la «superintendencia general itinerante». Aunque esta provisión se legisló como inconstitucional en la iglesia metodista en 1939–reforzando de esta manera el histórico «plan» del episcopado–no fue hasta 1960 que todos los obispos de las conferencias centrales (esto es, de fuera de los EE.UU.) fueron incluidos como miembros del Concilio de obispos.

Similarmente, la creación de las conferencias jurisdiccionales en 1939 modificó decididamente la superintendencia general. Para prevenir que los obispos negros presidieran en conferencias blancas, la Constitución restringió el poder de los obispos «a una supervisión residencial y presidencial» a sus propias jurisdicciones–cinco de las cuales eran regionales y una racial. La restricción permanece, aún con la ausencia de la jurisdicción racial (¶47).

La anomalía de la conferencia jurisdiccional

La Conferencia Jurisdiccional permanece como una anomalía constitucional inventada originalmente para acomodar las diferencias sociales y culturales. Todos los deberes asignados por la Constitución pertenecían históricamente a la Conferencia General. La base de representación de delegados de la conferencia anual es establecida por la Conferencia General y en el legislativo, ¶513 es designado simplemente como el doble de cualquier número de delegados determinados para la Conferencia General. Los delegados de la conferencia anual asignados a la General son parte de ese número y también asisten a la conferencia jurisdiccional. En pocas palabras, las conferencias jurisdiccionales son simplemente derivativos regionales de la

Conferencia General y no tienen un papel fundamental en constituir la IMU.

Esto no es para echar a un lado la función política primaria de las conferencias jurisdiccionales—elegir y consagrar obispos– solamente aclarar que la función deriva de la Conferencia General. El episcopado en los EE.UU. está constituido por las conferencias jurisdiccionales -para hacer un eco al lenguaje original de la *Disciplina* de 1787: «Sección IV. Sobre el constituir de los obispos y sus Derechos»- esto es, su elección por la conferencia y su consagración poniéndoles las manos encima. Pero el número de obispos es determinado en «una base uniforme» por la Conferencia General (¶15.10), y una vez que el obispo es electo, su membresía reside en el Concilio de Obispos.

«Jurisdicción» es tanto un término regional como legal. Como un nombre para una zona geográfica lleva en sí la intención de adaptar el metodismo unido a culturas regionales prácticas que mejor peguen y expresen las maneras regionales. En un sentido les vino bien a los metodistas del sur para sostener muchas de sus costumbres y relaciones después de la unión con la Iglesia Metodista Episcopal, más grande, más centralizada y más nacional.

Como un término legal «jurisdicción» indica los límites de poder de varios agentes. La Conferencia Jurisdiccional es responsable por, y en muchos casos es actualmente dueña de las instituciones de educación y misión que están dentro de sus límites. Los obispos electos por la Conferencia Jurisdiccional tienen «supervisión residencial y presidencial» en las conferencias anuales dentro del territorio de esa jurisdicción.

Los que diseñaron este sistema tuvieron la intención de crear un balance o distribución del poder a través de la conexión. Los miembros de las juntas y agencias generales son elegidos por las jurisdicciones. El trabajo de las juntas y agencias generales estaría complementado por auxiliares jurisdiccionales. Las conferencias jurisdiccionales tendrán poder para determinar los límites de las conferencias anuales que están en su territorio. Una encuesta de anuarios actuales de la Conferencia Jurisdiccional, demuestran claramente que esas esperanzas nunca se hicieron realidad. Solamente la jurisdicción del sur—la región de la antigua Iglesia Metodista Episcopal del Sur– es la que tiene un buen número de personal y presupuesto para programa.

Aún más, la estructura jurisdiccional como se constituyó originalmente encierra un defecto fatal de un sistema de apartheid, segregando a las iglesias afroamericanas en «una iglesia dentro de una iglesia» separada, no regional. En los treinta años de su existencia, la Conferencia Central tuvo una organización coherente para apoyar instituciones afroamericanas y desarrollar líderes laicos y clericales. Pero mucho de la energía de las originales seis jurisdicciones fue dirigida a la tarea política de lograr unidad racial—una tarea terminada legalmente en el cuadrienio 1968–1972 pero aún sin cumplir en muchas maneras hasta hoy.

Los poderes jurisdiccionales son ejercitados a favor de la iglesia como un todo y no como una región. Los síndicos de instituciones relacionadas con la iglesia serán elegidos por la Conferencia Jurisdiccional, pero desde el punto de vista de estas instituciones hay pocas razones para que estas elecciones –o la propiedad que expresan- se basen regionalmente. Los miembros de las juntas y agencias generales se seleccionan de una lista que comienza en la conferencia anual, no en la jurisdiccional. Los obispos practican su superintendencia dentro de toda la conexión, no sólo la jurisdicción en donde fueron electos.

La Constitución no hace simplemente a la Jurisdicción en ninguna forma fundamental o constitutiva. No es de extrañar, entonces, que la verdadera agenda y único entusiasmo cuando se reúnen estas conferencias está alrededor de la elección de obispos. En una vuelta irónica del regionalismo que originalmente hizo parecer necesarias las jurisdicciones, hoy sirven más bien como una base política para asegurar un balance en las elecciones de obispos de distintas regiones de la iglesia.

Conferencias Centrales

Las Conferencias Centrales tienen poderes y derechos paralelos a los de las Jurisdicciones, pero en un contexto distintivo que las hace en la práctica mucho más constitutivas de la iglesia en sus regiones. La Conferencia Central como una entidad se originó hace más de cien años basados en razones bien expresadas por el obispo James M. Thoburn:

«[La Conferencia General] con sus inmensas responsabilidades y tiempo limitado, nunca podría legislar por una iglesia dispersa por todo el globo. Debe haber un cuerpo legislativo, con poderes cuidadosamente definidos, en cada nacionalidad separada». (Harry Wescott Worley, *The Central Conference of the Methodist Episcopal Church*, 119-20).

Las conferencias centrales no siempre han seguido líneas nacionales. Pero han permitido que el metodismo unido desarrolle una identidad distinta relacionada con la cultura de varias regiones del globo. A las mismas se les da no solamente el poder «para hacer tales reglas y regulaciones para la administración del trabajo dentro de sus fronteras» –esto en común con las conferencias jurisdiccionales- pero también el poder para hacer «tales cambios y adaptaciones de la Disciplina General que las condiciones en las respectivas zonas puedan necesitar» (¶29.5).

Las conferencias centrales no podrán hacer cambios «contrarios a la Constitución y las Reglas Generales de la Iglesia Metodista Unida» (¶537.9). Pero todavía esto deja amplio espacio para estimular a las iglesias locales y conferencias anuales a organizarse en la manera más adecuada, y para las iglesias de una región, adaptar su ministerio, adoración y otras prácticas al contexto local o nacional.

Las siete conferencias centrales actuales organizan el trabajo metodista unido en veintidós naciones. Cada una de ellas tiene el poder para establecer los límites de las conferencias anuales dentro de su territorio y para elegir obispos que presidan sobre las mismas. Mientras que la Conferencia General retiene el poder para determinar cuántos obispos pueden ser electos, la Conferencia Central fija el límite de titularidad episcopal, necesitando por lo general que se reelijan cada cuatro años. Las conferencias centrales tienen representación completa en la Conferencia General y en las juntas y agencias generales, y sus obispos son miembros del Concilio de Obispos.

El principio del episcopado

El segundo principio que constituye el metodismo unido es el episcopado. Pero debido a su síntesis de sistemas de gobierno variados, uno puede estar de acuerdo con el obispo John L. Nuelsen, que el metodismo unido tiene «un episcopado que la iglesia cristiana todavía no ha visto». (John L. Nuelsen, *Die Ordination in Methodismus*). Los obispos metodistas unidos son electos por delegados laicos y clérigos en las conferencias jurisdiccionales o centrales, y sus deberes presidenciales están limitados a esas conferencias. Sin embargo, deben practicar una superintendencia general. Los obispos en el Concilio están encargados según la Constitución de planear «la supervisión general y la promoción de los intereses temporales y espirituales de la iglesia entera» (¶45).

La Constitución además les da a los obispos el poder para nombrar ministros a los cargos en consulta con el Superintendente de distrito, quienes son como una extensión de la oficina episcopal. También la Constitución le da titularidad por vida a los obispos. Estas características están asociadas eclesiológicamente con un episcopado monárquico, esto es, un episcopado que se presume que es gobernado por derecho y sucesión divina con una diferencia de orden esencial del cuerpo de clérigos. En estas características el episcopado metodista unido es parecido a sus antepasados anglicanos y católicos romanos.

Mientras que el episcopado metodista unido fue iniciado por Wesley, Coke y otros de profunda herencia anglicana, es muy diferente. En la eclesiología anglicana, el obispo es la unidad de iglesia y preside sobre una diócesis. Las parroquias son expresiones locales de la diócesis episcopal. El clero es la expresión o extensión del obispo en un lugar local, y una parroquia recibe al clérigo como a un representante del obispo. Los obispos visitan todas las parroquias para efectuar la confirmación, porque todos los miembros de la parroquia son miembros de la congregación extendida del obispo.

Muy poco de esto se aplica al episcopado metodista unido. Aunque parezca extraño, la Constitución ni siquiera especifica que el obispo metodista unido tiene autorización para ordenar a los clérigos—esto está en la lista como uno de los «deberes presidenciales» en el legislativo ¶415—mucho menos otros aspectos de un modelo anglicano como la autoridad para confirmar nuevos miembros. Tampoco se mencionan los sacramentos, lo que significa que el episcopado metodista unido no se considera como una orden distintiva que retiene autoridad sacramental la cual es delegada a los clérigos como extensión de los obispos una vez que son ordenados presbíteros.

Esto lleva a la conclusión del obispo Jack Tuell que «el episcopado es una oficina constitucional, más bien que monárquica en carácter» (en Tuell and Fjeld, *Episcopacy*, 76). El episcopado metodista unido no constituye la iglesia en el sentido tradicional ya sea de Ignacio en el siglo II –«donde está el obispo, allí está la iglesia»– o de la comprensión monárquica u orgánica de la sucesión de obispos que provee la continuidad fundamental de los apóstoles en la iglesia.

Los obispos metodistas unidos son electos y consagrados al oficio, no ordenados para oficiar. Aunque la Constitución no lo especifica explícitamente, los ¶¶403-4 legislativos dicen claramente que los obispos permanecen como parte del cuerpo de presbíteros, funcionando como *primus inter pares*. En la ausencia de un obispo, la conferencia anual elige «un presidente pro tempore de entre los presbíteros viajeros» (¶603.6). El juicio de los obispos será dirigido por ancianos (presbíteros). Los obispos forman parte de la itinerancia y reciben su nombramiento de la conferencia jurisdiccional a través del comité jurisdiccional del episcopado (¶48).

Así, el episcopado metodista unido constituye la iglesia a través del papel activo de supervisión y superintendencia de lo obispos, practicado en sus orígenes americanos, coincidiendo con las conferencias de los predicadores. La superintendencia, incluyendo la autoridad para ordenar, es esencialmente una práctica que personifica una comprensión eclesiológica siempre cambiante, en vez de un principio eclesiológico fijo que aparece en prácticas bien definidas. En palabras del obispo Matthews, el episcopado metodista unido es «flexible, experimental, pragmático y funcional . . . lo que la gente, bajo la guía de Dios y en respuesta a las demandas de la historia, determine que sea» (Matthews, *Set Apart to Serve*, 264).

En efecto, por toda la falta de orden judicial tradicional en la Constitución, los obispos tienen una enorme influencia en el metodismo unido. Ellos representan la conexión. Las primeras páginas de la *Disciplina* contiene una lista de sus nombres en el orden de la elección desde 1784. Los obispos metodistas, evangélicos de los hermanos unidos y los de las conferencias centrales están en la lista juntos, como una señal inequívoca de la unidad de la iglesia.

Los obispos están llamados a un mandato de supervisión más amplio. En una de las frases más convincentes de la *Disciplina*, se les pide que «dirijan» - «que dirijan y supervisen los asuntos espirituales y temporales de la Iglesia Metodista Unida» (¶414.1). La generalidad de este deber es también su fortaleza. Los obispos tienen una amplia flexibilidad para hablar, intervenir, estimular, predicar, evangelizar y ponerse al frente. Así como su antepasado Asbury, sus viajes constantes y omnipresencia hacen que la conexión sea tangible.

Las conferencias fugaces momentos de asamblea nunca serán suficientes para sostener la conexión sin la superintendencia itinerante. No es de extrañar entonces que muchas voces en el metodismo unido de hoy pidan un liderato episcopal más fuerte—no autoritario ni autocrático, mucho menos monárquico-–sino un liderazgo de presencia y visión que le dé a la conexión su cohesión para el futuro.

En un cargo que se agregó en 1992, la *Disciplina* les da a los obispos la responsabilidad de «guardar, trasmitir, enseñar y proclamar, corporativa e individualmente, la fe apostólica» así como «enseñar y mantener las tradiciones teológicas de la Iglesia Metodista Unida» (¶414.3). Especialmente de los años 80, los obispos metodistas unidos han buscado nuevas maneras para practicar su papel de maestros, no como un magisterium autoritativo en el sentido católico romano, sino como un concilio de sabiduría. (Sólo la Conferencia General puede hacer declaraciones doctrinales del metodismo unido y aun esas pudieran necesitar enmienda constitucional.) Esta tarea suplementa o regulariza el énfasis en la predicación lo cual ha hecho famosos a no pocos obispos de la conexión.

Los obispos también han tenido una amplia influencia en el activismo misional del metodismo unido. Presiden y sirven en juntas y agencias generales y en Juntas de síndicos de instituciones relacionadas con la iglesia. La energía y experiencia de ellos tiene tal demanda que han tenido que tener cuidado de no convertirse en simples promotores de programas.

Pero la pregunta eclesiológica persistente es en qué sentido la tarea de enseñanza, evangelismo y misión, constituye la «iglesia». La tradición metodista del privilegio de predicar y el activismo en misión por encima de la orden sacramental resulta en ambigüedades toleradas para el *episkopoi* de esta iglesia. El episcopado es un principio constitutivo del metodismo unido por la práctica tradicional, influencia y autoridad atribuida, mucho más que por la ley orgánica. Las reglas restrictivas protegen «el plan de nuestra superintendencia general itinerante», esto es, su papel de avanzar la misión de la iglesia—más que ninguna autoridad inherente.

Las prerrogativas episcopales de hacer nombramientos y titularidad de por vida han sido retadas repetidamente -en los años 1820, 1890 y 1970. La palabra «episcopal» se quitó del nombre de la denominación cuando se formó la Iglesia Metodista en 1939, en parte, para hacer sentir mejor a los compañeros de la unión, los metodistas protestantes, para que aceptaran la vida eclesial con los obispos, cuya autoridad de nombramientos había sido una fuente de sus protestas en 1820. Además, muchos metodistas unidos del siglo XX se han quejado de la asociación del episcopado con el patriarcado y con una cultura de deferencia y elegancia anticuada.

Toda esta inquietud indica que por la falta de una base eclesiológica firme, la función de los obispos metodistas unidos depende mucho más en el «consentimiento del gobernado», que en las raíces orgánicas en la comprensión tradicional del episcopado. Al mismo tiempo, debemos decir que la IMU sigue dependiendo del episcopado para mucho de su cohesión y continuidad.

El encuentro de los principios

Los dos principios constitutivos de la conferencia y el episcopado se encuentran más visiblemente cuando las conferencias están en sesión. Pero su interacción es sutil y compleja y puede llevar a una gran confusión.

Los obispos presiden en todas las conferencias generales, jurisdiccionales, centrales y anuales, tal como lo han hecho desde el principio –aunque la Constitución designa las responsabilidades presidenciales en la Conferencia General bajo los poderes de la Conferencia General, no de los obispos (¶15.11). El presidir conlleva autoridad y poder, para estar seguros, al maniobrar los obispos a través de procedimientos parlamentarios complejos. Pero el rol presidencial no se debe confundir con el poder ejecutivo tal como se ejercita, por ejemplo, en el gobierno del estado o de la nación. La descripción de los obispos como «la rama ejecutiva» del gobierno de la iglesia—una comparación común a través de la historia del metodismo en América– puede ser confusa.

A diferencia del Presidente de los Estados Unidos o del gobernador de un estado, los obispos, individual o colectivamente, no hacen propuestas legislativas o de presupuestos. Aun como un concilio, no constituyen una Casa de Obispos prelática, para propósitos ejecutivos o legislativos.

Los obispos no manejan departamentos encargados de realizar legislación, ni tampoco tienen el rol exclusivo de nombrar ejecutivos para dichos departamentos (es decir., concilios, juntas o agencias). Los obispos son responsables ante la Conferencia General por «llevar a efecto las reglas, regulaciones y responsabilidades prescritas y mandadas por la Conferencia General» (¶45). Pero ellos no son empleados de ninguna conferencia y no manejan ningún programa.

Además, los obispos no participan en ningún comité de trabajo o debate y no votan en la conferencia. La única membresía en la iglesia es la que tienen en su propio Concilio; no son miembros de ninguna conferencia. Cuando la Conferencia General está en sesión, todos los obispos están sentados en la plataforma enfrentando a los delegados; pero no tienen el derecho de hablar a menos que se les autorice por el cuerpo. Tampoco, como oficiales que presiden, tienen derecho a hacer comentarios sobre la legislación que se esté tratando.

Sin embargo, la presencia de los obispos es una señal esencial y visible de la continuidad de la iglesia. Después de todo, ninguna conferencia existe en un sentido real excepto cuando está en sesión.

Ninguna sesión de la conferencia puede atar a la siguiente. Las conferencias no tienen cuerpos ejecutivos continuados para sostenerlas ni tampoco oficiales ejecutivos designados o empleados para realizar el trabajo entre las reuniones. Las conferencias autorizan, por supuesto, a varias agencias para que lleven a cabo las medidas y programas aprobados, pero ninguna de ellas tiene autoridad ejecutiva a nombre de la conferencia.

Algunos metodistas unidos se han confundido con el rol del Concilio de Ministerios, pensando que tal vez hacen el papel de administradores ejecutivos de la conferencia. Pero no hay nada en la *Disciplina* que les confiera tal poder, y, por supuesto, hay zonas enteras de la vida de la iglesia que están fuera de su ámbito. El Concilio General de Ministerios está encargado solamente con «facilitar el programa de la vida de la iglesia tal como está determinado por la Conferencia General» (¶904). El Concilio de Obispos y el Concilio General de Finanzas y Administración, están completamente separados. Como un paralelo, el Concilio de ministerios de una conferencia anual no tiene nada que ver legalmente con la Junta del Ministerio Ordenado, el Gabinete o el Concilio de finanzas y administración–– aunque es esencial la cooperación para el funcionamiento de la conferencia.

El lugar constitucional de la Conferencia anual

Comenzando con la *Disciplina* de 1939 de la Iglesia Metodista y llevada a la Constitución actual, la conferencia anual se describe como «el cuerpo básico en la iglesia (¶31). Hay alguna variación de preposiciones, que hacen pausa. A las conferencias anuales también se les llama «como los cuerpos fundamentales de la iglesia» (¶10), que puede llevar a la conclusión de que esta unidad, también, es un elemento constitutivo en el metodismo unido.

La manera más básica en que esto pudiera ser cierto es que las conferencias anuales son el lugar de la membresía de la clerecía. Los clérigos metodistas unidos no son miembros de la iglesia local, sino de la conferencia anual a la cual tienen que responder de su ministerio. La Constitución le da a la conferencia anual «el derecho a votar . . . en todos los asuntos relativos al carácter y relaciones con la conferencia de sus miembros clericales y en la ordenación de los clérigos» (¶31). Esta función central de la disciplina ha sido practicada en las conferencias anuales desde sus comienzos como reuniones de los predicadores.

Los laicos son ahora miembros de la conferencia anual, pero bajo la misma base. Su membresía permanece en la congregación y todavía están excluidos de la función central. «Los miembros laicos no pueden votar en asuntos de la ordenación, carácter y relaciones con la conferencia de los ministros». Así que después de todo no es la conferencia anual la que vota «en todos los asuntos relativos a los miembros ministeriales», sino sólo los miembros clericales de la conferencia anual -o como un subtexto, los «verdaderos» miembros de la conferencia.

Desde el punto de vista del sistema de gobierno, una conferencia anual es principalmente una asociación de un pacto de clérigos. Debido a que por sí misma tiene el poder para admitir clérigos al ministerio ordenado, esto por sí solo es la «comunidad del pacto» para las dos Órdenes (¶311). La clerecía es responsable ante este cuerpo del pacto por su conducta y eficacia. Más particularmente, el pacto de los presbíteros significa que cada uno está de acuerdo en servir en donde lo mande el obispo (con previa consulta) y estar bajo la *Disciplina*, como respuesta a tener un nombramiento garantizado (¶328).

La conferencia anual generalmente también desarrolla iniciativas en programa y misión y hace presupuesto para pagar por el ministerio y programa. Sus sesiones se pueden convertir en una reunión de avivamiento para celebrar una fe y espíritu común. Pero en su centro, la conferencia anual es la base de sus clérigos, a la cual deben dar cuenta y de la cual reciben un nombramiento para trabajar.

El obispo que preside sobre una conferencia anual está más relacionado a esta función de clérigo. El obispo tiene una supervisión general pero no la responsabilidad de una administración ejecutiva sobre el presupuesto o programa de la conferencia. El deber más inmediato del obispo es el de presidir las sesiones de negocios de la conferencia y nombrar a los clérigos, esto lo hace en consulta con la Junta de ministerio ordenado con respecto a las relaciones con la conferencia y con el Gabinete con respecto a los nombramientos.

El proceso de los nombramientos requiere consultas con la iglesia local (¶431) y por cierto que todo marcha mejor cuando el obispo y el superintendente de distrito conocen bien las congregaciones que supervisan. Las congregaciones tienen voz para hacer saber al obispo y al Gabinete las necesidades de su ministerio. También tienen una voz a través del miembro laico de la conferencia anual en el programa y presupuesto al cual la congregación dará una cantidad adecuada.

Pero nada en la *Disciplina* indica que la conferencia anual tal como está constituida al presente es un cuerpo de congregaciones del pacto. Los cargos pastorales, no las congregaciones, tienen derecho a un miembro laico a la conferencia, uno por cada clérigo. Los miembros laicos asisten a la conferencia pensando de ellos mismos como representantes de «los que se quedaron» en la congregación. Pero de hecho, no hay una fórmula para la representación democrática del cuerpo del laicado. Por lo tanto, el laicado tiene poca conexión con la conferencia anual y se pueden imaginar, con razón, por qué están allí. Como dijo el obispo James Straughn en 1958, «es difícil llevar a la conferencia a laicos destacados . . . no hay nada que ellos hagan, excepto sentarse en duros bancos sin una voz decisiva o influyente en la dirección de los asuntos de la conferencia» (Straughn, *Inside Methodist Union*, 161). Aunque algunas conferencias anuales están tratando de encontrar maneras creativas para involucrar al laicado, el sistema de gobierno fundamental del metodismo unido permanece inmutable.

En realidad, desde el punto de vista del sistema de gobierno constitucional, el laicado tiene pocas relaciones con el obispo. De una manera extraña, los delegados laicos a la conferencia jurisdiccional, votan por los obispos y sirven en el Comité del episcopado el cual recomienda la asignación de los obispos a sus residencias. Ellos conocen y respetan a sus obispos por medio de sus predicaciones y de las actividades de misión. Pero el laicado no es confirmado en la iglesia por el obispo; ellos raramente reciben el sacramento de un obispo; y tienen sólo un papel consultivo en la tarea de hacer nombramientos por el obispo.

La Constitución dice que las conferencias anuales son el cuerpo básico en la iglesia porque también votan en las enmiendas constitucionales. Pero como hemos visto, es todo el cuerpo conexional de toda la clerecía y miembros laicos cuyo voto es decisivo en las enmiendas, y ha sido así desde 1828 en la iglesia metodista episcopal. Como dice Tigert, después de la clarificación en las palabras por la Conferencia General de 1828, «la conferencia anual dejó de cesar por legítimo derecho de ser una unidad conexional en cualquier sentido».

Desde un punto de vista constitucional, las conferencias anuales son derivadas de todo el cuerpo conexional. Éstas no son entidades autoconstituidas que se juntan para formar el metodismo unido. Este es otro punto en el cual los metodistas en América hacen un paralelo con el gobierno del estado y el federal, lo cual es a veces confuso.

A pesar de todo, en la práctica es cierto que las conferencias anuales son los cuerpos básicos por lo menos *en*, si no *de*, la IMU. Esto es cierto debido a la cultura organizacional desarrollada con el tiempo.

Las conferencias anuales se han reducido en número en los últimos treinta años. En 1960 la iglesia metodista contaba con 94 conferencias, con algunos obispos presidiendo hasta en cinco. Cuando se tuvo la unión de 1968, la Iglesia Evangélica de los Hermanos Unidos tenía 32 conferencias. La tendencia desde entonces ha sido la de unir conferencias y aumentar el número de obispos. Para 1966 había 66 conferencias anuales en los EE.UU. y 50 obispos. Por medio de las uniones, las conferencias anuales en los EE.UU. han llegado a ser más que nunca como paralelos a los límites de los estados civiles americanos. La geografía política es la que diseña a las conferencias; longitud y latitud, o quizás un río, designan los límites. Las ciudades o sitios tradicionales de concurrencia o intercambio tienen poco o nada que ver con este patrón cívico racional (en contraste con el antiguo cristianismo en Europa y en el mundo mediterráneo).

La geografía política también se refleja en los límites de la conferencias jurisdiccionales en los EE.UU. Los estados civiles que comprenden cada conferencia jurisdiccional están nombrados en la Constitución (¶35). Esto significa aparentemente que si la Conferencia General quisiera ejercitar su poder para cambiar los límites (¶37), tendría que hacerlo por medio de una enmienda constitucional. Lo que es más importante, las conferencias jurisdiccionales no se definen por áreas episcopales o conferencias anuales de la iglesia. Siguen una política civil, no eclesiástica.

Esta dependencia en estados civiles crea muchas divisiones lamentables en la vida y administración de la iglesia. Como ejemplos tenemos a Washington, D.C., asiento del gobierno de los EE.UU., una zona metropolitana dividida por los estados de Maryland y Virginia y el propio Distrito, en conferencias anuales y jurisdiccionales separadas, y la zona metropolitana de St. Louis, una población de tres millones de personas desparramadas en varios condados en los estados de Missouri e Illinois, dividida no sólo en dos conferencias anuales, sino también en dos jurisdicciones diferentes.

Pero la política civil también ha llegado a ser un punto de identidad para muchas conferencias anuales. Ya que las conferencias existen sólo cuando se reúnen, es difícil mantener un sentido corporativo de continuidad. Las conferencias necesitan iconos culturales de alguna clase. Éstos pudieran ser la lealtad a la cultura del estado—aun al equipo atlético de la universidad del estado- simbolizado en banderas, mascotas o visitas de políticos del estado; o un lugar de reunión como en centros de asambleas o universidad denominacional que sirve ese estado primordialmente. Así como asambleas evangelísticas y de predicación han contado con líderes de canto por mucho tiempo, el líder laico de la conferencia, sirviendo por cuarenta años o más y estilos particulares de efectuar los negocios de la conferencia tales como una campanilla para llamar al orden o cierta ceremonia para reconocer a los clérigos que se jubilan. En muchas cosas, las conferencias se parecen a las convenciones políticas del estado cuando pasan resoluciones (plataformas), arreglan coaliciones de varios grupos de interés, postulan candidatos al episcopado, proveen un lugar para hacer contactos, patrocinio y arreglos en general.

Las conferencias anuales son expresiones de cultura cívica en su uso del procedimiento parlamentario. James M. Buckley una vez describió al metodismo como «una escuela libre de ley parlamentaria sin paralelo», en la cual cientos de conferencias se celebran durante un cuadrienio, cada una «presidida por un experto parlamentarista» (Buckley, *Constitutional and Parliamentary History*, 387). Aunque hay mucha discusión en el día de hoy para encontrar maneras de tomar decisiones en la iglesia sin votar—lo cual tiende a crear ganadores y perdedores, mayorías y minorías– las conferencias y congregaciones metodistas unidas permanecen como lugares en los cuales los participantes aprenden acerca de la educación necesaria para ser ciudadanos de sociedades libres.

Finalmente, debido a su rol crítico como centro de membresía de la clerecía, las conferencias anuales se convierten en una mezcla peculiar de comunidad del pacto y sindicato de obrero regional. La mayoría de los clérigos dan toda su vida profesional a una conferencia, por lo tanto, permanecen en un estado civil. Algunos clérigos argüyen que mudarse para otro estado les traería problemas adicionales: nuevas licencias para los autos, nueva certificación para un cónyuge que trabajo en la enseñanza o medicina, escribir un nuevo testamento bajo la ley de herencia del nuevo estado, y así por el estilo.

El efecto, sin embargo, es que las conferencias anuales vienen a parecer sindicatos regionales o sistema de méritos estatales. La clerecía tiende a pensar que las iglesias locales que existen en su conferencia—y por lo tanto dentro de su estado civil– son su propio terreno. Esperan inevitablemente leyes no escritas de antigüedad para que los asciendan a congregaciones más grandes, con mejores salarios, dentro de esos límites. Una declaración legislativa como ¶430.2, que «hacer nombramientos del otro lado de los límites de la conferencia, debe ser fomentado», está navegando frente a un viento fuerte. Es ciertamente debatible cuántos predicadores metodistas unidos se ven a sí mismos como parte de una «conexión viajera» intacta que abraza los EE.UU. y el globo.

Por consiguiente, a pesar del argumento de Tigert de que las conferencias anuales son «un mero accidente» de circunstancia pragmática, la sicología de las conferencias anuales ha gravitado hacia un sentido de que el metodismo unido es en realidad una asociación de esas organizaciones regionales, cada una de las cuales tiene derecho a cierto número de delegado a la reunión nacional de cada cuatro años. Así la política denominacional llega a reflejar la política nacional; las fuerzas políticas civiles queriendo reducir el tamaño del gobierno federal y darle más poder al estado son paralelas a los grupos en la iglesia que quieren reducir la burocracia centralizada para misión denominacional y fortalecer unidades de la conferencia anual que mejor, puedan servir las iniciativas de la iglesia local. El cuerpo nacional es el «Ellos» o «Esos», de una «burocracia inflada» que ha perdido el contacto con «Nosotros»—«la mayoría silenciosa». El bienestar de las comunidades locales debe estar en primer lugar y así «nosotros» queremos tener «nuestro» dinero más cerca de la casa.

El asunto, por supuesto, no es cuál punto de vista es correcto, sino más bien cómo la iglesia puede mantener un balance saludable. Así como la nación (y el globo) necesitan un gobierno para el bien común de todos los estados (o naciones), la iglesia necesita un gobierno conexional para sostener el ministerio y misión de sus iglesias locales por todo el mundo.

El lugar constitucional de la iglesia local

Un asunto crítico como cultura denominacional que se ha convertido en menos atribuible es si el metodismo unido debiera de moverse hacia un principio democrático de manera afectada. La Conferencia General ha legislado más y más reglas de participación para asegurar un balance de género, étnico, laico o clérigo, y otras categorías. El próximo paso puede ser encontrar maneras en las cuales las congregaciones puedan convertirse en unidades decisivas del sistema de gobierno metodista unido. Esto llevaría al metodismo unido a una dirección más «federal» con asambleas constituidas para la iglesia local, regional, nacional y global.

Ciertamente, un principio constitutivo alternativo para una denominación pudiera ser la congregación, la que algunos metodistas unidos pintan de una forma u otra y de la cual muchos metodistas unidos se preocupan mucho. Hay mucho «congregacionalismo» de facto en la práctica, pero cualesquiera que exista no aparece en el sistema de gobierno escrito. No se dice nada en la Constitución ni siquiera qué es lo que constituye una iglesia local como una entidad independiente, mucho menos, cómo congregaciones en el pacto constituirían un cuerpo mayor.

Se ve claro que las congregaciones no son un elemento constitutivo de la conexión de la IMU y es clara la preferencia del término «iglesia local» sobre el de «congregación» en la *Disciplina*. Esto es, una iglesia local–conocida en la historia metodista como una sociedad local– es la manifestación de toda la conexión metodista unida en un lugar en particular.

Claramente, las iglesias locales en el metodismo unido no están autoconstituidas. No están gobernadas por reuniones anuales, sino por una conferencia del cargo–conocida históricamente como una conferencia trimestral– convocada y presidida por el Superintendente de distrito. Por lo tanto, sus asuntos organizacionales están dirigidos para la conexión por un representante de la conexión. No poseen la propiedad categóricamente, pero la mantienen en fideicomiso para la conexión (¶2503).

El cargo se define, no en la Constitución sino en la legislativa ¶205 como una iglesia o iglesias a la cual se ha nombrado el pastor o pastora. La Conferencia del cargo se organiza alrededor del nombramiento pastoral. La Constitución autoriza una conferencia del cargo «para» cada iglesia o cargo (¶11) o «en» cada cargo (¶41), no *de* cada iglesia. Asimismo, la legislación autoriza una conferencia del cargo «dentro del cargo pastoral» (¶248). Todas estas preposiciones demuestran claramente que una conferencia del cargo es una expresión local de la conexión, convocada y dirigida por el Superintendente del distrito, no por la misma congregación.

La Constitución se refiere a la «reunión congregacional» (¶39) como necesaria para transferir una iglesia local de una conferencia anual a otra, pero esta reunión no se describe en ninguna parte ni está específicamente autorizada su organización. Un párrafo legislativo ofrece la opción de convenir una conferencia del cargo como una conferencia de la iglesia autorizada por el Superintendente de distrito a la cual pueden asistir y votar todos los miembros (¶250), pero sin otros poderes que aquellos de una conferencia del cargo. La única circunstancia en la cual dicha conferencia es autorizada para la aprobación de un proyecto de construcción (¶2543.6). Similarmente, una «conferencia de la iglesia local» es autorizada en cargos de múltiples iglesias para la supervisión de una propiedad específica de la iglesia local, de manera que la conferencia del cargo no tiene supervisión y control de la propiedad. Pero a esta conferencia local no se le confiere ningún otro poder.

Así que uno muy bien pudiera preguntar, ¿qué constituye una iglesia metodista unida local? El término metodista unido «iglesia local», significa, no como en la tradición católica romana de todos los cristianos de una ciudad o región definida, sino más bien una «sociedad de creyentes» específica (¶203) en cierto lugar que sigue prácticas metodistas unidas en conexión con otros metodistas unidos. El metodismo unido estaba constituido originalmente por una riqueza de dichas sociedades para el mutuo crecimiento en la fe.

Las iglesias locales de hoy puede que tengan funcionando dentro de ellas sociedades o reuniones de clase al estilo wesleyano, pero las iglesias están abiertas a todas las personas de la comunidad aunque no estén dispuestas a unirse a una específica vida disciplinada. Así que no se puede decir que las «Reglas generales de nuestras sociedades unidas» son ya constitutivas de las iglesias locales.

Al mismo tiempo, la práctica de disciplina «en sociedad» no proveyó una eclesiología para reemplazar las prácticas de «iglesia» en el sentido orgánico, tradicional. La herencia litúrgica metodista unida es muy variada, informal, pragmática y adaptada a la cultura local. Como resultado y a pesar del Himnario y del *Libro de Adoración* y liturgias oficiales aprobadas por la Conferencia General, tampoco la adoración y sacramento constituyen el centro para las iglesias locales.

Además, una iglesia metodista unida local es una asamblea sin su propio pacto. No tiene constitución local, pero toma sus reglas de organización de la *Disciplina* común. Como notamos arriba, una iglesia local no tiene un eslabón constitutivo o sustantivo con el obispo ni con la conferencia anual. La iglesia local recibe a un pastor del grupo de clérigos disponibles en la conferencia; el pastor o la pastora representa a la conferencia en un lugar local como un «misionero» enviado por el sistema itinerante. El obispo es responsable de «fijar» estos nombramientos (¶430.1). El Superintendente de distrito, una extensión de la superintendencia en una región menor, es generalmente la cara de este despliegue a los ojos de la iglesia local.

Así, en el metodismo unido hay un pacto de clérigos con la conferencia anual y un pacto del creyente individual con Dios—renovado a menudo por medio del servicio del pacto de Wesley. Pero los metodistas unidos no tienen un pacto a nivel del medio con la congregación o entre las congregaciones como institución o como asamblea local mediadora. Las congregaciones metodistas unidas permanecen esencialmente como audiencias para oír y responder a la proclamación de los predicadores, asociaciones para propósitos educacionales y misionales, y auspiciadores de formación disciplinada en la vida cristiana. Tampoco está disponible un pacto racional-político, ni una práctica constante y disciplinada de la piedad, ni una tradición orgánica litúrgica para dar a las iglesias metodistas locales cohesión constitucional. Existen como misiones formadas por una conexión que llega a cada población, dirigida por un representante de la orden misionera de predicadores y dirigida hacia una misión para reformar las comunidades, el continente y el mundo.

Qué es y no es la Constitución

Finalmente, uno debiera tomar nota de lo que no es la Constitución.

Nada se dice acerca de cómo se constituye un miembro de la iglesia— por medio del bautismo, ritual de membresía o responsabilidades– así que las cantidades de personas que componen la iglesia están invisibles aquí.

No hay previsión constitucional para los clérigos ni tampoco un planteamiento sobre la ordenación sobre lo que constituye un diácono o un presbítero. La única información sobre la itinerancia está contenida en una simple declaración de los deberes episcopales: «Los obispos nombrarán, después de consultar con los Superintendentes de distrito, ministros a sus cargos» (¶52).

Como se anotó más arriba, la autoridad de los obispos para ordenar clérigos no se menciona.

Los sacramentos se consideran una señal de la iglesia en el Preámbulo, pero no se describen ni se nombran en ninguna otra parte.

No se especifica ningún ministerio o misión esencial de la iglesia aparte de las frases generales del Preámbulo—«el mantenimiento de la adoración, la edificación de los creyentes y la redención del mundo».

Tampoco se mencionan entidades que uno pudiera asumir que son constitucionales. Las áreas episcopales por las cuales los obispos realizan su superintendencia no aparecen constituidas (de hecho, no están definidas ni descritas en la *Disciplina*). Se le ha dado autoridad a la Conferencia General para «proveer juntas» para las «empresas conexionales» (¶15.8), pero no hay mención específica de «empresas» o agencias generales o comisiones designadas «para la promoción y administración»—una legislación que se lleva la mayor parte de la *Disciplina*.

Muchas personas consideran que el metodismo unido se ha movido hacia un principio «conciliar» al establecer cuatro concilios–-ministerios, Finanzas y Administración, Obispos y Judicial– en el centro conexional de la iglesia. Pero el único en la Constitución es el Concilio de Obispos -el principio del episcopado– y el Concilio Judicial, ninguno de los cuales es paralelo a los otros dos, tal como lo indican sus nombres. El Concilio «de» obispos -no «sobre» los obispos (como en los otros términos conciliares) y el Concilio judicial representan oficios y no funciones.

En breve, lo que la Constitución nombra son los elementos básicos que constituyen la IMU en su naturaleza como un cuerpo conexional. Estos principios fundamentales y órganos de gobierno son también los que hacen del metodismo unido un cuerpo eclesiástico distintivo dentro de la iglesia universal. Quizás debido a ese sentido de ser solamente parte de un todo mayor, o ciertamente debido a la herencia metodista como una *ecclesiola* dentro de la *ecclesia*, la Constitución no intenta decir qué constituye la IMU como la plenitud de la Iglesia.

La Constitución también exhibe lo distintivo de la IMU como una organización. Especialmente en el siglo XIX así como también hoy ha sido popular hacer paralelos entre el metodismo unido y las tres ramas del gobierno de los EE.UU. Muchos líderes y eruditos de la iglesia han querido hacer legítima a la iglesia como una institución auténticamente «americana» y demostrar la contribución que el metodismo hizo a la emergente forma de gobierno democrático de los EE.UU. Esta es una comparación equivocada, sin embargo, no sólo porque el metodismo unido es una iglesia internacional, sino porque tal comparación oscurece la singularidad eclesiológica de la IMU.

Las conferencias no están paralelas a la rama legislativa. No representan la población de metodistas unidos, sino más bien la manera en que está organizada la misión de la iglesia por medio de nombramientos pastorales a los cargos. Los obispos no son una rama ejecutiva del gobierno. Ellos ejercitan el poder para nombrar a la clerecía a la misión de la iglesia, pero no tienen control sobre quien la conferencia selecciona para servir como un clérigo. No pueden proponer o anticipar la legislación, no manejan ningún programa y no tienen un oficio con poderes concentrados paralelo al de la presidencia de los EE.UU. El Concilio Judicial tiene un parecido muy distante a la Corte Suprema de los EE.UU. en su poder para fallar sobre la constitucionalidad y su estado como la corte final para apelación. Pero no es parte de un sistema de cortes menores (los juicios de la iglesia son *ad hoc* estrictamente) y como parte de una asociación voluntaria su opinión, como la de todas las decisiones de la iglesia, deben encontrar aceptación en un consenso más amplio a través de la conexión.

Tampoco la IMU es como una corporación comercial. De nuevo, muchos líderes e intérpretes hacen paralelos entre la iglesia y las prácticas de negocios, tratando de aplicar teorías administrativas o técnicas de ventas y relaciones públicas a las prácticas de la iglesia. A diferencia de una corporación, sin embargo, la iglesia no tiene junta de directores ni un jefe oficial ejecutivo. Las decisiones se toman en conferencia y se llevan a cabo por voluntarios generalmente, quienes no pueden ser sancionados ni cesanteados. Las unidades de la denominación tales como las iglesias locales, conferencias y agencias pueden ser incorporadas como organizaciones sin fines de lucro con el propósito de tener propiedades y emplear personal. Pero la *Disciplina* pasa trabajo para establecer que la Iglesia Metodista Unida como un todo *no* existe como una entidad legal (¶118). La IMU es una misión conexional, no una sola corporación.

Tanto el principio de la democracia representativa que se expresa en las conferencias como los principios episcopales, tienen un lugar central para definir lo que constituye el metodismo unido. Esta conjunción es lo que da a la IMU su singularidad eclesiológica. Pero su exacta relación no está–y quizás nunca estará– delineada claramente. Después de todo, la iglesia es una tradición cultural viviente que sobrevive porque la gente le es leal, no porque tenga una Constitución precisa. La interacción de los dos principios crea en práctica una química cambiante del consenso y la interpretación. Que el metodismo unido haya podido construir sobre las prácticas y tradiciones de ambos ha sido una fuente de la eficacia de la iglesia en la misión. Las conferencias han traído al pueblo metodista unido y las iglesias locales a una conexión. El episcopado ha traído al frente líderes dotados para ayudar a articular la misión conexional. Y sin embargo uno debe decir todavía que muchos conflictos e incomprensiones explícitos y nacientes en la iglesia pueden dejarse a la puerta de esta síntesis constitucional.

CAPÍTULO 4
Historia, Teología y la *Disciplina*

Los metodistas unidos no han demostrado gran interés en escribir sus doctrinas teológicas. No podemos evitar llegar a esta conclusión general después de haber leído las Partes II y III de la *Disciplina*–«Normas Doctrinales y Nuestra Tarea Teológica» y los Principios Sociales—junto con el Saludo Episcopal, lista de obispos y la Declaración Histórica. Los metodistas unidos demuestran mucho más interés en la historia de su misión.

Toda la sección y los documentos que contiene ilustran esta tendencia. La *Disciplina* dedica muchas páginas a la narración histórica o descripciones de las práctica y actividades metodistas unidas. La larga declaración sobre «Nuestra Tarea Teológica», la cual ha dominado las discusiones en la Conferencia General por más de veinte años se preocupa centralmente con el método teológico y las fuentes de autoridad consensual, no con contenido doctrinal. Aun fuentes más viejas–las Reglas Generales, junto con los *Sermones* y *Notas* de Wesley, son esencialmente prácticas o pedagógicas en su naturaleza.

Una disposición narrativa

Dos aspectos característicos del metodismo unido nos ayuda a entender esta relativa carencia de doctrina publicada. Primero, los metodistas unidos y sus predecesores en la tradición wesleyana siempre han demostrado predilección por la narrativa–explicándose a sí mismos históricamente más que doctrinalmente. Las Disciplinas del principio seguían el patrón de las Actas Largas de Wesley, poniendo primero una sección titulada «Del surgimiento del metodismo en Europa y América». Este breve informe pronto llegó a ser un prefacio histórico separado que permaneció intacto por 150 años. Su forma y mucho de su contenido era el mismo en todos los libros de disciplina dentro de la familia de denominaciones metodistas.

La declaración servía principalmente para hacer dos reclamaciones teológicas: que «el gran avivamiento de la religión» efectuado por los metodistas era una expresión de la providencia de Dios y que por lo tanto estaban justificados el episcopado metodista y la ordenación. Tal como Richard Richey ha explicado, ni los episcopales ni los presbiterianos, como dos ejemplos, asumieron dichas narrativas. Ninguno de ellos necesitaba la historia para asegurar su legitimidad. La primera simplemente consideró que estaban continuando la iglesia orgánica de los tiempos apostólicos. La segunda usó la Escritura como su única base de autoridad (Russell Richey, *Doctrine and Theology in The United Methodist Church*, 193).

Los metodistas, sin embargo, se veían como un movimiento cuya legitimidad estaba en su eficacia para traer a las personas a la fe y vida cristiana. Y la única manera de juzgar eso era contar la historia.

Cuando se formó la Iglesia Metodista en 1939, el prefacio histórico fue modificado a una declaración descriptiva de eventos institucionales que llevaron a la unión. Se volvió a escribir completamente cuando la unión de 1968 y se ha ampliado desde entonces. No haciendo ya reclamaciones teológicas acerca de la providencia, la declaración trata de hacer legítima a la iglesia al proveer información, con el esfuerzo explícito de que todas las corrientes de la tradición dentro del metodismo unido estén incluidas. Continúa estrictamente como un material introductorio, sin número de párrafo y colocándola antes de la Constitución.

La lista de obispos juega un papel similar como historia descriptiva e integrativa. Introducida primero en 1964 a solicitud del Concilio de obispos, la lista originalmente era alfabética por año de elección. Ahora los obispos aparecen en el orden de su elección. La lista incluye nombres de todas las conferencias centrales y de todos los cuerpos que se unieron para formar la IMU.

Esta lista sirve para hilvanar varias hebras de expresión metodista unida por más de dos siglos, recitando los líderes episcopales electos en las iglesias. La colocación de la lista inmediatamente después del contenido hace ver el papel primario de los obispos en dar continuidad y cohesión a la IMU. Por contraste, los secretarios generales de las juntas y agencias generales, los miembros del concilio judicial, o líderes laicos de las conferencias anuales, no están listados aquí. No aparece una lista de conferencias anuales ni de las fechas y lugares de las conferencias generales. Los obispos tienen un lugar previo como un oficio constitutivo de la iglesia.

La doctrina y teología metodista unida ha dependido para cohesión, primero que nada en contar y recontar las narrativas del movimiento. Las historias de personas encontrando nueva vida en Cristo, de nuevas sociedades (más tarde «iglesias locales») naciendo por toda la tierra, del movimiento llegando a otras naciones alrededor del mundo, y de la dinámica de la iglesia, líderes populares, han sido más convincentes para los metodistas unidos que las declaraciones dogmáticas. Los metodistas unidos tradicionalmente han hecho más teología *apelando* a la gente a unirse al reto de una misión continua que por poner los criterios doctrinales como la base para una autoridad consistente.

Autoridad pragmática

La disposición narrativa de los metodistas unidos nos conduce a un segundo rasgo del carácter teológico metodista unido: un sentido de autoridad fluido, pragmático que sale de un cambio constante de la práctica y consenso teológico. El pragmatismo puede degenerar en una adaptación a la cultura muy conveniente o simplista. Sin embargo, el pragmatismo nombra la práctica afectada de una acción eclesial y reflexión teológica que es central a la tradición wesleyana. El pragmatismo mantiene a la iglesia menos enfocada en la cohesión racional de proposiciones doctrinales y más en la personificación de los reclamos de la fe en la forma y acción de la vida de la iglesia.

El Saludo Episcopal ilustra la autoridad fluida que se deriva de un enfoque pragmático. Los obispos han estado escribiendo declaraciones como ésta desde 1790 y sus Saludos han aparecido siempre primero en la *Disciplina*, colocado aun antes del Contenido. Quienquiera que presida el Concilio de obispos cuando se imprime una nueva *Disciplina*, se une al secretario para presentar el libro y su comprensión de su propósito y rol en la iglesia.

Los Saludos actuales hacen cierta reclamación acerca de la *Disciplina*. Es un «libro de ley» pero también un «libro del pacto». No es sacrosanto o infalible, pero lo consideramos un documento apropiado a nuestra herencia. Es la declaración más actual de cómo los metodistas unidos están de acuerdo en vivir sus vidas juntos.

Mientras que los obispos insisten en que la *Disciplina* «permanece constante» sobre el tiempo, la flexibilidad inherente de la eclesiología metodista unida se ve claramente. Ningún sistema de gobierno o plan de orden es esculpido en tablas de piedra. El metodismo unido es principalmente una práctica de ministerio y misión lo cual refleja y refuerza la *Disciplina*. Por lo tanto, la autoridad se deriva, no del libro, sino de acuerdo con las prácticas metodistas unidas tal como se han desarrollado.

Esto indica un fuerte modelo consensual de autoridad. Por ejemplo, los obispos declaran que la comunidad del pacto de los metodistas unidos afirman inclusividad, «el principio conciliar y el conexionalismo», y el carácter global y ecuménico de la iglesia. Estas prácticas gozan de amplios consensos, los obispos dicen en sus Saludos. Por lo tanto, la autoridad de la ley y liderato de la iglesia se derivan de acuerdo con el carácter de la iglesia producido por estas prácticas.

Normas doctrinales

Todo esto no es para decir que los metodistas unidos carecen de doctrinas. Mientras que el título del *Libro de la Disciplina* se ha abreviado del original «doctrinas y disciplinas de la Iglesia___», todavía contiene declaraciones aprobadas por la Conferencia General que comprenden doctrinas básicas de la IMU. Algunas de estas declaraciones se consideran como normas doctrinales protegidas por la *Disciplina*. Pero el hecho de que hay algunas discusiones hoy sobre qué es lo que cuenta en esas normas que reflejan el consenso narrativo metodista unido.

Los documentos doctrinales en la *Disciplina* son importantes para el sistema de gobierno por dos razones. Primero, son el producto del sistema de gobierno metodista unido en acción. Cada uno ha sido adoptado bajo ciertas circunstancias políticas para cumplir con una necesidad eclesial específica. Las declaraciones más contemporáneas han sido creadas por grupos de eruditos y líderes comisionados por las conferencias generales. Cada tópico, párrafo y frase han sido examinadas palabra por palabra en comisiones de estudio y debatidas y aprobadas en Conferencias Generales. En cada caso, la selección de temas para la discusión y el lenguaje usado para desarrollarlos, revela mucho acerca de la naturaleza teológica del metodismo unido en su contexto social y cultural.

Segundo, el contenido y carácter de estas declaraciones muestran claramente la comprensión metodista unida de la autoridad eclesial. El metodismo unido se originó como una orden misionera de predicadores que organizaron sociedades laicas para la disciplina espiritual. El movimiento asumió como fundamentos las proposiciones básicas de la doctrina cristiana contenida en los Artículos de Religión anglicanos (reducidos y modificados) o en la confesión de fe de la Reforma. Los metodistas, al igual que los Evangélicos y los Hermanos Unidos, estaban más resueltos con las prácticas de la vida cristiana–sobre predicación y la vida santa– que con las formulaciones de doctrinas.

Solamente dos documentos adelantan las proposiciones doctrinales. Los Artículos de Religión originados en la Iglesia de Inglaterra en el siglo XVI, con ligeras modificaciones años después. Juan Wesley los revisó y quitó los artículos sobre las obras, predestinación y otros artículos que consideró innecesarios o repugnantes, reduciendo el número de treinta y nueve a veinticuatro. Después los envió junto con liturgias revisadas a los metodistas americanos en 1784.

La Confesión de Fe fue adoptada por la Iglesia Evangélica de los Hermanos Unidos en 1962. Ésta representó un esfuerzo para unir y armonizar la previa Confesión de los Hermanos Unidos y los Artículos de Fe de los Evangélicos, los cuales habían permanecido intactos desde la unión de los dos grupos en 1946. La nueva Confesión retuvo la sustancia de declaraciones anteriores, «pero se hizo todo esfuerzo por clarificar y encontrar un lenguaje viviente que aparejara las convicciones» (Behney y Eller, *History*, 358).

Ambos documentos «confesionales» especifican las doctrinas básicas con respecto a la Trinidad, orden de salvación, canon de la Escritura, propósito de la iglesia, y la naturaleza y número de los sacramentos. Ambos reflejan la doctrina de la Reforma de la justificación por la fe sola. Ninguna de ellas, sin embargo, incorporan una específica enseñanza o énfasis que sea distintiva de wesleyanos, metodista o de los Hermanos Unidos–con la posible excepción del Artículo XI de la Confesión que asevera una «santificación completa».

Para un contenido específico de la tradición metodista unida, uno tiene que ir a los documentos que no se consideran como normas doctrinales a pesar de que aparecen en la *Disciplina* por orden de la Conferencia General, específicamente, los párrafos sobre «Nuestra herencia doctrinal» y «Nuestra historia doctrinal» (¶¶60 y 61). El tema central en estas secciones es que una «recuperación de interés en Wesley» promete ayudar a los metodistas unidos a «reclamar y renovar la herencia doctrinal distintiva de los metodistas unidos».

Como un servicio a este esfuerzo, la subsección que describe específicamente «Nuestra herencia distintiva como metodistas unidos», depende casi enteramente en la teología de Juan Wesley. Como ha señalado Russell Richey, cada párrafo tiene referencia a los escritos de Wesley. No se describe la experiencia metodista después de Wesley. Tampoco se nombran aquí temas teológicos que aparecieron más específicamente en la cultura americana y otros contextos (Richey, "History in the Discipline", 200). En un sentido, aparecen en los

Principios Sociales. Esto, entonces, es una apelación al consenso en cuanto a los orígenes–críticamente importante para una tradición narrativa como el metodismo unido.

La sección «Herencia» saca un número de reclamaciones teológicas acerca de lo que los metodistas unidos «comparten», «confiesan», «aseveran» o «enfatizan». Se cita la declaración de propósito metodista original impresa en las primeras Disciplinas: «reformar la nación, particularmente la iglesia y esparcir santidad bíblica por toda la tierra». La declaración habla del «Énfasis Wesleyano» como la gracia dominante en el espertamiento, justificación y perfeccionando la fe del cristiano. Continúa con dos subsecciones sobre la misión, la primera mirada a la misión como una expresión de la santidad bíblica, la segunda enfatizando la forma social y comunal de la misión llevada a cabo por la Iglesia. La sección sobre la «Herencia» concluye que «concebir definiciones formales de doctrina ha sido menos presionante para los metodistas unidos que llamar a la gente a la fe y dirigiéndoles en el conocimiento del amor de Dios. Pero esto dejar oscuro el estado doctrinal de toda la declaración.

«Nuestra historia doctrinal» (¶61) trata de aclarar las disputas acerca qué es lo que cuenta exactamente como las normas doctrinales del metodismo unido. Surgen desacuerdos por la forma vaga en que se presenta la Primera Regla Restrictiva, escrita originalmente en 1808 (¶16):

«La Conferencia General no revocará, alterará o cambiará nuestros Artículos de Religión ni establecerá nuevas normas o reglas de doctrina contrarias a nuestras presentes y establecidas normas de doctrina».

Junto con la Segunda Regla Restrictiva que protege la Confesión de Fe, esta disposición por lo menos previene cambios fáciles en los Artículos y Confesión. No sólo la Conferencia General, sino tres cuartos de los miembros presentes en la conferencia anual tendrían que estar de acuerdo con cualquier cambio (¶57).

Lo que no está muy claro es qué documentos están incluidos en la «presente y establecida normas de doctrina». «Nuestra historia doctrinal» se dirige particularmente al asunto de si los *Sermones y Notas explicativas sobre el Nuevo Testamento* estaban también protegidos por la Primera Regla Restrictiva. Generalmente, la declaración sugiere que los *Sermones* y *Notas* «eran normas tradicionales de exposición de la enseñanza metodista distintiva» más útil para dar dirección a la predicación metodista. Pero también argumenta que sólo los Artículos de Religión estaban protegidos explícitamente por la Primera Regla

Restrictiva, con otros escritos llevando «el peso de la tradición más bien que la fuerza de la ley».

Este argumento–especialmente el de los eruditos que escribieron este material para la Conferencia General, Richard Heitzenrater y Thomas Ogletree–intenta acomodar la posición de otros teólogos metodistas unidos como Thomas Oden, quienes han insistido en que los *Sermones* y *Notas* sean representados adecuadamente como normas de doctrina. De acuerdo con el argumento de Oden, en contra, los metodistas siempre consideraron que los *Sermones* y *Notas* estarían incluidos bajo «la presente y establecida norma de doctrina», aún si no estaban mencionadas explícitamente. Como indica la declaración, el Plan de Unión para la IMU (1966) asertó que los *Sermones* y *Notas* estaban específicamente incluidos.

De todos modos, con el arreglo del material en la Parte II, la *Disciplina* parece presentar los *Sermones* y *Notas* como normas doctrinales (están en la lista del encabezamiento). A la vez, no están actualmente impresas en la *Disciplina* y los Artículos y Confesión están como notas al pie de la página. Ogletree explicó este arreglo distinguiendo entre «normas doctrinales *formales,* que disfrutan de protección constitucional, es decir, los Artículos de Religión y la Confesión de Fe, y normas de doctrina *tradicionales,* que tienen su autoridad por el uso constante como recursos mayores en instrucción doctrinal, en particular los *Sermones* y *Notas* de Wesley» (Ogletree, "Quest", 174).

Heitzenrater apoyó esta distinción argumentando que los *Sermones* y *Notas* «no se prestan para cumplir la norma jurídica». No son sistemáticas, sin embargo presentan un modelo de formación cristiana. Ciertamente esto le queda bien a la herencia metodista como un movimiento laico predicando las maravillas de la gracia de Dios y el crecimiento del creyente en el amor. Los metodistas unidos por lo general hubieran preferido un estilo de disciplina persuasiva y pastoral antes que una legal.

Método teológico

Todas las declaraciones en la Parte II deben entenderse dentro del contexto de la teología práctica y el terreno consensual de autoridad característico del metodismo unido. La declaración de «Nuestra tarea teológica» adoptada por la Conferencia General de 1972 y cuidadosamente revisada por la de 1988, es más explícita en este aspecto (¶63).

Esto es, la declaración no enfatiza el contenido doctrinal sino el método por el cual los metodistas unidos reflejan y exploran teológicamente.

Los metodistas unidos hacen teología «para reflejar la acción de Dios en nuestras vidas» y para preparar a las personas «para participar del trabajo de Dios en el mundo». La tarea teológica es «tanto individual como comunal»–dirigida hacia «formas conciliares y representativas de tomar decisiones». La tarea «es esencialmente práctica» a diferencia de «teórica». La teología es en sí misma una práctica y está atada inseparablemente con las prácticas.

Por lo tanto, la doctrina metodista unida, aunque honrada históricamente y protegida constitucionalmente, consiste de «afirmaciones» que señalan «una característica central de la identidad de la iglesia». La doctrina no constituye la Iglesia Metodista Unida. Las normas doctrinales no se ponen como un criterio para hacerse miembro de la iglesia o como leyes para probar las decisiones. Ellas «nos ayudan a discernir la verdad cristiana».

La Escritura sostiene «la primacía de la fe y la práctica», pero no se reduce a doctrinas particulares o a un esquema de interpretación. La Escritura es «la fuente primaria y criterio de la doctrina cristiana», aserta la declaración, pero no se nombra ningún criterio o doctrina específica en esta conexión. La lectura fiel de la Escritura no se puede separar de una «comunidad de creyentes» o de las fuentes disponibles en la tradición, experiencia y razón.

La relación precisa e interacción de estas cuatro fuentes y criterios» para la afirmación y reflexión teológica ha levantado agitadas discusiones desde que la declaración se aprobó en 1972. Las cuatro se hicieron enseguida conocidas en el lenguaje metodista como «el cuadrilátero wesleyano», un término inmensamente popular para interpretar la posición teológica metodista unida. Ted Campbell ha enseñado cómo se originó esta frase por la pluma de Albert Outler, principal autor de la declaración en 1972. Es posible que la tomara prestada de discusiones ecuménicas, en particular el «cuadrilátero de Lambeth» de 1888 que enseñaba «cuatro condiciones esenciales para una iglesia cristiana reunificada».

Ciertamente, su carácter comprensivo y unificador fue sin lugar a dudas parte del atractivo del «cuadrilátero» para la nueva denominación. El término no aparece en el documento de 1972 ni nadie ha podido demostrar con éxito que el mismo Wesley hubiera pensado en los términos del «cuadrilátero». Pero el instrumento proveyó el terreno tan necesario para crear consenso en la iglesia. Abrió el camino para que se oyeran muchas voces, especialmente las de las mujeres y las de grupos étnicos. Ofreció el tipo de criterio público tan necesario para hacer legítimos nuevos puntos de vista en una cultura que cambia rápidamente.

El «cuadrilátero», en particular, ayudó a los metodistas unidos a esquivar el cisma sobre literalismo bíblico que estaba rompiendo a la Convención Bautista del Sur y otras denominaciones en los años 70 y 80. Muchos metodistas unidos pensaban que se exageraba en la forma en que aparecía. De hecho, el término parecía que apuntaba a los intérpretes a que concibieran un método teológico en la figura de un cuadrado con cuatro partes iguales. Algunos pensaron que esto abría las puertas a un tipo de indiferentismo en el cual todas las opiniones y experiencias eran válidas.

Así que en la versión de 1988 se hizo una revisión en la que se afirmó que la Escritura era «la fuente y criterio principal», diciendo también que «nuestro intento de comprender su significado también involucra la tradición, experiencia y razón». El carácter básico de «nuestra tarea teológica» como un método amplio para traer a las personas de variadas convicciones a un consenso, permanece. El mismo hecho de que la declaración se escribió en la primera persona plural indica esta intención.

Además, la declaración se levanta hasta llegar a una aseveración concluyente de que «la unidad cristiana no es una opción; es un regalo para ser aceptado y expresado». Los metodistas unidos seguirán confiando en una manera de hacer teología que es muy prometedora para llevar a los cristianos «a los niveles más altos de fraternidad y comprensión humana que sea posible». En este sentido los métodos teológicos contemporáneos de los metodistas unidos se mantienen cerca del «espíritu católico» que abogó Wesley: no que todo el mundo debiera entregar su énfasis y práctica distintiva a un común denominador oscuro, pero que cada tradición en su singularidad se pueda unir a otros en un terreno común de afirmaciones esenciales de la fe. La generosidad del espíritu de este método pudiera ser la distintiva contribución del metodismo unido al consenso ecuménico y al surgimiento de una iglesia católica, reformada y evangélica.

La primacía de la misión

¿Qué va uno a hacer con esta yuxtaposición de fuertes enseñanzas teológicas wesleyanas, seguida por los Artículos de Religión anglicanos del siglo XVI y una relativamente contemporánea Confesión de Fe de los hermanos unidos, entonces referencias a los Sermones y Notas de Wesley y todas las Reglas Generales de Wesley y entonces una declaración de un método amplio de reflexión teológica comunal, conciliar y consensual? ¿Está el método dependiendo de, u organizado alrededor de las enseñanzas de Wesley, doctrinas anglicanas y confesión de los Hermanos Unidos? ¿O es la última parte a la que se refiere el método como Tradición, un componente en una tarea mayor?

¿Cuál es el estado del «re» lenguaje en «Nuestra historia doctrinal», enfatizando la recuperación y reafirmación de las herencias wesleyanas y evangélicas? ¿Se querrá sugerir que la IMU ha perdido su centro teológico, que en un regreso a Wesley restaurará el enfoque? ¿Cuándo se aseguraba mejor ese centro? Evidentemente las voces que se han oído en estas secciones–junto con los párrafos finales de la Declaración Histórica–ven a la historia reciente como un declive. En ninguna parte se dice cómo fue la condición anterior de la cual la iglesia ha declinado o cuando o donde existió. Tampoco las declaraciones clarifican qué lugar tendrán las doctrinas históricas reafirmadas.

La Parte II como un todo refleja la naturaleza de una iglesia que se ha ido convirtiendo en más diversa étnicamente, culturalmente y globalmente. La tarea inmediata de los metodistas unidos ha sido a aprender a vivir y trabajar juntos en una comunión de fe y un sistema de gobierno. Esto requiere una mayor intencionalidad que en los días de completa dominación por una cultura uniforme de angloamericanos. Aun los registros de la historia más reciente así como la interpretación de eventos actuales se han hecho más sensitivos y complejos.

Como resultado de todo esto, los metodistas unidos tienen poca energía para la inmensa tarea de escribir una nueva confesión de fe. Sin embargo, apuntan constantemente a las enseñanzas y disciplina de Wesley como una fuente que todos pueden tener en común. Esto último muy bien puede proveer el punto de comienzo para un nuevo consenso, como esperaban los autores de las secciones de la herencia e historia. Ciertamente, las mismas discusiones sobre la interpretación de Wesley, normas doctrinales americanas y otros aspectos de la historia, solamente demuestran cuán ansiosos los metodistas unidos miran al pasado wesleyano buscando bosquejos de la autoridad de un consenso emergente. Pero este proyecto va a llevar tiempo y, al final, un acuerdo sobre cómo entender el pasado es menos posible que produzca consenso que una misión convincente de la crisis en la sociedad contemporánea.

Santidad bíblica

El metodismo unido al igual que los cuerpos predecesores han buscado a menudo un enfoque teológico por medio de un énfasis en santidad personal y social. El tema de la santidad de la vida está bien incrustado en las tradiciones metodista, evangélica y de los Hermanos Unidos. La santidad fue la disciplina principal para las sociedades metodistas en Inglaterra. Las Reglas Generales para aquellas sociedades, ligeramente modificadas para que le conviniera al contexto americano, están completamente impresas en la *Disciplina*.

Las Reglas Generales hizo la participación en el contingente metodista, no en un acuerdo doctrinal o en una aquiescencia confesional, sino un simple «deseo de salvación» para la cual la santidad de vida era un testigo. No abarcan creencias *per se* sino disposición y acción - tanto las que tienen que ser evitadas como las que tienen que ser practicadas. El pueblo metodista tenía que cultivar el dar la gloria a Dios como su disposición fundamental. Por consiguiente, evitaron males como la borrachera, pelear, usar «ropa costosa» y toda manera de excesos. Ellos practicaban el hacer el bien «dando comida al hambriento, ropa al desnudo, visitando o ayudando a los que están enfermos o en prisión». Cultivaban esta disposición por medio de la práctica regular de la adoración, sacramento, oración, «escudriñando las Escrituras» y en «ayuno o abstinencia».

Mientras que las Reglas Generales disfrutan de la protección específica de la Quinta Regla Restrictiva (¶19) y tienen un lugar histórico central, han caído en el desuso como un marco de participación disciplinada en las iglesias metodistas unidas. Tal como el obispo Tuell señaló, en la Constitución se habla de las Reglas Generales en su forma original–«de Nuestras Sociedades Unidas» (¶19). El título las llama las reglas de la Iglesia Metodista. Ninguna se refiere a ellas como las reglas de la IMU contemporánea. A las personas en el ministerio ordenado se les pregunta si ellos guardarán las Reglas Generales. Pero aun aquí, la sección que contiene estas preguntas lleva el título «Examen histórico para la admisión», como si esto no fuera el examen contemporáneo (¶321.4.d.). El laicado no necesita conocer las reglas y muchos nunca han oído de ellas. Las reuniones de clase disfrutan de un avivamiento como un programa opcional en muchas iglesias, pero no hay un mandato en ninguna parte.

En el día de hoy, la expresión principal de santidad en el metodismo unido está en el documento de los Principios Sociales, el cual es mucho más visible en la práctica que las Reglas Generales y ha recibido una atención regular de las Conferencias Generales (Part III, ¶64-70). Cada una de las denominaciones que se unieron para formar la IMU tenían declaraciones sobre asuntos sociales. Los Principios actuales absorben muchos de los énfasis originales, mucho más ampliados y reorganizados. Fueron aprobados para la iglesia unida en 1972 y se han revisado y actualizado desde entonces.

Tres aspectos de los Principios Sociales son notables en el sistema de gobierno metodista unido. Primero, son declaraciones exhaustivas que comprenden muchas dimensiones de la vida humana -natural, personal, social, económica, política y global. Algunos metodistas unidos han criticado el esfuerzo de la iglesia para encarar inteligente y fielmente un amplio campo de asuntos. Pero los Principios reclaman implícitamente que ningún aspecto de la vida está fuera del cuidado de Dios y por lo tanto nadie está fuera del testimonio de la iglesia de las intenciones de Dios para el mundo. Esto coloca a la iglesia en contacto completo con la «vida y trabajo común» de los seres humanos en todas partes.

Segundo, los Principios Sociales están escritos desde un punto de vista social y cultural. A pesar de la voz en primera persona plural–representando la voz consensual del pueblo metodista unido– son americanos en su orientación. Hablan de la «sociedad» en singular, dando a entender la sociedad de los EE.UU. Asumen una sociedad libre que reconoce la validez de los derechos humanos. Mientras que los metodistas unidos americanos pueden aceptar con mucha palabrería dichas declaraciones, los metodistas unidos en sociedades más tradicionales tienen que luchar para poner en práctica los principios.

Además, la sección sobre los derechos humanos es muy llamativa en su listado de derechos para cada grupo excepto aquellas personas –en América–cuyos derechos se dan por sentado. Se toman en cuenta todas las personas «étnicas», minorías religiosas, niños, jóvenes, personas ancianas, mujeres y personas con impedimentos. No están incluidos hombres blancos de edad mediana. Es especialmente impresionante la sección sobre «personas raciales y étnicas», que parece asumir que las personas blancas no son ninguna de ellas, y en las cuales el «nosotros» parece que se refiere a la mayoría blanca. En ¶66.A parece que implica que la sociedad blanca no es étnica sino normativa, aunque en necesidad de reforma.

Tercero, los Principios Sociales reflejan y refuerzan el esfuerzo metodista unido de mantener un término medio en asuntos sociales. Esta posición a veces requiere tomar virtualmente posiciones opuestas sobre el mismo asunto. Así en ¶65.G, la homosexualidad se considera como una «práctica incompatible con la enseñanza cristiana», mientras que las personas homosexuales tienen un «valor sagrado» y «necesitan del ministerio y la dirección de la iglesia... Nos comprometemos a estar en ministerio para y con todas las personas». En ¶65.J, la iglesia reconoce «conflictos trágicos de la vida con la vida que puede justificar el aborto» y pide un ministerio por las «personas que dan fin a un embarazo» así como por «aquellas que dan a luz». En ¶68.G, «apoyamos y extendemos el ministerio de la Iglesia a aquellas personas que de conciencia se oponen a todas las guerras o cualquier guerra en particular» así como a «aquellas personas que conscientemente eligen servir en las fuerzas armadas».

La posición metodista unida sobre muchos otros asuntos sociales se defienden, no como parte de los Principios Sociales, sino por medio de las resoluciones de la Conferencia General. Éstas están contenidas en la publicación cuadrienal, el *Libro de Resoluciones*, el cual está organizado alrededor de las mismas dimensiones de comunidad humana que guían los Principios Sociales: natural, social, personal, económica, política y global. Sin embargo, a diferencia de los Principios Sociales, el *Libro de Resoluciones* no es un documento de fundamento de la iglesia. Las resoluciones no son legislativas; expiran cuando el asunto de referencia ha sido resuelto; son posiciones oficiales, no una parte permanente de la ley de la iglesia.

Así, como es característico en el sistema de gobierno metodista unido, los Principios Sociales (y las resoluciones) tratan una enorme variedad de asuntos que confrontan a la iglesia global, pero su orientación es predominantemente americana y refleja una variedad de influencias teológicas y políticas. Junto con las Reglas Generales, constituyen un patrón de vida disciplinado que da testimonio a una visión de justicia y plenitud reflejando el Reino de Dios en el cual pone su fe el metodismo unido.

A la vez, el descuido de las Reglas Generales por la iglesia demuestra que por un siglo o más la piedad personal se ha hecho cada vez más privada, un asunto de conciencia individual. Mientras tanto, como señala Randy Maddox, el juicio de la iglesia en asuntos sociales se ha dirigido no tanto a los miembros de la iglesia como a la sociedad mayor o al gobierno. Esto refleja una asunción–típica del siglo XIX–que el metodismo unido es influyente en la sociedad americana y que el público y especialmente los oficiales públicos tienen en cuenta la posición de la iglesia. El asusto hoy es si el verdadero reto a la iglesia está en tratar de influir la sociedad mayor o en desarrollar patrones de formación disciplinada en la cual sus propios miembros modelan esa sociedad justa soñada por la iglesia, o ambos. (Maddox, "Social Grace", 147).

Prueba del Consenso

La vulnerabilidad de la postura teológica que depende de un amplio consenso expresado por la misión, está en ocasiones más expuesto a juicios de la iglesia o disputas de la propiedad que se originan sobre diferencias doctrinales. Una de las «ofensas perseguibles» que pueden suceder en un juicio de personas ordenadas o laicas es la «diseminación de doctrinas contrarias a las normas de doctrinas establecidas por la Iglesia» (¶2624.1). Pero, usando la imagen de Thomas Langford, «la doctrina es como una casa que ya está habitada por la comunión religiosa» (Langford, *Doctrine and Theology*, 181). En el caso del metodismo unido es una casa expansiva que la tenemos por dada. Los metodistas unidos por lo general odiamos votar a alguien a menos que el ofensor trate de forzar en todos los demás puntos de vista que no reflejan un consenso más amplio.

Igualmente, la propiedad de las premisas para la adoración metodista unida y la casa de la clerecía, se mantienen en fideicomiso para la denominación, «sujeta a la *Disciplina*, uso y nombramiento ministerial de dicha iglesia» (¶2503). Este reclamo legal sigue una tradición desde la Escritura Modelo de Juan Wesley, emitida en Inglaterra en 1746. La Escritura Modelo asegura que en las capillas metodistas no expondrán «otra doctrina que no sea la contenida en las *Notas del Nuevo Testamento* y en los cuatro volúmenes de *Sermones*».

Estar «sujeto a la *Disciplina*» incluye estar sujeto a las normas doctrinales. Pero el estado de éstas como normas históricas y contemporáneas que gobiernan el uso de la propiedad están en controversia. De nuevo, creyendo tan firmemente en un púlpito libre, los metodistas unidos están reacios a supervisar la predicación siempre y cuando el predicador no esté tratando de abandonar su iglesia.

Así, el sistema de gobierno en el cual la IMU vive sus enseñanzas doctrinales es más débil en su mecanismo al excluir voces que interrumpen el consenso de la iglesia. No hay una prueba de ortodoxia clara y absoluta. El sistema de gobierno es más fuerte como un movimiento de misión en renovación continua, atrayendo los dones y compromisos de nuevas personas y alcanzando nuevas zonas de necesidad.

Tal evolución del modelo consensual requiere atención y cuidado constantes. Pone un gran valor a la comunicación de perspectivas y experiencias limpias y claras. Los cambios sociales que están barriendo el globo en el siglo XX han empujado bien duro este modelo. Hasta los años 60, el consenso teológico metodista unido estaba muy entrelazado con un consenso cultural americano dominado por puntos de vista de protestantes blancos. Cuando éste se movió hacia una diversidad más secular, el metodismo unido tuvo que buscar de nuevo una voz teológica auténtica.

Pero a pesar de los cambios en la cultura americana y la expansión del metodismo unido por todo el globo, todavía queda intacto un fuerte consenso acerca del método teológico. Hay poco en la *Disciplina* que indique que el pueblo metodista unido está listo para entregar su dependencia característica en la narrativa y práctica como el corazón de la teología cristiana.

Hacia un consenso ecuménico

La franqueza práctica de este método es sin lugar a dudas el regalo metodista unido a la iglesia ecuménica. Como dice Albert Outler:

«El patrón eclesiológico excepcional del metodismo fue realmente diseñado para funcionar mejor dentro de un ambiente abarcador de *catolicidad* (por esto doy a entender lo que la palabra significó originalmente: la *comunidad* cristiana eficaz y universal). No lo hacemos tan bien en nuestra soledad. . . Necesitamos una iglesia católica dentro de la cual funcionemos como una propia orden de adoración y testimonio, disciplina y crecimiento evangélico (Albert Outler, *The Doctrine of the Church*, 26).

El metodismo fue un movimiento *ad interim,* para el momento, que existió por causa de la misión. Para los metodistas, las «señales de la iglesia se encuentran en un enfoque en el testimonio, evangelismo, misión, disciplina y naturaleza evangélica—en breve, en la acción para traer personas a la fe. Esto le dio al movimiento una «doctrina *funcional* de la iglesia», según Outler, pero un «aparato teológico . . . armado con muchas partes».

Si uno ve la jornada constante hacia la unidad cristiana como la esperanza de una nueva catolicidad—una nueva iglesia universal que tanto incorpora como sobrepasa formas contemporáneas—entonces el metodismo unido tiene una segura contribución que hacer. Como una iglesia que está siempre en el camino, viviendo su narrativa, conducida por su misión, no preocupada con las pequeñeces de la doctrina o la eclesiología, el metodismo unido ha podido ser algo así como criticona de los diálogos ecuménicos. Su aceptación del bautismo y la ordenación de otros cristianos; su mesa de comunión abierta; su síntesis de una variedad de teologías y sistemas de gobierno—todo esto la hace amiga de casi todas las tradiciones.

De todos modos, el metodismo unido sabe lo que es ser la iglesia en el camino rumbo a ser una iglesia. En su Declaración «Nuestra tarea teológica», la iglesia se compromete a «los mandatos teológicos, bíblicos y prácticos» de la unidad cristiana. Una expresión principal de este compromiso es la completa participación de la denominación en la Consulta sobre la Unión de la Iglesia (COCU, sus siglas en inglés). Esta Consulta resulta en una conversación que se ha mantenido, de una manera u otra, por cincuenta años entre la Iglesia Cristiana (Discípulos de Cristo), Episcopal, Presbiteriana, Iglesias de la Comunidad, Iglesia Unida de Cristo y los principales cuerpos de la comunión metodista–Metodista Episcopal Africana, Metodista Episcopal Africana de Sión, Metodista Episcopal Cristiana y la IMU. La Conferencia General ha comprometido a la IMU al proceso hacia una Iglesia de Cristo en Unión. Por medio de esta Consulta las denominaciones habrán de entrar en una comunión del pacto la cual implica un reconocimiento mutuo de los miembros y ministerios, así como una misión unida.

Mientras tanto, lo cuerpos metodista de la Consulta continúan explorando la posibilidad de una unión panmetodista. Por este medio se unirán iglesias que comparten el mismo sistema de gobierno y práctica pero que están divididas históricamente por causa de la raza.

Cualquiera que sea el resultado de estas discusiones, algunas preguntas persisten. ¿Es el metodismo unido todavía un movimiento de misión? ¿Debe el metodismo unido proceder hacia la realización de una iglesia distinta con una confesión doctrinal contemporánea clara? En cualquiera de los dos casos, ¿hay un consenso teológico suficiente para mover la iglesia hacia su vocación ecuménica?

Para estas preguntas, la *Disciplina* puede solamente servir como una muestra representativa de una corriente que fluye en un momento en el tiempo–la última Conferencia General. Las respuestas están «allá fuera» en las prácticas de los metodistas unidos.

CAPÍTULO 5
El ministerio de todos los cristianos

Uno de los acentos más claros de la eclesiología cristiana del siglo XX es el ministerio del *laos*, el pueblo de Dios. De hecho, el tema resonó con fuerzas con la Reforma Protestante. La misma definición de iglesia en los Artículos de Religión (XIII) lo expresa claramente:

«La iglesia visible de Cristo es una congregación de personas fieles en la cual se predica la pura Palabra de Dios, y se administran debidamente los sacramentos de acuerdo con las ordenanzas de Cristo, en todas estas cosas, son requisito por necesidad de la misma».

La congregación, traduciendo el griego del Nuevo Testamento, *ekklesia*, fue la reunión primaria de los fieles. La asamblea, no la jerarquía de oficios y órdenes, constituyó la iglesia. Los oficios y órdenes se crearon para asegurar la integridad y el orden de la Palabra y Sacramentos, pero la congregación reunida permaneció como primaria.

No hubo un solo sistema de gobierno que siguiera esta comprensión eclesial. A un lado del espectro los congregacionalistas y los bautistas discutieron que la primacía de la congregación significaba que los propios laicos deben asumir la tarea de llamar y ordenar pastores. Por otro lado, los anglicanos mantenían que la jerarquía de la clerecía era necesaria para la continuidad y el buen orden de la Palabra y Sacramento tal como se practicaba en las congregaciones. Para los presbiterianos y los metodistas, más o menos en el medio, era deseoso un sistema conexional que pudiera balancear las responsabilidades de los fieles tanto laicos como clérigos.

Se organizaron movimientos con influencia metodista wesleyana alrededor de grupos de laicos que buscaban aprender la fe bíblica más profundamente y practicarla más ampliamente en sus vidas. El laicado se mantuvo excluido por muchos años de las deliberaciones de los clérigos que guiaban el curso de las varias conexiones de sociedades. Pero los movimientos existían más que nada para estimular la práctica laica de la piedad en la vida diaria, así como el liderato laico en la educación, reforma social y misión.

Al continuar la expansión del cristianismo por toda América y otras tierras en el siglo XIX, los laicos aumentaban en su participación en una miríada de asociaciones para la misión y las benevolencias. La vida eclesial estaba todavía centrada en la Palabra y sacramento (aunque más que nada en la Palabra en mucho del protestantismo), pero dentro del terreno común del testimonio y el servicio florecieron muchas formas nuevas de ministerio que se llevaron a cabo por el laicado.

Surge un consenso ecuménico

Para mediados del siglo XX cristianos de distintas persuasiones estaban buscando nuevas maneras de expresar el ministerio del *laos*, todo el pueblo de Dios. Eventos mundiales como guerra, depresión económica y la revolución tecnológica estaban interrumpiendo las formas de iglesia, sociedad y cultura que se daban por dadas. Las iglesias se estaban dando cuenta de que un testimonio cristiano eficaz en el mundo era posible solamente si cada cristiano reconocía y llevaba a cabo un llamado para estar en ministerio.

Los documentos del Segundo Concilio Vaticano representaban un avance en una nueva manera de pensar sobre el *laos*. La principal tradición orgánica del cristianismo occidental, el catolicismo romano, se conocía más entre los protestantes por su jerarquía episcopal y clerical. Pero ahora en su Constitución Dogmática sobre la Iglesia (*Lumen Gentium*) promulgada en 1964, el Concilio trajo al pueblo de Dios al frente de la eclesiología.

La Constitución declaró que todo el «pueblo santo de Dios», comparte en los oficios del sacerdocio de Cristo, proféticos y regios. Todos están llamados a la adoración espiritual y al testimonio activo del Reino de Dios proclamado por Jesucristo. Mientras que algunos están en órdenes santas o vidas religiosas (por ejemplo, órdenes monásticas), la gente está comprendida principalmente dentro de su propio «apostolado». El laicado «forma el cuerpo de Cristo» y participa «en la misión salvífica de la propia Iglesia».

El catolicismo romano afirma su punto de vista sobre las órdenes clericales como diferente del estado laico «en esencia y no tan sólo en grado» y sigue aseverando la primacía del obispo de Roma como el pastor espiritual del pueblo de Dios. Pero éstas se entendieron como que estaban entre «una variedad de ministerios que trabajan para el bien de todo el cuerpo». Instituidos por Cristo, los varios ministerios tienen su propia esfera distintiva de vocación, propósito y autoridad. El ministerio de los laicos es específicamente para «buscar el reino de Dios comprometiéndose en asuntos temporales y ordenándolos de acuerdo con el plan de Dios . . . para la santificación del mundo desde adentro como la levadura» (*Lumen Gentium*, 18).

Una lógica eclesial similar que comienza con el ministerio de todo el pueblo de Dios y prosigue a ministerios particulares se expresó en el documento del Concilio Mundial de Iglesias (1982), *Baptism, Eucharist and Ministry*. Aquí se enfatizó especialmente el papel del Espíritu Santo en edificar la iglesia.

El Espíritu Santo une en un solo cuerpo a todos los que siguen a Jesucristo y los envía como testigos al mundo. . . El Espíritu llama a la gente a la fe, los santifica por medio de muchos dones, les da fortaleza para testificar del evangelio y les da poder para servir en esperanza y amor . . . (BEM, ¶1).

Las discusiones sobre Fe y Orden que produjeron este documento, contaban con representantes de una variedad ecuménica de sistemas de gobierno, incluyendo metodistas. Reconociendo que «hay diferencias con respecto al lugar y maneras del ministerio ordenado», el documento declara que:

«al comprometerse a los esfuerzos para vencer estas diferencias, las iglesias necesitan trabajar desde la perspectiva del llamado de todo el pueblo de Dios» (BEM, Ministry Section, ¶6).

Se comprendía que los ministerios ordenados y de laicos eran complementarios, cuando ambos se levantan para contestar el llamado de todo el pueblo y cada uno necesita del otro para cumplir con la vocación que se le ha dado por el Espíritu. Especialmente, el ordenado es responsable de «reunir y edificar el cuerpo de Cristo», por medio de la Palabra, Sacramento y «guiando la vida de la comunidad en su adoración, misión y cuidado pastoral».

Los documentos del *Consenso* de la Iglesia de Cristo en Unión (Consulta sobre la Unión de Iglesias) refleja una preocupación ecuménica similar por la edificación del ministerio del *laos*.

El documento nota la confusión que resulta del «laicado» derivado del *laos*. El *laos* es el cuerpo completo, laicos y ordenados. Dentro del *laos*, las «personas laicas son llamadas de su bautismo y membresía en la iglesia a manifestar y llevar el testimonio de la presencia de Cristo en el mundo en todas sus actividades». Las personas ordenadas tienen un papel en particular dentro de todo el ministerio, a saber, responsabilidad por la Palabra y sacramento. Aún aquí, sin embargo, «escuchar y predicar la Palabra fielmente, administrando y recibiendo los sacramentos correctamente . . . son acciones de todo el pueblo de Dios».

Ministerios laicos y especializados

Los primeros párrafos de la porción legislativa de la *Disciplina* (Parte IV) se añadieron en 1976 como resultado de la comisión cuadrienal de estudio sobre el ministerio de la Conferencia General. Titulado «El ministerio de todos los cristianos», refleja y refuerza un amplio consenso ecuménico acerca del génesis del ministerio. Insertado a continuación de los documentos del fundamento de la iglesia, estos párrafos echan las bases para los siguientes capítulos sobre la iglesia local, ministerio, superintendencia, conferencias y las agencias generales de la iglesia–todas las cuales existen principalmente para ayudar al pueblo de Dios a cumplir su vocación individual y como una comunidad de fe.

Ahora bajo el subtítulo «Misión y ministerio de la Iglesia», el texto localiza primero a la iglesia en el orden de la historia de la salvación, recordando el «tema de hacer el pacto y guardar el pacto» que se ve en las Escrituras (¶101). El texto continúa con el énfasis en Cristo como siervo, por el cual crece el ministerio (¶102). Como un eco de la definición del Artículo XIII, el texto afirma que «la Iglesia de Cristo visible . . . es una comunidad fiel» que se reúne para adorar y servir en un mundo de pactos rotos (¶103).

«Todos los cristianos son llamados a este ministerio de servidumbre en el mundo», declara la *Disciplina*, que continúa «el ministerio de Cristo de un amor que llega a otros». La Iglesia como la «comunidad del nuevo pacto» pone el «reclamo de ministrar en Cristo» en todos los bautizados. A través del bautismo y la confirmación, los cristianos son llamados, regalados y educados para cualquiera de una «variedad de servicios» que es su «regalo» y «tarea» a la vez (¶106).

Esto presenta una responsabilidad completa en el pueblo visible de Dios en el mundo. En algunas de esas raras palabras disciplinarias, el texto insiste en que son ellos quienes «deben convencer el mundo de la realidad del evangelio o dejarlo sin convencer».

No se puede evadir o delegar esta responsabilidad; o la iglesia es fiel como una comunidad de testimonio y servicio o pierde su vitalidad y su impacto en un mundo de no creyentes (¶107).

Al desdoblarse la lógica de la comprensión de este ministerio, entonces, dentro del pueblo de Dios hay aquellos llamados a «ministerios especializados entre el pueblo de Dios». Además,

Dentro de esos ministerios especializados, los diáconos son llamados al ministerio de la Palabra y el Servicio, y los presbíteros son llamados a ministerios de Palabra, Servicio, Sacramento y Orden (¶116).

Todos los ministerios, aunque distintos y diversos, son uno en Cristo. Ese parece que es el punto de vista de la *Disciplina* de 1996 en su declaración poco práctica, condensada de *Disciplinas* previas, de que «el ministerio de todos los cristianos en la Iglesia Metodista Unida es complementario»–omitiendo de manera rara decir qué es complementario a qué. Permanece la nota desconcertante «ningún ministerio está supeditado a otro» (¶108). Esto suena más a una protesta de los laicos contra los clérigos (¿o vice versa?) que a una declaración positiva de los papeles distintivos y esenciales de ciertos ministerios en la comunidad de fe.

Los párrafos sobre el ministerio de 1976, vigentes por veinte años, intentaron meterse en la eclesiología ecuménica al referirse a los ministerios diaconales y ordenados no sólo como «especializados» sino como «representativos». El último término no se explica en el texto; de hecho, no se explica en ninguna otra parte de la *Disciplina*. Sin embargo, tomó un tema ecuménico crucial para entender los ministerios ordenados de tanto el documento de *Consenso* de la Consulta sobre la Unión de Iglesias como del documento *Baptism, Eucharist, and Ministry* del Concilio Mundial de Iglesias.

El documento *Baptism, Eucharist, and Ministry* (BEM) nombra a los ministros ordenados como representantes de Jesucristo ante la comunidad», un ministerio que es «constitutivo por la vida y testimonio de la Iglesia (BEM, 21).

Como la *Disciplina* lo interpretó de 1976 a 1996 pareció que había dos lados del espejo de estos representantes. Por un lado, las personas diaconales y ordenadas representaban o reflejaban al pueblo de Dios los ministerios a los cuales todas las personas son llamadas. Esto se dijo con más claridad con respecto al ministerio diaconal, el cual

«existe para intensificar y hacer más eficaz la autocomprensión de todo el pueblo de Dios como sirvientes en el nombre de Cristo» [¶109, *Disciplina* de 1992].

Asimismo, «el ministerio ordenado se define por su carácter intencionalmente representativo», lo cual significa supuestamente que el pueblo de Dios podía mirar a su ministros ordenados y ver sus propios ministerios de testimonio, cuidado y servicio.

Por otro lado, los ministerios especializados eran representativos de la manera en que reflejaran el evangelio. Aquí otra vez, la dimensión era más clara en otras partes, como en ¶430 (*Disciplina* de 1992) se decía que los ordenados eran «representantes conscientes de todo el evangelio». Por medio de su ministerio de servicio (una frase redundante, ya que *diakonia* puede traducirse al español tanto como «ministerio» o como «servicio»), los ministros diaconales (otra redundancia) representaban y «simbolizaban» el «servicio de Cristo a la humanidad» (*Disciplina* de 1992, ¶109). Asimismo, por la proclamación de la Palabra, administración de los sacramentos y liderato pastoral, el ordenado lleva a cabo el ministerio de Cristo de una manera que representa el evangelio en particular.

Ambos aspectos de esta representatividad vino a aparecer en el propósito fundamental de estos ministerios especializados en la comunidad de fe: «la edificación del ministerio general» (*Disciplina* de 1992, ¶110). Esto es, los ministerios representativos existieron no como un sustituto o reemplazo del ministerio para el cual todos los cristianos son llamados, sino más bien para enfocar y ordenar el ministerio de todo el pueblo de Dios.

Así, «ministerio representativo» fue un término flexible que pudiera considerarse en una gama de interpretaciones. Pudiera significar que el ordenado representa a Cristo por medio de la ordenación por el obispo que lleva a cabo el ministerio apostólico en sucesión desde el principio–un punto de vista más «sacerdotal» y jerárquico. O pudiera significar que el ordenado simplemente representó el llamado de la iglesia a personas que tenían el don de dirigir la comunidad de fe–un modelo más «presidencial» o democrático.

La descripción de ministerios ordenados de 1996 parece que se inclinara más a este último punto de vista. «El ministerio de servicio de la iglesia», se dice que será por lo general «una representación primaria del amor de Dios» (¶303). El ministerio del ordenado «ejemplifica y dirige a la iglesia» en su servicio a Dios. Diáconos (una nueva orden que discutimos más a fondo en el capítulo 7) son ordenados para «personificar, expresar y dirigir a todo el pueblo de Dios en su ministerio de sirviente» (¶319). Los presbíteros están autorizados «para ordenar la vida de la Iglesia para la misión y el ministerio»,

«dirigiendo al pueblo de Dios» -aunque de los presbíteros no se dice que «encarnan» el ministerio de todo el pueblo de Dios (¶323). Esta vacilación puede venir de la ambigua comprensión del metodismo unido del lugar que ocupa la Santa Comunión. Sólo los presbíteros están ordenados específicamente para administrar este sacramento, haciendo un eco al entendimiento sacerdotal del anglicanismo y el catolicismo. Sin embargo, los metodistas unidos también permiten a una huested de personas que no son ordenadas—pastores locales nombrados a un cargo–a administrar la comunión en sus cargos. Esto lleva a un entendimiento más presidencial o pastoral, que el pastor preside por el buen orden de la comunidad de fe y así está actuando a favor de todo el pueblo de Dios.

La flexibilidad de toda esta terminología refleja una eclesiología regular del metodismo unido con respecto al ministerio. Los ordenados se separan para ministerios especializados, pero permanecen como parte del pueblo de Dios. Deben ser ordenados por un obispo, pero no por causa de la sucesión apostólica, sólo por la causa de un buen orden. Aun los obispos tienen supervisión por la causa del buen orden, no porque sean esencialmente distintos al resto de la clerecía, ni en estado ni en la capacidad de representar a Cristo ante el pueblo. Junto a todo el pueblo de Dios, los ministros «especializados» tienen un llamado por el poder del Espíritu Santo. Este llamado debe ser confirmado por la comunidad de fe.

La eclesiología ecuménica de formas de ministerio ha sido desplazada, sin embargo, por un lenguaje que como está, seguro que va a aumentar la ambivalencia y falta de claridad en el metodismo unido acerca de los roles respectivos de ministros laicos y ordenados. En 1996 el esfuerzo para describir la base del ministerio descansaba en el término contemporáneo «liderazgo sirviente», el cual ciertamente no es objetable como un tipo ideal para «personificar las enseñanzas de Jesús» (¶110). La amplitud del término parece que intenta apelar a los laicos lo mismo que a los clérigos–todo el pueblo bautizado de Dios–a ejercitar el liderato de los ministerios de la iglesia y la misión.

El término presenta dos dificultades. La primera, que no es una frase particular de la eclesiología; se ha usado mucho en años recientes en la literatura de la administración americana como un nombre para un ejecutivo ideal en toda clase de organizaciones, especialmente las instituciones sin lucro o las asociaciones voluntarias que existen para servir a la sociedad. Puede definirse en muchas maneras, dependiendo de la organización, el estilo de liderazgo deseado, y las personas que hacen la definición. La *Disciplina* no da una definición de lo que el término significa en el contexto de la iglesia.

En segundo lugar, el término no está específicamente conectado con la manera histórica que tiene la iglesia de ordenar su vida comunal, principalmente el lenguaje de los oficios. Párrafos posteriores definiendo la ordenación dependen mucho del «liderato sirviente» como una señal que identifica el llamamiento al ministerio ordenado. Los candidatos al ministerio ordenado le prestan atención al «llamado al liderato sirviente» cuando entran al proceso de la candidatura (¶306). Los diáconos deben buscar un nombramiento en el cual puedan ejercitar el «liderato sirviente» de una manera que pueda distinguir con claridad «entre el trabajo al cual todos los cristianos son llamados y el trabajo para el cual se preparan y autorizan a los diáconos en plena conexión (¶322.4.b.). Los presbíteros habrán de practicar el «liderato sirviente» dirigiendo al pueblo de Dios, así como hacen los obispos en su ministerio de supervisión (¶404).

Mientras que estos usos parecen identificar a aquellos que están «separados» por la ordenación (¶302), el «liderato servidor» también se aplica al laicado. El metodismo unido siempre ha reconocido, dice la *Disciplina*, que «los laicos al igual que las personas ordenadas» son llamadas para dirigir la iglesia. «El liderato sirviente de estas personas es esencial» (¶111). La *Disciplina* usa «liderato servidor» para ambos, «ministerios laicos y ordenados», y ambos reciben el llamado que «se evidencia por dones especiales» (¶115). Así el texto continúa adaptando el lenguaje del llamamiento interior y exterior, usado históricamente para interpretar la ordenación (según la comprensión de Wesley), y el lector se queda en la oscuridad sobre qué constituye la ordenación. La falta de definición del «liderato servidor» reduce su capacidad para distinguir un ministerio «separado» del «ministerio general de todos los cristianos bautizados» (¶310).

La única aparente distinción entre laico y ordenado aparece en el llamado del ordenado a «toda una vida de liderato servidor» dedicada «por completo al trabajo de la Iglesia». En un sentido, estas palabras se pueden referir sutilmente a los que están empleados a tiempo completo en la iglesia; desde otro punto, estos términos dejan de hacer una distinción clara de roles en los que se presume que todos los cristianos están llamados a «una vida completa de liderato servidor» en una forma u otra (¶116). Qué cosa exactamente es especial en los «ministerios especializados» de los ordenados permanece ambiguo y sin definir.

El ministerio actual del laicado se presenta sólo en términos generales. Los nuevos párrafos titulados «Ministerio sirviente» (¶112) aseveran «el llamado de Dios a una vida santa en el mundo». Párrafos siguientes sobre la membresía en la iglesia (¶217) formulan en líneas generales que el ministerio laico tiene una «obligación a participar en la vida corporativa de la congregación» y a «ser un sirviente de Cristo en misión en la comunidad local y mundial». La responsabilidad de las iglesias locales para identificar, llamar, entrenar y poner en práctica los dones del laicado, no se ha desarrollado claramente. No se hace ninguna mención a la tradición de la iglesia, tales como las maneras en que el laicado puede compartir en los oficios de Cristo (como se describe en *Lumen Gentium*). Qué es lo que espera el metodismo unido de su laicado en términos concretos de disciplina, práctica o acción en la iglesia y en el mundo, se deja para el discernimiento de los creyentes y las actividades y énfasis de iglesias locales en particular.

La unidad del ministerio

La *Disciplina* trata de establecer la unidad de la misión y ministerio metodista unido de cuatro maneras. Primero, la unidad en el metodismo unido se refuerza por medio de la sección titulada «Llamado a la inclusividad». Esta sección añadida en 1992 apela directamente a la unidad definiendo la inclusividad que se asegura en la Constitución. «La inclusividad significa franqueza, aceptación y apoyo». Tratando el asunto de la «libertad para el involucramiento total de todas la personas» en la iglesia, ¶117 aserta que los metodistas unidos son «un pueblo diverso de Dios quienes traen dones especiales y evidencia de la gracia de Dios a la unidad de la Iglesia y de la sociedad». Por lo tanto, todas las personas que cumplen con los requisitos de la *Disciplina* de la Iglesia Metodista Unida, se le debe permitir «participar en la vida de la Iglesia».

Segundo, la *Disciplina* invoca el principio del conexionalismo como la «red vital de relaciones interactivas» que teje una iglesia global en la unidad. Las hebras de esta red incluyen una base común de la doctrina y las Reglas Generales, un sistema de gobierno compartido y la superintendencia, una misión común expresada por medio de conferencias y un «ethos que caracteriza nuestra manera distintiva de hacer las cosas» (¶109).

Este párrafo, aunque todavía tiene como título la «Jornada de un pueblo conexional», comprende un amplio discurso sobre el conexionalismo que se originó en las discusiones del Concilio General de Ministerios y que fue agregado a la *Disciplina* de 1988. El ímpetu por su inclusión se vio más claro en el párrafo llamado «afirmación y tensión» (*Disciplina* de 1992, ¶112.4). Aquí el documento reconoce que «el conexionalismo nos ha servido muy bien», pero esa tensión sobre funciones como la itinerancia y asignaciones indicó una necesidad de flexibilidad. El párrafo concluyó con que «es importante para el conexionalismo doblarse, tener tolerancia en un mundo que cambia, ser capaz de vivir . . . con frescura y un nuevo compromiso». No se explica exactamente a quién se estaba dirigiendo aquí o quién será el que tome qué acción. En vez, el siguiente párrafo simplemente aserta que «tenemos una oportunidad especial» (no se especifica qué la hace especial) para hacer que trabaje el conexionalismo. Por lo tanto, «se debiera interpretar a todas la personas en maneras frescas y nuevas» (*Disciplina* de 1992, ¶112.5).

El autoexamen conmovedor de esta sección fue típicamente metodista en su tono. Aquí la tradición miró al estado de su propia alma (aunque todavía uno quiere saber exactamente quién estaba mirando a qué). El grueso de la declaración era narrativa en su estructura. Enfatizando la historia o «jornada» en su título, comenzó con Juan Wesley, recordó los «eventos de hacer el pacto», y se enraizó en la Escritura. Apeló al conexionalismo como «un estilo de relación más bien que simplemente un marco estructural u organizacional» (*Disciplina* de 1992, ¶112.12).

Este pensamiento se reforzó con la afirmación de que mientras que el conexionalismo era «la forma básica de nuestro sistema de gobierno», era todavía «en esencia una cadena de relaciones interdependientes entre personas y grupos». Era una comunidad de visión y memoria compartida, viviendo bajo la disciplina y proveyendo liderazgo, movilización de recursos y «puntos de encuentro» para conferenciar sobre la estrategia.

En pocas palabras, toda la conexión metodista unida era una reunión de clase ostensible. En la conexión, el pueblo metodista unido continuó colectivamente con su narrativa de fe bajo las diciplinas de estudio, oración y acción. Las formas de conferencia y conversación fueron esenciales a esta forma de ser la iglesia. Al reunirse y conferenciar con regularidad acerca de cómo le va a uno con otro, el pueblo metodista unido se apoyó uno al otro en el ministerio. Las estructuras particulares de organización de la iglesia eran incidentales al propósito mayor de un servicio y testimonio mutuo.

El nuevo párrafo condensado sobre el conexionalismo, aunque todavía nombra una «jornada», carece de la cualidad narrativa y de autoexamen de la versión anterior. Continúa con la resistencia aparente de la iglesia de definir exactamente qué es la conexión. No provee una explicación estructural o constitucional y no elabora en lo que parecen ser elementos críticos de doctrina, sistema de gobierno y ethos para mantener junta la conexión.

Por lo menos podemos encontrar una razón para la vacilación de la iglesia para definir el conexionalismo en una declaración con el ambiguo título de «Cumplimiento del ministerio a través de la Iglesia Metodista Unida» (¶118). Aquí la *Disciplina* sufre para poner al frente del libro una definición de la iglesia para propósitos legales. Al primer vistazo el párrafo aparece como una tercera manera de extender la unidad de misión y ministerio definiendo con más cuidado lo que realmente significan los términos «la Iglesia Metodista Unida», la «Iglesia en general», la «Iglesia total» y «la Iglesia». Esta prometedora incursión en la eclesiología resulta, sin embargo, que tiene un propósito legal en el procedimiento civil.

A la luz de los conmovedores testimonios en párrafos previos, la declaración aquí de la *Disciplina* de que la conexión no existe–por lo menos a los ojos de la ley–es una paradoja. «La Iglesia Metodista Unida como un todo denominacional no es una entidad, ni posee capacidades y atributos legales». Por lo tanto, no es un cuerpo que puede demandar ni ser demandado. La conexión es «espiritual» por naturaleza, una «relación e identidad», pero no una persona corporativa legal.

Esto presenta un giro intrigante sobre la unidad del ministerio en el metodismo unido. El ministerio es espiritual–un don del Espíritu– claramente de acuerdo con la comprensión del bautismo metodista unido (¶106). El ministerio es relacional–parte de un cuerpo completo llamado- de acuerdo con la comprensión metodista unida de unidad y conexión (¶108). Pero el hecho de que no está actualmente corporativamente personificada–por lo menos no en el sentido general, ni para propósitos legales–incita a preguntas en las que vale la pena reflejar.

¿Qué es lo que constituye la conexión en el metodismo unido? ¿Qué formas actuales personifican el ministerio metodista unido como todo un pueblo de Dios? Originalmente la conexión fue entre Wesley y sus predicadores y más tarde entre los obispos y los predicadores en un pacto bajo su nombramiento. Esta interpretación se refuerza por la *Disciplina* en el cuarto discurso sobre el asunto de la unidad de los ministerios, que se añadió en 1996 como ¶120. Aquí el «estado del empleo del clérigo» se clarifica con una declaración de que, aunque el gobierno requiera que los clérigos se clasifiquen como empleados de entidades como las iglesias locales, el sistema de gobierno de la iglesia todavía sigue vigente: «pactos históricos . . . une a las conferencias anuales, clérigos y congregaciones, los poderes episcopales de nombramiento y los procedimientos».

Pero la conexión se ha convertido en más que una conexión de clérigos. Por lo menos, el aumento en la expresión del ministerio de los laicos parecería que presiona por una definición más amplia. ¿Cubre este término hoy a las iglesias locales, laicado, agencias generales y finanzas denominacionales? ¿Qué formas corporativas son apropiadas para una amplia conexión? Si nada más, tales preguntas apuntan a lo difícil de alcanzar y a la fragilidad de la unidad de la iglesia. Éstas son un recordatorio de que el ministerio de todos los cristianos puede ser un ideal placentero, pero que sólo por medio de acciones concretas y visibles pueden los cristianos «convencer al mundo de la realidad del evangelio» (¶107).

CAPÍTULO 6
La iglesia local en el metodismo unido

La iglesia local se ha ido moviendo hacia el frente de la *Disciplina* a través de mucho del siglo pasado. Ahora aparece primero en la división «Organización y Administración» (Parte V). El capítulo legislativo que lo gobierna ha crecido por más de setenta párrafos abarcando más de cincuenta páginas. La Conferencia General de 1996 aun movió la Declaración de la Misión que estaba entre los documentos bases de la tradición (en la Parte II, Normas doctrinales y nuestra tarea teológica) al principio del capítulo sobre la iglesia local. Se ve que el metodismo unido se está enfocando cada vez más en el ministerio y misión de la iglesia local, y en la iglesia local como la expresión primaria de la misión de la iglesia total.

Sin embargo, la compleja y a veces contradictoria comprensión metodista unida de la iglesia local en términos de constitución, organización, misión y aun terminología, se advierte en las provisiones disciplinarias. En ¶¶201–4, por ejemplo, la iglesia local se describe sucesivamente como:

- «una comunidad de verdaderos creyentes . . . una fraternidad redentora», la retórica del clásico protestantismo;
- «una base estratégica de la cual los cristianos se mueven hacia las estructuras de la sociedad», la retórica del activismo social de 1960;
- «una sociedad conexional de personas que han profesado su fe en Cristo», la retórica del metodismo wesleyano; y
- un lugar de «una responsabilidad definitiva de evangelismo, cultivo y testimonio . . . y una responsabilidad de alcance misional», la retórica de los programas de revitalización de la iglesia contemporánea.

La yuxtaposición—o choque– de estas cuatro maneras de hablar acerca de la iglesia local, cada una representando una era distinta del desarrollo, demuestra la expectativa variada que los metodistas unidos tienen por sus iglesias locales. A éstas, la Conferencia General de 1996 añadió como un prefacio general una definición de la misión de la iglesia como «hacedora de discípulos» basado en las «palabras de Jesús en Mateo 28:19-20». Hacer discípulos se describe como un proceso sistémico continuo de buscar personas, guiándolos a que «entreguen sus vidas a Dios por medio de Jesucristo», formándolos en el crecimiento cristiano y en el servicio y reuniendo a más personas «en el Cuerpo de Cristo» (Estas palabras se encuentran en las páginas 114-15 de la *1996 Disciplina* y de una manera extraña, no es parte de ningún párrafo legislativo).

Esta declaración retiene en una frase o dos por lo menos el sentido de la Declaración de Misión localizada previamente en la Parte II (*Disciplina* de 1992). «Esta misión es nuestra respuesta llena de gracia al reino de Dios en el mundo». Pero el énfasis minucioso en la gracia, antes, durante y después de la acción humana, tan clara en las declaraciones anteriores—«el pueblo de Dios depende completamente de la gracia de Dios», «la misión es un testimonio al Dios de la gracia»–ahora se reembarca como la base para un proceso sistemático de la iglesia para «hacer discípulos». Este lenguaje viene de una fuente diferente, el movimiento del crecimiento de la iglesia de los años 80. Refleja el deseo de muchos metodistas unidos de seguir un mandato que provea «un claro sentido de misión . . . para estar verdaderamente vivo» (pág. 115). Sin embargo, dado el alcance de expectativas en la iglesia, un enfoque que dependa de un solo pasaje de las Escrituras para definir la misión y que depende de la metáfora «hacer» (como un producto), probablemente no influya entre los metodistas unidos, con un punto de vista más sacramental de la iglesia.

Además, las iglesias locales tienen una enorme variedad en su propia comprensión del ministerio y misión de la iglesia. En la *Disciplina*, la descripción y razones para unidades organizadas en la iglesia local proveen una medida de uniformidad entre las iglesias. Se levanta una considerable tensión, sin embargo, de concepciones fundamentalmente ambiguas de lo que la iglesia local es realmente, y cómo la autonomía local y la uniformidad conexional deberían ser balanceadas.

Surgimiento de la iglesia local

La discusión de la Constitución metodista unida (capítulo 3, más arriba), hizo resaltar la importancia del término «iglesia local». Este nombre es relativamente nuevo en la tradición metodista. La Conferencia General de 1904 de la iglesia metodista episcopal aprobó una nueva constitución con la siguiente provisión:

«Los miembros de la Iglesia se dividirán en sociedades locales, una o más de las cuales constituirán un Cargo Pastoral».

En otras palabras, los miembros de la iglesia metodista episcopal eran primero miembros de toda la conexión, y entonces afiliados a las sociedades locales bajo un pastor. El palabra «sociedad» era común en todas las ramas del metodismo hasta la unión de 1939. Esto es muy llamativo, a la luz del movimiento metodista en el establecimiento cultural americano durante los fines del siglo XIX, construyendo magníficas estructuras góticas en las ciudades y permitiendo que sus predicadores más populares permanezcan por largo tiempo en púlpitos prominentes. Desde tiempo atrás las reuniones de clases habían dejado de ser obligadas, y la propia *Disciplina* de 1904 echó a un lado la regla de una prueba de seis meses antes de que uno pudiera hacerse miembro de la iglesia metodista episcopal.

Sin embargo una «sociedad» gobernada por una junta de «mayordomos»–-los líderes encargados desde los primeros tiempos de supervisar a los miembros y el dinero–continuaba siendo un lenguaje común. Esto recordaba las raíces metodistas como una asociación para la disciplina espiritual dentro de la iglesia establecida. Esto resonaba en tiempos cuando las innumerables sociedades pequeñas repartidas por todo el escenario rural americano esperaban la celebración de la «conferencia trimestral» con el «presbítero presidente» de su región quien venía para adorar, predicar, y sacramento, y para animarlos en su crecimiento tanto en testimonio como en misión.

Como en 1920 se puso en boga la «iglesia local». Reteniendo el sentido de un lugar en particular –sociedades metodistas activas en muchos caseríos «locales»–el término mantenía el conexionalismo de las sociedades. Las «iglesias locales» eran como misiones de la iglesia conexional mayor, expresiones del movimiento metodista en lugares locales. La primera *Disciplina* (1947) de la Iglesia Evangélica de los Hermanos Unidos, mezclaron el lenguaje antiguo y nuevo de una manera asombrosa al decir que «una iglesia local será considerada como una Clase» y entonces describen el papel de los líderes de clase y los mayordomos (¶55-67).

Pero, las iglesias locales ya eran también «iglesias», responsables claramente de la Palabra y el sacramento así como de la disciplina y misión. Se estaban convirtiendo en unidades básicas de ministerio a las cuales la denominación le prestaría gran atención. Así, el discurso episcopal de 1928 habría de determinar a la iglesia local como «la unidad en nuestro estudio del progreso denominacional, porque es allí en donde ponemos a prueba el valor de nuestra organización y sistema de gobierno».

La *Disciplina* de 1940 de la recién formada Iglesia Metodista, creó lo que llegaría a ser una tensión creciente en la conexión. Mientras que la Constitución de la iglesia unida (1939) señalaba que la conferencia anual era «el cuerpo básico en la Iglesia», párrafos legislativos procedentes de distintos títulos como membresía y educación se pusieron juntos, para hacer una nueva sección de ochenta y un párrafos titulada «Iglesia Local». Entonces la *Disciplina* de 1944 puso al frente todo ese cuerpo de materiales, a continuación de la Constitución. Esta modificación se hizo bajo la dirección de un consultante influyente en las denominaciones e iglesias locales, Murray H. Leiffer, profesor de sociología en Garrett (ahora Garrett-Evangelical) Theological Seminary y autor de muchos estudios de investigación sobre la iglesia contemporánea.

Entre los efectos importantes del nuevo arreglo fue la relocalización de la legislación sobre la conferencia trimestral, del capítulo de las conferencias al capítulo de la iglesia local. Las cuatro reuniones anuales de la conferencia trimestral era convocada por el presbítero presidente quien dirigía la adoración y oía los informes del trabajo local. Por 1908, la *Disciplina* dio permiso para quitar la segunda y tercera reunión trimestral y al presbítero que presidía se le dio el título de «Superintendente de distrito»—un nombre más organizacional que sacramental y más enfocado en una región que en una reunión.

Las revisiones de 1944 dividieron la conferencia local del nexo con la conferencia anual y la general. La iglesia local se mantuvo más sobre su propia organización, siendo su puente con la conferencia anual el representante del obispo en el distrito. El nombre «junta de mayordomos» era todavía permitido, pero la «junta oficial» se hizo más común. Después de 1968, con la unión, se empezó a usar una nueva terminología. La Junta Administrativa era responsable de los negocios de la iglesia local, mientras que el Concilio de Ministerios era responsable del programa de la iglesia local.

Estos cambios no se adaptaban bien en una conexión tan diversa como el metodismo unido. Ni tampoco representaban una eclesiología consistente. Ahora el Superintendente de distrito visitó por lo menos anualmente para celebrar la «conferencia del cargo». Este término se relaciona al nombramiento pastoral en la conferencia anual, siendo el «cargo» la iglesia local o las iglesias a las cuales un pastor era nombrado. Así, en situaciones en donde dos o más iglesias locales estaban en un «circuito» (un reconocido término metodista) servidas por un mismo pastor, la conferencia del cargo todavía se parece mucho a la antigua conferencia trimestral como una especie de pequeña reunión regional para la adoración y evaluación del trabajo. Pero el nuevo sistema honraba obviamente el ministerio de la iglesia local ante todo: la iglesia con su propio pastor–la «estación» en la terminología antigua– la capacidad para ver todos los requisitos de expansión de la organización de la iglesia local que están en la *Disciplina*. En estas iglesias la conferencia del cargo era como una reunión anual de la congregación.

Esto ha dejado una ambigüedad que ha sido una fuente de conflicto persistente en las conferencias anuales. ¿De qué manera se relaciona la iglesia local con la conexión? ¿Están las iglesias locales que comparten un pastor y por lo tanto juntas en la conferencia del cargo relacionadas a la conexión de la misma manera que están las iglesias locales que son un cargo en sí mismas?

La ambigüedad se ha agravado con el aumento en el uso del término «congregación» en la *Disciplina*. Ahora aparece con frecuencia en párrafos legislativos, aunque no en la Constitución ni en la mayoría de los títulos o definiciones–con la notable excepción de los Artículos de Religión del siglo XVI. El término no se encuentra definido en ninguna parte. En su uso eclesiológico parece solamente que es un énfasis en la reunión del pueblo de Dios en lugares específicos, formando comunidades de testimonio, aprendizaje y servicio. Ninguna forma de gobierno sale de este término.

Pero su uso como un término organizacional en el capítulo de la iglesia local nos sugiere constantemente que de alguna manera el metodismo unido tiene–o se está moviendo hacia–congregaciones en el sentido político de asociaciones autoconstituidas. Hasta cierto punto el uso actual disciplinario se originó con la Iglesia Evangélica de los Hermanos Unidos (IEHU). La reunión anual de la IEHU local se llamaba la «reunión congregacional» y se convocaba por el ministro con el propósito de oír los informes anuales e informar a la congregación del trabajo de la iglesia general (*Disciplina* de 1967 de la IEHU, ¶¶34-35). Pero el lenguaje de «iglesia local» «cargo», así como las palabras históricas «estación» y «circuito» también se usaron. El cuerpo que ahora se llama Junta Administrativa se llamaba la «conferencia local», otra manera de unir IEHU locales con la conexión (¶52).

Una manera de salir de la confusión parece que está insinuado en el uso en la IEHU. La «iglesia local» se refería a la iglesia desde el punto de vista de su relación con la conexión–mirando hacia fuera. «Congregación» se refería a la iglesia desde el punto de vista de sus asuntos internos–mirando hacia dentro. Pero las ambigüedades persisten. En la *Disciplina* actual algunos usos del término «congregación» simplemente se refieren a la congregación como asamblea. Así el pastor debe traer nuevos miembros «ante la congregación» para administrar el Servicio del Pacto Bautismal (¶222.1.b). Pero otros usos parecen tener una intención organizacional, como la «Protección de los derechos de las congregaciones» de haber tenido que alterar los títulos de propiedad en conexión con la unión en 1968 (¶265) o el uso repetido del término para definir la administración de la iglesia local.

Así cuando la Constitución asevera que la conferencia anual es «el cuerpo básico de la Iglesia», muchas prácticas actuales sugieren que la iglesia local es el cuerpo básico. Un asunto que todavía hay que enfrentar es que al presente el sistema de gobierno conexional del metodismo unido de ninguna manera está designado para apoyar o interrelacionar congregaciones como unidades independientes de ministerio y misión.

Una conexión de iglesias locales

Que las iglesias locales son fundamentalmente conexionales en su naturaleza (en el sistema de gobierno actualmente legislado) se ve en muchos puntos críticos. El párrafo 203 define a la iglesia local como «una sociedad conexional de personas que han profesado su fe en Cristo». El párrafo 205 pone una definición del cargo pastoral en el mismo frente del capítulo, clarificando que en términos de la conexión, las iglesias locales se definen por su estado como un cargo al cual un pastor itinerante es nombrado por el obispo. El párrafo 216 aclara que una persona que se une a una iglesia metodista unida, se une no solamente a esa iglesia sino a toda la conexión.

El párrafo 248 establece que «dentro del cargo pastoral» –o la «iglesia local»– la conferencia del cargo es «la unidad básica en el sistema conexional de la Iglesia Metodista Unida». Aquí la reunión anual de la iglesia local se celebra bajo la presidencia de un oficial de la conexión, el Superintendente de distrito. Una conferencia del cargo se puede convocar como una conferencia de iglesia a la cual todos los miembros pueden asistir y votar, pero siempre presidida por el Superintendente de distrito (¶250). La conferencia del cargo elige un miembro laico de la conferencia anual como un «representante» del cargo, no la iglesia local––un miembro laico por pastor bajo nombramiento (¶253.2). (En el capítulo 3 se ve que esto no es una representación democrática en el sentido de ser proporcional a la membresía).

Una de las evidencias más claras de la naturaleza conexional de la iglesia local está en la legislación gobernando la fundación de una nueva (¶263). Las iglesias locales se pueden empezar a iniciativa de personas locales, miembros de iglesias existentes, el Superintendente de distrito, un oficial de desarrollo congregacional en la conferencia anual o bajo la dirección de la Junta de Ministerios Globales de la conferencia anual. Pero en términos del sistema de gobierno, el obispo y el Gabinete deben consentir en el establecimiento de una nueva iglesia. Entonces sólo el Superintendente de distrito, del distrito en el que va a ser situada, puede servir como «el agente a cargo del proyecto», recomendar el sitio y reunir a personas interesadas en formar una nueva iglesia local.

Cuando las personas interesadas se reúnen para organizar, preside el Superintendente de distrito (o un pastor a quien él o ella designa). Las personas se reciben por transferencia de la membresía o por profesión de fe, y así llegan a ser miembros de una «iglesia constitutiva de la conferencia». Entonces eligen miembros de la junta administrativa o concilio administrativo. Una vez que se ha hecho esto, se cierra la conferencia «constituyente» y se convoca, o pasa a ser la conferencia del cargo que elige a los oficiales. Así que en ningún momento una iglesia local recién constituida es una congregación autoconstitutiva que comienza a reunirse por sí, elige un presidente o moderador, o que vota para aceptar al pastor fundador. Se constituye como una iglesia local dentro de la conexión.

Debido a que no son independientes en el sistema de gobierno sino parte de una comunidad conexional de testimonio y servicio, las iglesias locales son críticas para la vitalidad y eficacia de la IMU. En las palabras de la iniciativa episcopal sobre *Congregaciones vitales–Discípulos fieles*, «la expresión central, focal del ministerio y misión en el nombre de Cristo se encuentra en la congregación de la iglesia local». La conexión depende de «asambleas concretas de los fieles» que descubren su misión única en cada lugar. Al mismo tiempo, las iglesias locales se mantienen en comunión una con otra por medio de la misión compartida.

La *Disciplina* anima a las iglesias locales a demostrar su propia iniciativa llevando adelante la misión y el ministerio de la IMU. Las iglesias locales no son sólo una «base estratégica» primaria con una «responsabilidad de alcance misional»; también comparten la definición clásica de iglesia como «una comunidad de verdaderos creyentes» (¶201). En breve, cada iglesia local es la iglesia completamente.

La congregación es el lugar en donde la vida en Cristo es visible, en donde la comunidad de fe se actualiza. La congregación es el lugar en donde la fe debe hacerse real. En la congregación se deben descubrir maneras para vivir el reclamo del reino de Dios. La congregación debe apuntar al reino de Dios si es que esperamos que ese reino sea una realidad.

Cuando los fieles se reúnen para la adoración en un lugar específico, no hay una iglesia «real» en algún otro lugar del cual este grupo es solamente una subdivisión o una rama. Cristo está completamente presente en cada lugar; Cristo no está dividido. La responsabilidad para el testimonio y servicio en el nombre de Cristo no está en alguna otra parte, en algún lugar más puro y santo, sino en cada lugar en donde los cristianos se reúnen.

Membresía en la iglesia

La primera sección principal en el capítulo sobre la iglesia local en la *Disciplina* se refiere a la membresía en la iglesia. Párrafos similares a éstos habían sido colocados al frente de las *Disciplinas* de las antiguas iglesias metodistas por muchas generaciones. Pero en años recientes han tomado una dirección diferente. Se ha eliminado por completo la palabra «sociedad». Con la aprobación en la Conferencia General de 1996 del Estudio sobre el Bautismo, autorizado por la Conferencia General de 1988, la membresía está asociada más claramente con las señales de la «iglesia». La premisa de recibir a «todas las personas que buscan ser salvas de sus pecados» -una referencia a las antiguas sociedades metodistas (*Disciplina* de 1992, ¶216)– ha abierto el camino a una comprensión más «de iglesia» del bautismo como «incorporación en el cuerpo de Cristo» y la «iglesia católica (universal)» (¶222.1).

La membresía se considera como un pacto al que se entra por medio de votos formales y que se mantiene por la disciplina y completa participación en la vida de la iglesia. El pacto es una lazo mutuo en la comunidad de la iglesia local. «Un miembro está enlazado en un pacto sagrado para compartir las cargas y los riesgos y celebrar el gozo de otros miembros» (¶219).

La membresía en una iglesia local significa participación en una comunidad de fe, y la *Disciplina* advierte a todos los miembros que deben dar la bienvenida a todos los nuevos, estar involucrados en los ministerios de la iglesia, y unirse en el crecimiento espiritual y a grupos pequeños. Una manera en la cual se ejercita el «cuidado de los miembros» es hacer un esfuerzo para traer de regreso a los miembros inactivos. Esas personas deben ser contactadas por el pastor y el laicado, y animados a que «renueven sus votos», transferirse a una iglesia en la que desean ser activos o darse de baja.

Este proceso no se debe tomar a la ligera. Los nombres de los miembros inactivos se deben publicar en las actas de la conferencia del cargo «por tres años consecutivos» y se deben tratar individualmente en la conferencia del cargo. Sólo entonces podrá la conferencia del cargo echar fuera a esa persona. Mientras tanto, las puertas se quedan abiertas, ya que la iglesia mantiene una lista de personas destituidas. Así la *Disciplina* enfatiza de los miembros, uno por otro, un asunto que tiene raíces profundas en la estructura de cuidado común y responsabilidad de las reuniones de clase (¶229).

No hay nada más característico de la tradición metodista unida que el mantenimiento exacto de libros de registro de cuántos miembros tiene cada iglesia local. La *Disciplina* manda que cada iglesia tenga listas de siete categorías diferentes de miembros (¶231), así como un registro permanente en el cual todos los miembros aparecen en orden cronológico (¶234.1). El registro puede resultar en una lectura fascinante para personas que tengan un interés histórico o genealógico.

Los programas de computadoras de hoy hacen posible que muchas iglesias mantengan listas al día con bastante data, desde direcciones a fecha de nacimiento a habilidades e intereses. Al otro lado del espectro, hay iglesias locales que—a pesar de los muchos imperativos de la *Disciplina*—no tienen registros de membresía, o si los tienen, no están completos. Personas que llevan tiempo de mudadas a otras direcciones, o que han muerto, todavía están en la lista.

Estas anomalías no son un descuido necesariamente; puede que reflejen una norma distinta de iglesia. Para mucha gente, la iglesia de su niñez y/o de su familia es su iglesia para siempre–un sitio en donde están sus raíces. En situaciones como éstas, «membresía» es más orgánica y tradicional en naturaleza, de tal manera que quitar a una persona de la lista de miembros es equivalente a ser expulsada de la familia o excomunicada. Esta norma difiere mucho de una comprensión de la iglesia como una asociación voluntaria, en la cual la membresía es una decisión racional acompañada de tarjetas de información para llenarlas y ponerlas en la computadora, además de tarjetas de promesa para indicar cuánto uno espera dar en el año entrante.

La mayoría de las iglesias locales son una mezcla de estos formularios organizacionales tradicionales y racionales. Cualquiera que sea la mezcla, la membresía es principalmente un asunto de cuidado pastoral y congregacional, no un asunto de formalidades. Toda la papelería que involucra una transferencia de membresía, por ejemplo, vale la pena sólo para estar seguro de que el miembro va a seguir bajo el cuidado de una iglesia local. No hay un sistema burocrático hermético que le siga el rastro a todos los miembros metodistas—mucho menos a personas que se transfieren. Muchas de las personas que vienen buscando hacerse miembros nunca pueden conseguir una transferencia formal de su antigua iglesia (muchas denominaciones no tienen este sistema o no lo honran). Muchos se mudan sin pedir un certificado de transferencia.

Lo más que los pastores y el laicado pueden hacer es integrar a la gente a la vida de la iglesia local y cuando una persona se muda, tratar de que una pastora o un laico en la nueva comunidad reciba el nombre y dirección para que puedan hacer contacto con ellos. Entonces la iglesia de donde salieron puede emitir un certificado de transferencia indicando la buena relación del miembro y prestando un sentido de continuidad a la membresía en la conexión. La opción menos deseable, aclara la *Disciplina*, es hacer saber que la persona ha renunciado su membresía, dando a entender que se ha unido a otra iglesia sin solicitar una transferencia o que simplemente ya no desea ser miembros.

Un creciente sentimiento en asuntos de la membresía en el metodismo unido es la inclusión e incorporación de personas de todos los trasfondos raciales, nacionales, económicos o sociales. Como una conexión, el metodismo unido es asombrosamente diverso. Sin embargo, dentro de las iglesias locales, el metodismo unido sigue muy separado por raza o clase. En la mayoría de los pueblos la IMU llamada «Primera» tiene un estado social más alto (educación, ingreso, tipo de empleos). Las IMU llamadas «Wesley» o «Epworth» es muy posible que comprendan a gente que viven del trabajo físico. Todo el mundo sabe, además, qué clase de gente va a cuál iglesia. Todo el mundo en el pueblo sabe cual iglesia local es «blanca» y cual es «negra». En algunas iglesias en Pennsylvania y en Iowa, la gente se sigue sentando en bancos aparte, preservando herencias distintas. Hispanos, asiáticos, nativoamericanos u otras iglesias locales bilingües son identificadas así en los tableros de anuncios.

La IMU ha tratado de enfrentar estas divisiones con un lenguaje constitucional y legislativo acerca de la inclusividad. «Todas las personas, sin importar raza, color, origen nacional, estado o condición económica, declara la Constitución,

podrá asistir a los cultos, participar en su programa, y cuando tomen los votos apropiados, serán aceptadas en la membresía de *cualquier iglesia local en la conexión*» (¶4).

154

Este lenguaje se hace eco–agregando la inclusión de personas con impedimentos–en el primer párrafo de membresía en la iglesia (¶214). En este punto la conexión puede ser una verdadera virtud. Toda clase de personas pueden y participan de la conexión. El problema está en si todos pueden participar en cualquier y en cada iglesia local. Si la IMU realmente consiste de «iglesias locales» de la conexión, entonces la respuesta debe ser afirmativa.

Es un tanto irónico que la *Disciplina* caiga en el lenguaje de los derechos humanos en este punto, declarando que todas las personas «pueden» ser miembros. Por supuesto, ese es un punto de fundamento que no se debe separar. Pero la verdadera pregunta es si toda la gente en la conexión están en confraternidad con los demás de tal manera que recibirán a las personas de cualquier trasfondo dentro de esa iglesia local particular. ¿Hará alguna diferencia a esta comunidad conexional si las iglesias locales se llaman y piensan de sí mismas como «congregaciones»? ¿Serán las «congregaciones» más o menos hospitalarias y abiertas a la diversidad que lo que las «iglesias locales» han sido?

La *Disciplina* pide mucho de las iglesias locales, tal vez demasiado. Las iglesias son locales inevitablemente y adoptan costumbres locales. Nada que diga la *Disciplina* puede hacer inclusive a una iglesia local. Aquí el sistema de gobierno conexional se hace más un modelo de comunidad cristiana que una realidad. Las iglesias locales son las que tienen que poner esto es práctica.

La organización de la iglesia local

Ya que las iglesias locales metodistas unidas son fundamentalmente conexionales en su naturaleza, su cuerpo gobernante principal es una «unidad del sistema conexional» –la conferencia del cargo. Esto es, las iglesias locales no pueden tomar decisiones mayores sobre asuntos como edificios, oficiales electos, salario pastoral, quitar miembros de la lista o candidatos para el ministerio ordenado, sin la sanción del representante de la conexión, el Superintendente de distrito. Normalmente el Superintendente está presente, aunque si fuere necesario, él o ella puede designar a un presbítero para presidir. De todos modos, el Superintendente de distrito autoriza y fija la hora de la reunión (¶248.1).

La Conferencia del cargo tiene «supervisión general del Concilio de la iglesia (¶249.1) –o para ponerlo de otra forma, el concilio de la iglesia local es «responsable ante y funciona como la agencia ejecutiva de la conferencia del cargo» (¶254.1). Por medio de la conferencia del cargo, bajo la dirección del Superintendente, una iglesia local ha de «revisar y evaluar la misión total del ministerio de la iglesia, recibir informes y adoptar objetivos y metas recomendadas por el concilio de la iglesia» que se habrán de llevar a cabo bajo la dirección del Concilio.

Así en el sistema de gobierno metodista unido, ni el pastor ni un laico presidente o moderador de la congregación preside en las decisiones cruciales de la vida de una iglesia local. El «cargo» es un «cargo pastoral» lo cual significa que tanto el obispo nombra al pastor, cargando a él o ella con el ministerio en ese lugar, como que el pastor está «a cargo» de muchas responsabilidades básicas del ministerio allí. Pero en la conferencia del cargo, el pastor está bajo la superintendencia de un representante del obispo.

Asimismo, mientras que cada iglesia local elige a un líder laico y una persona que presida el concilio de la iglesia, ninguno de ellos ni ningún otro oficial laico está «a cargo» de la conferencia del cargo. De hecho, no hay ni siquiera un número de oficiales de la iglesia local o de miembros requeridos para estar presentes. Ni la conferencia del cargo ni ningún otro cuerpo de la iglesia -con excepción de la Junta de síndicos– tienen que tener quórum para decidir los negocios (¶¶248.6, 254.4.d).

Obviamente y por supuesto, la salud de la iglesia depende de la gente que quiere estar presente y estar activamente involucrada. Si no lo están, el liderazgo pastoral y laico deben prestar atención al asunto y ver qué es lo que indica la asistencia pobre. Muchos Superintendentes de distrito y pastores están buscando nuevas maneras de tener la conferencia del cargo con un formato más vital en el cual la iglesia local puede adorar, celebrar su historia de ministerio y aceptar nuevos desafíos en la misión. Después de años de enfatizar la colección de data y de informes anuales, puede ser que las conferencias del cargo estén levantando de nuevo algunas de las hebras de pasión y vigor de las antiguas conferencias trimestrales.

La *Disciplina* pone en una forma muy breve un modelo de sistemas dinámicos de la iglesia local, paralelo a la descripción sistémica de «hacer discípulos» descrita más arriba. La «tarea primordial y misión» de una iglesia local «en el contexto de su propia comunidad» involucra un continuo fluir y proceso de crecimiento y transformación cuando las personas

- son invitadas, bienvenidas y recibidas en la fraternidad;
- estimuladas en su relación con Dios a través de Jesucristo;
- fortalecidas en su «formación espiritual»; y

156

• apoyadas en sus vidas diarias en la comunidad como discípulos fieles (¶245).

Para estructurar y apoyar la tarea primaria, la Disciplina exige ciertas unidades organizacionales para cada iglesia local. Esto asegura una medida de consistencia a través de la conexión, haciendo más factible la superintendencia por los Superintendentes y la itinerancia de los pastores de iglesia en iglesia. Esto además cumple con algunos requisitos legales básicos para que las iglesias locales puedan tener propiedades, contratar empleados y recaudar fondos. La Conferencia General de 1996 aumentó grandemente la flexibilidad para que las iglesias se estructuraran en su propia manera (¶¶246.2, 249.2). Se exigen ciertas *unidades administrativas* para cada iglesia: Comités de relaciones pastor–parroquia, finanzas, y postulaciones, para el cuidado y provisión de líderes y fondos para los ministerios de la iglesia local. La Junta de síndicos administra la propiedad. Pero el cuerpo de gobierno—la agencia ejecutiva de la conferencia del cargo– puede ser ahora simplemente el «concilio de la iglesia», o puede seguir con estructuras previas, ya sea el Concilio Administrativo o la Junta Administrativa con el Concilio de Ministerios.

Aun una selección más grande de estructuras se ofrece ahora para el *programa* de la iglesia local. Las iglesias pueden continuar con el modelo de la Junta Administrativa, creado en 1968 para incorporar elementos de los sistemas de gobierno de las iglesias locales tanto metodistas como Evangélicas de los Hermanos Unidos. En este modelo un Concilio de Ministerios separado está encargado de llevar a cabo el programa y la misión de la iglesia. Al igual que otras unidades, el Concilio de Ministerios será responsable ante la Junta Administrativa pero podía iniciar un programa sin estar siempre abrumado por la agenda administrativa de edificios, personal y dinero. Las divisiones de programas que informan al Concilio de Ministerios estaban enfocadas alrededor de zonas especializadas incluyendo ministerios de familias y edades, y las «áreas de trabajo» de unidad cristiana y asuntos interreligiosos, iglesia y sociedad, voluntarios de la comunidad, educación, evangelismo, educación superior y ministerio universitario, misiones, religión y raza, estado y rol de la mujer, mayordomía y adoración (*Disciplina* de 1992, ¶260 y 261).

Las iglesias también pueden seguir con el modelo del Concilio Administrativo concebido en 1980 como una simple alternativa. En este modelo la administración y el programa estaban bajo un cuerpo gobernante con cuatro divisiones programáticas: educación, alcance, testimonio y ministerio de familia y edades. Mientras que la intención original de esta estructura era la de responder a las necesidades de las iglesias pequeñas, fue usada por iglesias de todos los tamaños para eliminar la duplicidad de reuniones y consolidar la toma de decisiones.

El nuevo «concilio de la iglesia» virtualmente hace el modelo del Concilio Administrativo la norma para las iglesias metodistas unidas (¶254). Ministerios de programas están agrupados bajo educación, alcance y testimonio con las «áreas de trabajo» previamente autorizadas bajo el modelo de la Junta Administrativa/Concilio de Ministerios divididas entre los tres encabezamientos. Sin embargo, la *Disciplina* ya no se refiere a las tres áreas de ministerio como que tengan personas para presidir y tampoco aparece la terminología de «comisiones» para programas. Los «representantes de los ministerios de educación, alcance y testimonio de la iglesia» serán miembros del concilio de la iglesia, pero no se especifica ningún cargo (¶254.1). La «conferencia del cargo puede elegir anualmente un coordinador o una persona que presida el grupo de ministerio para cualquiera, o todas» de los que antes eran conocidas como áreas de trabajo. Estas personas habrán de «trabajar con el concilio de la iglesia» pero no se autorizan específicamente para ser miembros de éste (¶256).

Además, la *Disciplina* no tiene ya ninguna legislación describiendo las funciones de «coordinadores» o de «grupos de ministerio». En ningún párrafo se explica o autoriza el contenido específico del trabajo de la iglesia local en la adoración, unidad cristiana, estado y rol de la mujer o ninguna de las otras. Tampoco ninguna unidad de la conferencia o agencia general está autorizada para hacer la definición. El mismo Concilio de Ministerios carece de una descripción disciplinaria o autorización. Así que estos asuntos que se mencionan por nombre solamente, se dejan a la sola discreción—y liderato creativo– de la iglesia local.

La terminología de «comités» y «juntas» se reserva todavía para las unidades administrativas de la iglesia local (¶262). A diferencia de las unidades de programa, los cuerpos administrativos tienen ciertos requisitos de membresía. El Comité de postulaciones y personal puede tener hasta nueve miembros, más el líder laico y el pastor o pastora, con clases rotativas de los miembros para asegurar estabilidad de un año para otro y nuevas personas con voces y perspectivas frescas. Cualquiera que sea su tamaño, este comité es presidido por el pastor, quien tiene la oportunidad de dar forma a todo el liderato de la iglesia local. (¶262.1).

El Comité de relaciones pastor-parroquia (más conocido por las siglas en inglés PPR), puede tener entre cinco y nueve miembros, más el líder laico. Los miembros se dividen en clases rotativas. El pastor no es miembro, pero está presente en las reuniones normalmente; no se podrá celebrar ninguna reunión sin que lo sepa «el pastor y/o el Superintendente de distrito». A este comité se le pide que se reúna por lo menos trimestralmente para conferenciar con el pastor y el personal sobre como «hacer un ministerio eficaz», la compensación de ellos así como una evaluación anual del pastor y el personal y consultar con el Superintendente de distrito sobre el nombramiento pastoral. La *Disciplina* se esfuerza por proveer una variedad de perspectivas en el comité—por lo menos un adulto joven y de preferencia también un «joven de secundaria»– y no se pueden tener más de una persona de la misma familia o personas de la familia pastoral o de los empleados (¶262.2).

El Comité de finanzas tiene supervisión del presupuesto y maneja el dinero de la iglesia. Su membresía está compuesta primordialmente de oficiales como el tesorero, un síndico, presidente o presidenta del concilio de la iglesia, el pastor y el líder laico. Este comité, como todos los demás, es responsable ante el concilio de la iglesia. «Compila» un presupuesto completo para todo el año. Desarrolla e implementa «planes que recaudarán ingresos suficientes para cubrir el presupuesto aprobado por el concilio de la iglesia». No está autorizado para decidir cómo la iglesia local gastará su dinero (¶262.4).

Más adelante, un capítulo de la *Disciplina* está dedicado a todos los tipos de propiedades de la iglesia y contiene las provisiones para la Junta de síndicos de la iglesia local. A diferencia de otras unidades, esta junta elige su propio presidente o presidenta. Pero todavía es responsable ante la conferencia del cargo—y por lo tanto a la agencia ejecutiva de la conferencia del cargo, el concilio de la iglesia– por sus acciones.

La administración de la iglesia local revuelve alrededor de varios cargos claves, a los cuales personas deben ser electas por la misma conferencia del cargo. De esa manera también se eligen todos los miembros de los Comités de postulación, pastor parroquia y finanzas, así como la Junta de síndicos. La conferencia del cargo también elige al presidente o presidenta del Comité de relaciones pastor- parroquia y (generalmente) al tesorero de la iglesia y tres líderes claves: el presidente o la presidenta del concilio de la iglesia, el líder laico y el miembro laico de la conferencia anual (¶251).

Los concilios de la iglesia tienen responsabilidades muy extensas;

seleccionar la presidencia para estos cuerpos es muy crítico para el ministerio de la iglesia local. El concilio supervisa toda la planificación para la misión, las listas de membresía, el liderato laico, presupuestos y salarios y las relaciones conexionales. Así que la persona que preside tiene un rol clave para iniciar, guiar y apoyar la tarea primaria de la iglesia (¶253.3).

El trabajo del líder laico es el menos definido pero potencialmente el puesto laico más influyente de la iglesia. Como una especie de crítico organizacional, el líder laico es un miembro ex oficio (por razón del puesto) de varias unidades claves: conferencia del cargo, concilio de la iglesia, Comité de finanzas y Comité de postulaciones. El líder laico, quien es un miembro ex oficio pero sin voto del Comité de relaciones pastor–parroquia, consulta regularmente con el pastor sobre «el estado de la iglesia y las necesidades del ministerio» (¶253.1). El líder laico está encargado de edificar el ministerio del laicado. Pero debido a que esto es un poco nebuloso, muchos líderes laicos también presiden el concilio de la iglesia o sirven en otro puesto importante.

La *Disciplina* también coloca al miembro laico de la conferencia anual en unidades claves de la iglesia local, mayormente para proveer una fuerte línea de comunicación entre la conferencia anual y la iglesia local. Estas personas son miembros ex oficio de la Conferencia del cargo, el Concilio de la iglesia, el Comité de relaciones pastor - parroquia y el Comité de finanzas. Ellos deben haber sido miembros de la Iglesia Metodista Unida local por lo menos dos años, de manera que tengan cierto entendimiento del sistema conexional (¶253.2).

El pastor es un miembro ex oficio de la Conferencia del cargo, Concilio de la iglesia, Comité de postulaciones, Comité de finanzas y los Comités ejecutivos de las unidades locales de tanto las Mujeres Metodistas Unidas como los Hombres Metodistas Unidos. El término «ex oficio» no expresa si la persona puede votar o no en el cuerpo asignado, y la *Disciplina* tampoco especifica si el pastor puede votar o no, dejando esto como un asunto administrativo y del estilo pastoral. La mayoría de los pastores y el laicado consideraron al pastor como miembro ex oficio de cualquier comité de la iglesia, no sólo los que ya se especificaron, pero esto también es un asunto de estilo pastoral.

El pastor está encargado de supervisar el «ministerio total de la iglesia local en sus ministerios de educación y en el cumplimiento de su misión de testimonio y servicio en el mundo». En particular, el pastor debe «ser el oficial administrativo de la iglesia local» (¶331). Muchos pastores se ven a sí mismos como un apoyo al liderato laico, quienes realmente determinan la dirección y misión de la iglesia local.

De todos modos, la *Disciplina* no intenta mandar el estilo de liderazgo de los distintos pastores que sirven en las variadas ramas de la vid llamadas iglesias locales. Todo lo que la *Disciplina* establece es que el pastor está nombrado con responsabilidades de liderazgo. Es importante estar claro acerca de la fuente de ese «cargo». Con seguridad la iglesia local tiene esperanzas y expectativas de su pastor y lo hace saber constantemente. Pero el «cargo» en sí mismo viene de la conexión. El pastor permanece como un extranjero –nombrado por el obispo, tiene su membresía en la conferencia anual y es, finalmente, responsable a ese cuerpo, no a la iglesia local. Ni la conferencia del cargo ni el concilio de la iglesia tiene autoridad sobre el nombramiento pastoral. Sólo el Comité de relaciones pastor–parroquia tiene algo que decir, y esto sólo de manera consultiva.

El plan organizacional de la iglesia local no puede decir todo lo que debe decir, especialmente acerca de la relación de la conferencia del cargo y las varias asociaciones activas en la iglesia local. Por ejemplo, las Mujeres Metodistas Unidas y los Hombres Metodistas Unidos están representados oficialmente en cuerpos gobernantes. Sin embargo, ellos generan sus propias actividades, recaudan su propio dinero y eligen sus propios oficiales. El Concilio de la iglesia puede sólo buscar la cooperación y coordinación con estos grupos. La *Disciplina* también perpetua la casi independencia de otra vieja asociación, la escuela dominical, cuyo Superintendente tenía en tiempos pasados una influencia a la par con el pastor. Hoy este trabajo, aunque se considera una agencia de programa, se coordina por medio de un grupo de ministerio en educación, y el papel tradicional de Superintendente es difícil de explicar (¶257).

Balance entre la misión local y conexional

La *Disciplina* establece un plan de organización de manera que 37,000 iglesias locales en los EE.UU. tengan en común ciertas estructuras básicas. Hasta cierto punto el plan simplemente refleja asunciones culturales acerca de lo que se necesita para ser una asociación voluntaria responsable en esta sociedad. Una Junta de síndicos, por ejemplo, es necesaria para la propiedad corporativa de entradas financieras y de la propiedad (aunque mantenida en fideicomiso para la conexión). El Comité de finanzas mantiene las entradas y gastos bajo el control de los miembros laicos de la organización, separados del oficial administrativo (pastor). Las iglesias en las Conferencias

Centrales puede ser que estén bajo otro plan de organización adaptado a su propia cultura y leyes locales.

El extenso plan de organizar para programa y misión que creció durante veinticinco años en el metodismo—casi eliminado por la Conferencia General del 1996– fue otra expresión de conexionalismo. No hacían falta unidades de programas ni áreas de trabajo, pero por la fuerza de la relación conexional parecían necesarias. Los formularios de informes anuales repartidos en las conferencias del cargo por la iglesia general parecía que las reforzaban como una norma. Guías para la presidencia –y todos los puestos de la iglesia local– se publicaron y distribuyeron cada cuadrienio por la Junta General de Discipulado.

Las áreas de trabajo en particular tenían la intención de proveer un eslabón entre las iglesias locales y las unidades denominacionales que podían ofrecer recursos y apoyo. Cuerpos paralelos en la conferencia anual y en la iglesia general crearon una cadena de propósitos compartidos. Por ejemplo, la presidenta del estado y rol de la mujer en la iglesia local, tenía una responsabilidad especial en «el compromiso continuo de la iglesia para la completa e igual responsabilidad y participación de las mujeres en la vida total y misión de la Iglesia» (*Disciplina* de 1992, ¶262.9). Su iglesia local pudiera ser que no hubiera autorizado tal área de trabajo por su cuenta ni haber sabido qué dirección tomar. La conexión ofreció ambas cosas, autorización y recursos. Para ideas de cómo desarrollar este trabajo, ella pudiera ir a la presidenta del distrito, a una unidad de la conferencia anual y a la Comisión General del Estado y Rol de la Mujer.

Los metodistas unidos experimentaron e interpretaron de varias maneras la dinámica de esas unidades paralelas. Para muchas iglesias locales el esquema para organizar programa y misión en áreas especializadas, fue apropiado y útil. Las iglesias locales encontraron que los recursos y materiales de la iglesia general eran adaptables a sus situaciones. Experimentaron la dinámica conexional como un apoyo útil de las iniciativas locales en el ministerio.

Otras iglesias locales encontraron el esquema como autoritario y los materiales de las agencias generales innecesarios para la iglesia local. Algunas iglesias pondrían al mismo voluntario laico en varios diferentes trabajos solamente para llenar el informe anual. Muy poca gente parecía que tuvieran interés en el contenido de las guías. Consideraron la dinámica conexional como onerosa y hasta como una falta de respeto para las iniciativas locales en el ministerio.

La cultura conexional siempre ha chocado con la cultura de la iglesia local. Los cuerpos conexionales ven las iglesias locales como misiones sumamente importantes para el énfasis sobre el cual la iglesia más generalmente ha alcanzado consenso. Ellos definen la vitalidad de la iglesia local en términos de involucramiento activo en llevar hacia adelante la misión conexional.

La cultura de la iglesia local, sin embargo, permanece muy variada y resistente a la influencia de «afuera». Cada iglesia local tiene su propio lugar, historia, carácter y sistema simbólico que se destila en maneras particulares para escoger direcciones y tomar decisiones. Todo plan debe adaptarse a la cultura local.

¿Pero hasta qué grado debiera la conexión honrar la cultura de la iglesia local y hasta qué punto debiera la conexión desafiar la cultura de la iglesia local con nuevas ideas y direcciones? Esta pregunta se ha agudizado en años recientes en cuanto a asuntos sobre la raza y el género. La conexión ha exigido que cada iglesia local abra sus puertas a todas las personas y que acepte como pastores lo mismo mujeres que hombres y personas de cualquier identidad étnica. Después de más de veinte años, todavía hay abierta resistencia a estas iniciativas.

El desafío organizacional es doble. Por un lado, la conexión debe dar poder a las iglesias locales para hacer ministerio y misiones como las personas locales lo interpretan en su situación particular. Un número de iniciativas conexionales han saltado de esta vitalidad local como ideas efectivas que se han desparramado de iglesia en iglesia. Por otro lado, las conferencias deben buscar la manera más eficaz para que las iniciativas que disfrutan de un consenso conexional amplio sean interpretadas y apoyadas en la iglesia local.

No hay dudas de que una iglesia conexional enfrenta preguntas eclesiológicas fundamentales. Si la iglesia es a la vez local y universal –una iglesia completa en cada lugar pero también parte de una fe practicada universalmente—¿cómo podrá ser estructuralmente personalizada? ¿Cómo la iglesia local puede ser local sin convertirse en parroquial? ¿Cómo puede la iglesia conexional ser general sin perder sus raíces de vitalidad en lugares locales?

Este balance sigue siendo un desafío para el metodismo unido, como lo es para otras tradiciones. La *Disciplina* de 1996 ha cambiado el balance hacia la iniciativa y autonomía local al quitar todas las descripciones de unidades de programa conexional. Pero este cambio levanta una serie de preocupaciones sobre el sistema de gobierno. La *Disciplina* tal como está ya no autoriza o define una gran parte del trabajo de la iglesia local. Así que la conexión tiene un papel más pequeño en la función básica denominacional de disciplina congregacional.

Las iglesias locales se dejan en buena parte a sus propios mecanismos para organizar programa y misión. Algunas tienen al personal, expertos laicos y recursos para hacer esta tarea; muchas no. De todos modos, las iglesias locales tienen menos posibilidad de ir al libro para buscar medios para tomar decisiones o resolver conflictos de autoridad, especialmente si la iglesia local está siguiendo una estructura vieja que ya no se describe en la *Disciplina*. Mientras tanto, los oficiales conexionales como el Superintendente tendrán una tarea mayor para aprender acerca de las diversas estructuras de la iglesia local de manera que puedan ser efectivos en sus superintendencias. Esta situación promete perpetuar de una nueva manera la tensión local y conexional.

CAPÍTULO 7

Llamado y separado: Ministerio ordenado en el metodismo unido

Ningún aspecto del sistema de gobierno y práctica metodista unida es más rico en historia y sabiduría, más denso con tradiciones y expectativas, o más difícil de interpretar que los ministerios de liderato pastoral y diaconal en la iglesia. En ninguna parte es más aparente la complejidad de una herencia eclesiológica sintética de elementos orgánicos y evangélicos que en el metodismo unido. Cuando la Conferencia General de 1996 aprobó un plan de ministerio partiendo radicalmente de más de doscientos años de tradición metodista, presentó sólo lo último en una larga línea de controversias que resultan de un síntesis cambiante de la comprensión. El nuevo plan, como los anteriores, tendrá que ser vivido a través del tiempo por una tradición que aprecia su pragmatismo.

Pero para toda la confusión y frustración que algunas veces resultan, el metodismo unido ha sido notablemente eficaz en dar liderato a las iglesias. Muy pocas iglesias locales se dejan sin pastor por más de un pequeño período de tiempo; virtualmente todas están atendidas por una persona con entrenamiento y certificación. Las iglesias metodistas unidas disfrutan del liderazgo de pastores, educadores, músicos, administradores y muchos otros, educados y acreditados.

Un doble marco de ministerio predicador

Desde sus comienzos como un movimiento evangélico de renovación dentro de la iglesia establecida, el metodismo puso a la predicación en primer lugar entre los roles de liderato. El predicador que podía mover una audiencia y traer a más personas a una vida en Cristo, siempre ha tenido un lugar central en el metodismo. Cualesquiera que fuera la posición en términos de educación u ordenación, todavía uno podía—inspirado por el Espíritu Santo– predicar la Palabra de Dios. Los miembros de esa orden de predicadores que se consideraban más eficaces y útiles eran, por supuesto, aquéllos que podían viajar o itinerar con libertad, para llevar adelante su ministerio de predicación adondequiera que lo mandasen. Éstos pertenecían a una conferencia anual a la cual eran responsables de su ejecución del ministerio y a través de la cual recibían un nombramiento del obispo.

Así, las antiguas *Disciplinas* del metodismo americano tenían las preguntas que todavía permanecen como el centro de la conferencia anual, aunque el vocabulario ha cambiado:

Sobre el Método de tener una Conferencia, y los Negocios que se celebrarán allí . . .
Preguntamos,
 1. ¿Qué predicadores son recibidos?
 2. ¿Quiénes permanecen a prueba?
 .3. ¿Quiénes son recibidos a prueba?
 4. ¿Quién desiste de viajar?
 5. ¿Hay objeciones a cualquiera de los predicadores? Quienes son nombrados uno por uno.
 6. ¿Cómo están los predicadores estacionados este año?

Juan Wesley se tomó la libertad de ordenar a los predicadores sólo por la necesidad de proveer los sacramentos a los metodistas en lugares en donde no había medios para obtenerlos–en especial en las «muy poco común cadenas de providencias» que llevaron a la independencia metodista en América (Wesley, *Works*, 13:2512). La ordenación fue de forma presbiteriana desde el principio, con el obispo presidiendo junto a otros presbíteros poniendo las manos encima. Las raíces de esta forma no caen en la tradición de la iglesia orgánica sino en las iniciativas prácticas de la «iglesia primitiva», a través de la cual el metodismo luchó por encontrar una eclesiología auténtica. Aunque los requisitos para la ordenación aumentaron gradualmente -especialmente a partir de las postrimerías del siglo XIX– persistió el sentido de que la ordenación era una separación pragmática de las personas bajo necesidades definidas del ministerio viajero en ciertas situaciones y contextos.

Como consecuencias del privilegio de la predicación y las raíces pragmáticas de la ordenación, el metodismo unido sigue autorizando el ministerio de pastores en dos marcos separados, algunas veces paralelos, algunas veces discordantes. El que tiene una clara prioridad, como se demuestra a menudo en la gramática de la *Disciplina,* es la relación con la conferencia anual. El otro es la ordenación, la cual deriva su importancia no tanto de su valor intrínseco como por su relación con credenciales para membresía a plena conexión con la conferencia.

Las raíces para este doble marco están en los orígenes de la conferencia anual como la reunión de predicadores itinerantes.

El estado conferido por la ordenación, llegó a convertirse gradualmente en una señal de miembro completo de la conferencia. Después de 1784, la Iglesia Metodista Episcopal hizo distinciones muy sutiles entre «ministros» y «predicadores». Aunque ambos eran llamados a predicar ante todo, los primeros eran miembros ordenados a plena conexión de la conferencia; los segundos servían en iglesias locales y no eran ni ordenados ni miembros de la conferencia.

Estos predicadores locales, que ahora se les llaman pastores locales, ilustran la realidad y la dificultad de los marcos dobles. Desde el principio han provisto un ministerio de predicación para las iglesias metodistas locales. Organizaron sociedades y reuniones de clase en caseríos dispersos por todos los campos y continuaron con la adoración y la predicación entre el lapso de las visitas de los presbíteros que presidían. Para muchos pastores locales, la predicación había sido una manera para servir la iglesia en un local específico, mientras que se ganaban la vida en algún otro tipo de trabajo. Así que aunque habían sido nombrados por el obispo a una iglesia en particular, la mayoría no había itinerado de lugar en lugar como los miembros a plena conexión de la conferencia anual.

Tampoco se esperaba que los pastores locales cumplieran con los requisitos para llegar a ser miembros a plena conexión y ser ordenados. Solamente ellos están comprometidos a un curso de estudio aprobado por la Junta General de Educación Superior y Ministerio. El curso de estudio en sí mismo tiene raíces profundas en la tradición metodista, ya que fue la manera normal de preparación ministerial antes de la fundación de seminarios a fines del siglo XIX y principios del XX.

Sin embargo, por causa de todo esto, los pastores locales no se ajustan realmente al marco doble. No son ordenados ni consagrados, teniendo solamente una licencia para el ministerio pastoral de su distrito. Se les permite administrar los sacramentos, pero solamente en la iglesia o iglesias locales a las que hayan sido nombrados. Son nombrados por el obispo, pero no se les requiere la itinerancia. Los pastores locales que trabajen parte del tiempo, o tiempo completo, no se les considera como miembros de la iglesia local sino miembros clericales de la conferencia anual con derecho a participar—excepto que no pueden votar todavía como los miembros completos (¶340.6).

Las provisiones para los pastores locales, junto con múltiples otras categorías de servicio—ministros diaconales, miembros asociados, diaconisas, y otros– hacen ver que es obvio que el metodismo unido sigue ambiguo con respecto a los separados para el ministerio. Sin embargo, esa ambigüedad no deja de tener sus usos, la carencia de claras definiciones permite la flexibilidad para remediar las necesidades pastorales de las iglesias locales. El cacareado pragmatismo metodista unido ha permitido que el movimiento pueda adaptar el ministerio a muchas clases de situaciones. A la misma vez, la ambigüedad puede ser muy confusa e hiriente cuando personas que sirven fielmente a iglesias locales se sienten como «ciudadanos de segunda clase» entre la clerecía y fuera de importantes decisiones en la conferencia anual que los afecta a ellos y sus iglesias locales.

La Conferencia General de 1996 aprobó nuevas maneras de ministerio que sacudirán hasta sus bases el marco doble. Por primera vez en la historia metodista, hay un orden de personas ordenadas que no son itinerantes y quienes inician su propio lugar de empleo. A los diáconos se les ordena a «Palabra y Servicio», incluyendo «proclamación de la Palabra» (¶319). Pero este ministerio de predicación y servicio no participa de la comprensión histórica de la orden misionera de predicadores metodistas dispuestos a ir adonde los manden. (Los pastores locales tampoco tienen que ser itinerantes, pero ellos no inician su empleo.)

El nuevo plan de ministerio también retira las dobles vías eliminando la ordenación para aquellos que están «a prueba» (lenguaje histórico) como presbíteros y miembros a plena conexión en una conferencia anual. Los miembros a prueba son «comisionados» a su trabajo, un mínimo de tres años en los cuales son «ministros comisionados», pero no ordenados como diáconos–la práctica histórica (¶316).

Así vemos que el metodismo unido pasa por cambios fundamentales del ministerio separado. En un verdadero modo sintético, la IMU trata de mantener la itinerancia y la superintendencia como sus prácticas definitivas, aun cuando se mueva hacia un modelo que pudiera aumentar grandemente el número de clérigos que son contratados por las iglesias locales y que no tienen itinerancia. Cómo resultará esto, sólo el tiempo lo dirá.

Ministerios especializados

Toda la separación de personas para un ministerio especializado y con credenciales de la iglesia, comienza en la iglesia local. Toda persona que quiera proseguir hacia cualquier tipo de servicio o relación certificada con una conferencia anual debe tener primero la aprobación y afirmación de cuerpos gobernantes en la iglesia local en la cual él o ella tiene su membresía.

Las personas en ministerios especializados se relacionan con un cuerpo conexional fuera de la iglesia local para obtener las credenciales. Pero éstas no pueden llegar a este punto hasta que consigan el apoyo de su propia congregación. Esto pone un peso sobre las iglesias locales para tomar con la mayor seriedad el reclutamiento y examen inicial, así como el apoyo constante de las personas que expresan un llamado para servir.

El metodismo unido comprende que todas las personas bautizadas tienen un llamado a un ministerio por medio del bautismo (¶¶106, 310). Pero una persona que reconoce un llamamiento adicional al liderazgo en la comunidad de fe, debe someter ese llamado para ser comprobado y confirmado por esa comunidad. El primer lugar en donde ocurre esa prueba es la iglesia local. Allí, entre las personas que la conocen bien, la iglesia comienza a determinar cuáles pueden ser los dones y gracias de una persona llamada y si la persona tiene la integridad, comprensión y disciplina para dirigir la comunidad con eficacia.

Este puede ser un fuerte desafío para una iglesia local; puede significar decir que no a un miembro devoto. Pero las iglesias locales deben ejercitar su discernimiento en esta etapa inicial para asegurar que el «llamado interior» al liderazgo que una persona ha oído puede ser comparado con un «llamado exterior» de la iglesia que confirma el ministerio de la persona.

Una vez que el llamado de la persona ha sido afirmado por la conferencia del cargo de él o ella, el proceso de preparación, entrenamientos, prueba, colocación y evaluación generalmente pasa a los cuerpos conexionales. La iglesia local le da a la conexión el que haga un juicio de la aptitud de la persona para el ministerio. En un sentido real, entonces, la iglesia local envía a la persona a la misión en donde el liderazgo de él o de ella será guiado por la conexión.

Este sentimiento de ser enviado en misión no se refuerza en la itinerancia—los predicadores viajeros se comprometían a ir adonde fueren necesitados. Pero una orientación de misión es tejida también en toda la tela de la comprensión conexional del ministerio. Una vez que la iglesia local identifica y afirma el llamado de uno de sus miembros, lo presenta a él o ella a la conexión para el servicio. Esta es una de las maneras más significativas en que las iglesias locales contribuyen a la misión de la iglesia general.

Oradores laicos

La primera categoría de personas que se separan para el liderazgo es la de los oradores laicos. Debido a que estas personas no están separadas de ninguna manera de su iglesia local y por lo tanto no tienen membresía en la conferencia anual, la legislación que tiene que ver con esta práctica está al final del capítulo sobre la iglesia local de la *Disciplina*. El mismo título de esta categoría, por supuesto, resuena con el antiguo lenguaje metodista de «exhortadores» y «predicadores locales» quienes dirigen el culto, predican, dirigen la oración, el estudio bíblico y el trabajo pastoral en las sociedades metodistas locales.

Los oradores laicos estudian cursos para ser certificados para «desarrollar habilidades para testificar de la fe cristiana por medio de la comunicación hablada, liderazgo en la iglesia y en la comunidad y ministerios de consuelo». Se espera que tengan un conocimiento básico de la Escritura y de la «doctrina, herencia, organización y vida» de la iglesia metodista (¶270.1).

Las conferencias distritales y anuales están autorizadas para auspiciar los cursos y dar el certificado de oradores laicos. Las personas pueden ser certificadas para su iglesia local o para servir en otras iglesias locales—tomando cursos avanzados. Los Superintendentes de distrito usan oradores laicos de distintas maneras, algunas veces hasta para llenar temporalmente púlpitos vacantes. Pero los oradores laicos no son nombrados en ningún sentido y no tienen ningún derecho más allá de su membresía en la iglesia local.

Ministros diaconales

En 1976, a la misma vez que se estaba reorganizando la comprensión Disciplinaria del ministerio con la inserción de la Parte IV sobre «El ministerio de todos los cristianos», la Conferencia General creó una nueva categoría de ministerio especializado con el título (redundante) de «ministro diaconal». Varias dinámicas trabajaron juntas para producir esta anomalía en el sistema de la conferencia. Primero, por años la IMU había estado tratando una manera de proveer estado permanente en la iglesia a los muchos laicos y laicas que estaban efectuando trabajo esencial en la iglesia local y para personal de las agencias de la iglesia. Hacía tiempo que se debió haber buscado medios para certificar y reconocer sus llamados, habilidades y derechos y responsabilidades profesionales.

Segundo, la IMU estaba luchando por reconcebir la noción tradicional del diaconado para localizarlo en la eclesiología metodista unida. De acuerdo con la herencia anglicana, la Iglesia Metodista Episcopal simplemente se apoderó de las dos órdenes de diácono y anciano e hicieron que correspondieran con las dos categorías de la membresía en la conferencia anual—a prueba y a plena conexión. El diaconado era normalmente una orden transicional en el anglicanismo, un estado de preparación para el sacerdocio, el cual pega bien con la idea metodista de un predicador «a prueba» para juzgar sus dones antes de ser aceptado «a plena conexión». Tal vez por esa simple base de transición de las órdenes del diácono, la Iglesia Evangélica de los Hermanos Unidos nunca la aceptó, aunque mantuvo una ordenación unitaria.

Junto a amplias conversaciones ecuménicas acerca del diaconato, la IMU en los años 60 comenzó a debatir el lugar que los diáconos permanentes tenían en la iglesia. El debate fue complejo, principalmente porque en la eclesiología metodista tradicionalmente no había lugar para una orden que no existía para sancionar la predicación itinerante. Las personas que sirven en un nuevo diaconado no estarían predicando—por lo menos no primariamente. Ni tampoco querrían itinerar bajo un nombramiento del obispo—porque su empleo está relacionado directamente con la iglesia o agencia que necesite de su habilidad profesional.

La situación todavía se complicó más con el «oficio» de la diaconisa (la forma femenina de la palabra «diácono») que tradicionalmente se había tenido por mujeres que dedicaban todo su tiempo al trabajo de misión. Con raíces en el siglo XIX—en un tiempo cuando las mujeres no se ordenaban como pastoras y estaban limitadas a un liderazgo específico de su género– este oficio habilita a las mujeres a servir como misioneras «itinerantes» bajo la dirección de la Junta General de Ministerios Globales (JGMG). Esto es, las diaconisas recibían nombramientos aprobados por la JGMG, en consulta con el obispo del área en la cual la diaconisa iba a servir. Entonces el obispo «fija» el nombramiento y se pone en la lista del libro de la conferencia. Las diaconisas participan en la conferencia anual con voz, pero no tienen voto.

Además, no son miembros de la conferencia anual ni clérigas ni laicas, a menos que sean elegidas por una Conferencia del cargo como miembro laico de tal cargo. Las diaconisas son miembros de una iglesia y conferencia del cargo local dentro de la conferencia anual en donde sirven (¶1313)

Así que en 1976 la Conferencia General intentó crear una categoría completamente nueva que estaría fuera del sistema de la predicación itinerante, pero todavía relacionada con la conferencia anual. Mientras que tendría cierto parecido con el sistema de gobierno del oficio de diaconisa y ser un «ministerio representativo» tenido mayormente por mujeres, también estaría fuera de la tradición de las diaconisas. Pero este intento fue en realidad una estrategia transicional mientras que la iglesia iba rumbo a un diaconado permanente.

El ministerio diaconal ha atraído a muchas personas capaces con una variedad de habilidades profesionales. Mientras que la mayoría son educadores cristianos, otras sirven como administradoras de la iglesia, músicos, ministro de jóvenes o de evangelismo, u otros puestos. Hay más de 1,300 ministros diaconales activos en la IMU, más del 80 por ciento de los mismos están en las jurisdicciones del sureste y del sur central. Como tres cuartas son mujeres y la gran mayoría son blancas. La mayoría trabaja en iglesias grandes en donde hay más posibilidades de puestos de tiempo completo como dirigentes de programas. A lo largo de la conexión como cien ministros diaconales son consagrados cada año.

El carácter de mosaico de esta categoría, junto con el crecimiento continuo en muchas conferencias y su asociación con iglesias locales grandes, ha creado profundas tensiones. A primera vista, los paralelos con procedimientos para el ministerio pastoral hicieron parecer adecuado el ministerio diaconal. El procedimiento de candidatura para las dos categorías eran paralelas en muchos puntos; de ahí que el proceso para el ministerio diaconal necesitaba la recomendación de la conferencia del cargo de la iglesia local en la que el candidato tenía la membresía, pruebas sicológicas, ciertas normas educacionales y un tiempo probatorio de empleo. Hasta las preguntas históricas que se le hacían a los predicadores desde las conferencias de Wesley fueron revisadas para adaptarlas a esta forma de ministerio (*Disciplina* de 1992, ¶303). Toda la categoría estaba bajo el cuidado y la supervisión de la Junta de Ministerio Diaconal de la conferencia anual, cuyas tareas son paralelas a las de la Junta de Ministerio Ordenado (la cual, hasta que se creó el ministerio diaconal era simplemente la Junta de Ministerio).

Pero ahí paran los paralelos y comienzan las tensiones eclesiológicas. La *Disciplina* de 1992 declara que los ministros diaconales «serán responsables ante la conferencia anual en la ejecución de sus deberes como ministros diaconales» (¶308). De hecho, la conferencia anual vota en la finalización de la candidatura y la consagración se realiza en la conferencia anual a manos de un obispo.

A diferencia de los miembros clericales de la conferencia, sin embargo, los ministros diaconales son empleados por la iglesia local o agencia con quien tienen un contrato para los salarios y beneficios. No tienen garantía de empleo en una conferencia anual. No hacen itinerancia, pero deben buscar su propio empleo. Mientras que tienen un «nombramiento de servicio» del obispo, quien debe revisarlo y aprobarlo, no debe confundirse con un nombramiento pastoral itinerante y garantizado, por un obispo. (¶310).

El capítulo sobre el ministerio diaconal no lo dice así explícitamente, pero la *Disciplina* de 1992 aclara en legislación respecto a la conferencia anual que los ministros diaconales son miembros laicos de la conferencia (¶702.3). Por lo tanto, ellos no participan de la sesión de los clérigos dedicada a las «relaciones conferenciales» de los clérigos. Por otro lado, las «relaciones conferenciales» de los ministros diaconales se votan por todos los miembros de la conferencia—laicos y clérigos– bajo la recomendación de la Junta de Ministerio Ordenado.

Es más, como miembros laicos de la conferencia los ministros diaconales pueden servir en unidades de la conferencia y pueden aspirar a ser delegados laicos ante las conferencias Jurisdiccional y General (¶309). Pero como personal pagado de las iglesias locales y agencias, a menudo no se ven por otros laicos como que son también laicos. Ellos se consideran por otros laicos como que toman el lugar de los laicos que no trabajan para la iglesia y quienes podrían servir en unidades de la conferencia y ser delegados. Y ya que muchos ministros diaconales son empleados por iglesias grandes, al ocupar el sitio de los laicos en la conferencia anual puede tender a exacerbar la tensión entre iglesias rurales y urbanas, grandes y pequeñas.

Diáconos

El nuevo diaconado permanente en el metodismo unido señala un esfuerzo para levantar aún más alto el estándar y el estado de las personas que ejecutan ministerios de servicios para la iglesia. Los diáconos son ordenados para «un ministerio de Palabra y Servicio para toda la vida» (¶320.1). Son clérigos miembros de la conferencia anual, ordenados diáconos y admitidos a una membresía de clérigo a plena conexión después de un riguroso programa de preparación, educación y servicio a prueba. Ellos forman una orden distinta dentro de la conferencia anual, una «comunidad del pacto» de responsabilidad y apoyo mutuo (¶311). También ellos participan en el papel de clérigo en la conferencia, como participantes con todos los derechos en la sesión de la clerecía votando en las relaciones de los clérigos con la conferencia y como electores y candidatos para delegados clericales a las conferencias General y Jurisdiccional (¶320.2).

A la misma vez, la orden de diáconos señala una salida radical de la práctica metodista histórica–aunque el ministerio diaconal ha provisto cierto precedente transicional. Los diáconos deben ser nombrados por el obispo que preside su conferencia anual, pero ellos no son itinerantes. Pueden iniciar su propio empleo, como también el obispo o una iglesia local o agencia; pero este empleo no está garantizado (¶322). Así que aunque son miembros de la conferencia anual, son empleados por una iglesia local o agencia en una base diferente a la de otros clérigos.

Se presentan algunas ambigüedades en este estado mezclado. En el mismo párrafo en el que se exige un «pacto especial» de los presbíteros a plena conexión quienes «se ofrecen sin reserva para ser nombrados», la *Disciplina* requiere «una reunión anual de este cuerpo del pacto en sesión ejecutiva» para votar sobre las relaciones conferenciales de los clérigos. Pero los diáconos forman parte de esta «sesión ejecutiva»—aunque «ejecutivo» siempre ha significado el grupo central histórico de la conferencia anual– los predicadores viajeros (¶324). Así que clérigos que no son itinerantes están votando en las relaciones conferenciales de clérigos que sí son itinerantes—una mezcla de roles posiblemente volátil.

Las órdenes de diáconos también confunden otros esfuerzos disciplinarios para generalizar acerca de los clérigos. El «estado de empleo de los clérigos» se clarifica para dar a entender que «pastores nombrados a iglesias locales no son empleados de esas iglesias»—así que el «pacto histórico que une a conferencias anuales, clérigos y congregaciones» todavía está en vigor (¶119). Pero los diáconos parecen ser empleados por las iglesias locales–un pacto enteramente distinto. Así que la responsabilidad de «todos los clérigos» ante la conferencia anual parece bastante distinta entre diáconos y presbíteros (¶364).

Las dos órdenes se acercan más en un estándar paralelo de preparación. Ambas requieren una educación con un grado a nivel de maestría; ambas asumen la habilidad de articular una teología de fe cristiana y ministerio. Tanto los diáconos como los presbíteros deben servir por un período a prueba durante el cual son comisionados a un ministerio apropiado a su orden. Después de la ordenación, ambos deben recibir una compensación de por lo menos el nivel mínimo de los pastores establecidos, así como el derecho a participar de pensiones y beneficios para clérigos. Para los diáconos esto eleva el estándar de sus ministerios y un mayor reconocimiento y estado en la iglesia.

Pero hay que ver si los diáconos y los presbíteros pueden ser realmente iguales en el metodismo unido. Los diáconos pueden iniciar su propio lugar de trabajo, trabajar parte del tiempo indefinidamente o trabajar sin recibir salario. Si son nombrados a una iglesia local, pueden servir sin el requisito de ser mudados. Mientras tanto, el presbítero debe trabajar todo el tiempo (con limitadas excepciones) y se espera que sea itinerante. ¿Cómo estas dos órdenes pueden trabajar juntas en una iglesia local particular, dado el caso que el presbítero esté nombrado como pastor «al cargo» (¶330)? Esto exigirá una aceptación mutua de los dones y roles en una iglesia que nunca cambia.

Pastores locales

Desde el principio, el metodismo unido al igual que sus cuerpos predecesores han dependido de los pastores locales. Estas personas no eran ordenadas por lo general, pero eran autorizadas y asignadas por el obispo para predicar en una iglesia local (o «sociedad»). Ya que siempre ha habido más iglesias locales que clérigos ordenados, los pastores locales han jugado un papel crítico en la vitalidad del movimiento, especialmente en pueblos rurales y caseríos. El tamaño promedio de las iglesias metodistas unidas locales en los EE.UU. permanece bajo los 250, y la mayoría tiene 200 miembros o menos. Muchas de estas iglesias pequeñas siguen siendo servidas por los que hoy llaman «pastores locales».

Pero los pastores locales han estado siempre agarrados como una pieza más entre los dos marcos para el ministerio pastoral en el metodismo unido. Por lo general, no han sido ordenados, pero en varios períodos de la reciente historia han sido autorizados para administrar los sacramentos en el cargo al cual fueron nombrados. Cuando la IMU se creó en 1968, esta posibilidad fue específicamente excluida. El título anómalo de «pastor local» fue adoptado para esta categoría de ministerio, enfatizando la orden laica de estas personas. Fueron autorizados a ejecutar todos los deberes de un pastor en un cargo específico excepto la administración de los sacramentos del bautismo y la Santa Cena (*Disciplina* de 1968, ¶349).

Para 1976, sin embargo, la Conferencia General revertió esta posición y adoptó el nuevo título de pastor local. El título enfatiza el lugar y también la relación con la conferencia, no la orden. Los pastores locales fueron autorizados a administrar los sacramentos en el cargo al cual son nombrados.

Tal como señala Dennis Campbell, este arreglo es específicamente contrario a la herencia wesleyana de la ordenación. Esto es, Wesley asumió sus extraordinarias ordenaciones «precisamente para evitar administración sin ordenación». Predicar sin estar ordenado era aceptable para propósitos evangélicos, según el punto de Wesley; la administración de los sacramentos pertenecía a los presbíteros o sacerdotes. Por otro lado, el enfoque pragmático del metodismo wesleyano al ministerio se ve claro aquí también (Campbell, *Yoke of Obedience*, 78). Los esparcidos pequeños grupos de metodistas unidos necesitan recibir los sacramentos, según el razonamiento práctico. De todos modos, muchos laicos no distinguen a un pastor ordenado de otro que no lo es, siempre que la persona haya sido nombrada a la iglesia por el obispo. Por lo tanto, se le debe permitir al pastor local administrar los sacramentos por el bien de la iglesia en cada lugar.

También ha sido ambigua la relación de los pastores locales con la conferencia anual. Para comenzar, antes de 1976, toda candidatura para el ministerio empezaba con la «licencia para predicar». Esta licencia histórica, dada originalmente por la conferencia trimestral, luego se emitió y renovó anualmente por el distrito. Fue la base inicial de autoridad para el ministerio de todo aquel que estaba procediendo hacia una relación con la conferencia, pero fue particularmente la autoridad para pastores laicos. Sin embargo, después de 1976 la nueva base para la candidatura para todos los candidatos, incluyendo pastores locales, fue el proceso de certificación, el cual seguía siendo un asunto del distrito (¶305). La licencia volvía solamente a la categoría de pastor local. Bajo el plan de 1996, «todas las personas no ordenadas como presbíteros–incluyendo los miembros a prueba– deben tener una «licencia como pastor local» para servir como pastor bajo nombramiento (¶341).

Ahora los pastores locales están divididos en tres categorías, y las tres asumen que se haga la certificación de candidatura, y que se les dé una licencia de pastor local (¶343). Los pastores locales estudiantes son nombrados a un cargo pastoral mientras asisten a programas pre-teológicos o teológicos. Su membresía permanece en su iglesia original o la pueden transferir a la iglesia a la cual fueron nombrados.

Pastores locales que trabajan parte del tiempo son nombrados a un cargo que no tiene tiempo completo. Es decir, ellos no dedican todo el tiempo a ese cargo y no se les paga tanto como el salario base de un pastor local a tiempo completo. Pastores locales a tiempo completo son nombrados a un cargo a base de tiempo completo con por lo menos el salario mínimo establecido por la conferencia anual.

Tanto los pastores locales que trabajan parte del tiempo, o todo el tiempo, son miembros clericales de la conferencia anual, no miembros de la iglesia local. Tienen el derecho a voz y voto y pueden servir en unidades de la conferencia anual. Sin embargo, no tienen todos los derechos de los miembros ordenados de la conferencia a plena conexión. No pueden votar las enmiendas constitucionales, las relaciones de los clérigos con la conferencia o ser delegados a las conferencias General o Jurisdiccional (¶340). Así que aunque se les permiten los derechos de un ordenado en su propio cargo, no se les permite los derechos de un ordenado en la conferencia. Lo que el sistema de gobierno metodista unido retiene en una mano (niegan los derechos de ordenación y por lo tanto no tienen todos los derechos en la conferencia), lo da parcialmente con la otra (funciones de un ordenado en el cargo). Este mensaje doble ha sido la fuente de mucha tensión y frustración.

Los pastores locales tienen que cumplir un curso de estudios de cinco años, el método normal de preparación de todos los predicadores metodistas antes de que un grado del seminario se convirtiera en la norma para la ordenación. Este curso, dirigido bajo los auspicios de la Junta General de Educación Cristiana en principalmente universidades y escuelas de teología metodistas unidas, generalmente dura un mes cada verano y abarca estudios bíblicos y teológicos, así como doctrina, historia y sistema de gobierno metodista unido. Basado históricamente en una lista de libros seleccionados y aprobados por los obispos, el curso de hoy sigue guías generales dentro de las cuales los maestros tienen libertad para sus propios enfoques. Al terminar el curso, el pastor local puede «permanecer en una relación local con la conferencia anual» indefinidamente (¶344).

Un asunto sobre el cual la iglesia continúa cambiando su mente colectiva es el de la posibilidad de los pastores locales de proseguir a la orden de presbíteros. Comenzando en 1980 la *Disciplina* ofreció la categoría de miembro asociado de la conferencia anual. Los pastores locales que escojan esta opción deben tener por lo menos treinta y cinco años de edad y ser pastor local a tiempo completo por lo menos cuatro años, así como cumplir con otros requisitos. Al hacer esto, se están comprometiendo al «ministerio itinerante» bajo nombramiento del obispo y ganan «la misma seguridad de nombramiento como los miembros a prueba y miembros en plena conexión» (*Disciplina* de 1992, ¶419).

Los miembros asociados no recibieron ningún derecho de votar de la conferencia además de los de un pastor local a tiempo completo. Pero llegaron a ser elegibles para ser ordenados diáconos. Extrañamente, podían ser diáconos por tiempo indefinible—diciendo la idea de que el metodismo unido no tiene diaconado permanente. Un miembro asociado que ya ha sido ordenado puede elegir, si está capacitado y es electo por la conferencia, poder llegar a ser miembro a prueba de la conferencia. Dos años adicionales de estudios avanzados, junto con otros requisitos, abrieron las puertas para ser considerados a la membresía a plena conexión en la conferencia y ordenación como presbítero.

Relativamente pocos pastores locales prosiguieron estos pasos, en parte porque tendrían que ser itinerantes y en parte porque su candidatura vino bajo «condiciones especiales» en las cuales tendrían que demostrar un ministerio «excepcional». Tendrían que recibir un voto afirmativo de tres cuartas partes del Gabinete, la Junta de Ministerio Ordenado y la sesión de clérigos de la conferencia anual (¶416). Muchas conferencias anuales nunca consideraron o aprobaron a nadie bajo estas condiciones especiales.

El plan de 1996 quita la categoría de miembro asociado y simplemente permite a los pastores locales de por lo menos 40 años de edad que han completado el Curso de Estudio y especifican una educación teológica posterior, aplicar como miembros a prueba procediendo a las órdenes de diácono. Probablemente la mayoría permanecerá como pastores locales. Sus servicios son críticos para las necesidades pastorales de cientos de congregaciones pequeñas. Sus roles tienen profundas raíces en los orígenes del metodismo como un movimiento evangélico de predicadores y sociedades disciplinadas. Su estado ha cambiado gradualmente al ganar el derecho a aparecer como miembros de la conferencia y a votar al menos en muchos asuntos que afectan los cargos que sirven. Pero los pastores locales siguen fuera de los límites del corazón de la membresía clerical de las conferencias anuales—presbíteros en plena conexión.

Ministros itinerantes a plena conexión

El metodismo comenzó en Inglaterra y América como un cuadro misionero de predicadores atados en conexión del uno con el otro para esparcir el evangelio y santidad bíblica sobre las tierras. Desde el principio su intención evangélica estaba encarnada en un pacto al cual todos los predicadores se sometían. A cada predicador se le daría un lugar para predicar; todo predicador debería estar de acuerdo de ir adonde lo manden.

En América, con caseríos remotos y esparcidos, el sistema estaba en moción perpetua. Como Francis Asbury y Thomas Coke lo declararon sucintamente en su *Disciplina* anotada de 1798, «Todo se sigue moviendo tan lejos como es posible». Los predicadores viajaban por los circuitos predicando y supervisando la disciplina de sus sociedades. También eran transferidos con regularidad de circuito a circuito dentro de la conferencia anual. Los predicadores estaban en un constante peregrinaje, encargados con «cumplir con la misión». Su disciplina fue pronto adoptada por los grupos evangélicos y de los Hermanos Unidos, americanos que hablaban el alemán, por las iglesias Metodista Episcopal que se organizaron ente los afroamericanos y otras culturas y grupos étnicos.

Al centro de la disciplina de los predicadores estaba el pacto de compromiso del uno por el otro--su conexión primero con Juan Wesley y después en América, entre ellos y el obispo que los nombró. Ellos se hacían responsables uno del otro para la conducta y la efectividad del ministerio. Establecieron normas para la admisión a su compañía y crearon medios para cuidar de aquéllos que llegaban a «gastarse» por el trabajo.

A los pocos años que el metodismo se organizó como una iglesia independiente en América, la norma para la entrada a esta conexión del pacto llegó a ser la ordenación. La terminología «ministro viajero», «ministro itinerante» o «predicador itinerante» era intercambiable para indicar que uno era parte de la conexión itinerante bajo nombramiento, con la autoridad de administrar los sacramentos como un presbítero. No existe una orden más «alta» en el metodismo unido; los obispos permanecen como presbíteros.

Los presbíteros a plena conexión—la orden de misioneros predicadores- gobernaron el sistema de gobierno de los cuerpos predecesores del metodismo unido como hasta 1870, y pasaron sesenta años más antes de que las personas laicas tuvieran participación completa en la conferencia anual. Así que cuando uno oye quejas contemporáneas de que el laicado no tiene suficiente voz o que la clerecía domina los asuntos de la iglesia, uno está oyendo ecos de sentimientos endémicos de la manera en que el metodismo ha estado siempre organizado.

Perspectivas que difieren sobre qué le dan derecho a una persona para ser un ministro itinerante a plena conexión también se ven en la tradición metodista. El punto inicial siempre ha sido el «llamado a predicar», un llamado interior que sale del propio encuentro personal con el Dios que llamó a Moisés, purificó a Isaías y convirtió a Pablo a una nueva vocación. Una convicción que florece de una corriente de relación con Dios a través de Jesucristo, ha sido considerado esencial para todos los candidatos al ministerio itinerante. A esto se le debe agregar los dones y gracias necesarias para un ministerio eficaz del pueblo de Dios en su disciplinada jornada de fe.

Las preguntas de Wesley presentadas a posibles trabajadores en el movimiento metodista suenan tan ciertas en este aspecto como siempre:

«¿Conocen a Dios como un Dios perdonador? ¿Tienen consigo el amor de Dios? ¿Tienen dones, así como evidencia de la gracia de Dios, para el trabajo? ¿Hablan justo, presto y claramente? ¿Han dado frutos? ¿Se edifican los creyentes con su predicación?» (Wesley, *Works*, 8:324).

La *Disciplina* actual coloca estas preguntas en el frente, en el punto de la candidatura para el ministerio ordenado. Por lo tanto, las iglesias locales–no sólo comités de ministros ordenados– que recomiendan a una persona como candidato se les pide que hagan de estas preguntas la base de su consideración.

Una vez que ha sido confirmada inicialmente la candidatura y llamado de una persona, él o ella comienza un largo y completo proceso de preparación y más pruebas del llamado, dones y efectividad. Durante el curso del siglo XX, las normas de preparación se han hecho sumamente rigurosas y detalladas. Tanto un grado de bachiller como uno del seminario se han hecho normal en los requisitos (aparte de la gente que sigue la línea del pastor local para la ordenación). El candidato se debe comprometer a estudiar por lo menos siete años más después de la escuela superior, por lo que hay personas que tienen por lo menos veinticinco años al comenzar el ministerio ordenado a tiempo completo.

Historias de controversias sobre estas normas elevadas son bien conocidas. ¿No era la predicación más eficaz la que convencía al escucha de sus pecados y lo traía a la presencia de un Dios perdonador? ¿Cuánta educación sería necesaria para la gente que «no tenían otra cosa que hacer que salvar almas», según palabras de Wesley? En un pasaje famoso de la autobiografía de Peter Cartwright, uno de los ejemplares predicadores de circuito de antes de la guerra, dice que «los predicadores entrenados en la escuela eran tan pálidos como lechugas cultivadas bajo la sombra de un árbol de melocotones (duraznos) y la predicación tan poco elegante» como un ganso desplumado (Peter Cartwright, *Autobiography*, 64).

Por otro lado, aumentaban las voces que hacían recordar el consejo de Wesley de que los predicadores metodistas debían «leer los libros más útiles y esto con regularidad y constantemente».

La vasta mayoría de los predicadores del siglo XIX estaban preparados para la ordenación y la conexión itinerante una vez que habían terminado el curso de estudios aprobado por los obispos. La educación se consideraba demasiado cara y consumía demasiado tiempo; los predicadores hacían falta en los campos. Este sentimiento básico persistió hasta por mucho tiempo en el siglo XX al continuar el debate sobre estándares.

Poco a poco el grado de bachiller en artes y la terminación del curso de estudio llegaron a ser normativas para los predicadores itinerantes. Sólo en 1956 fue que la Conferencia General hizo que el grado del seminario (llamado antes un bachillerato en divinidades, aunque asumía también haber terminado un grado de bachiller en artes) sería la norma para entrar a plena conexión en una conferencia anual.

La tendencia hacia normas educacionales más elevadas reflejaba el desarrollo de la cultura de alrededor. El grado de bachiller llegó a ser normativo para toda clase de trabajo profesional en América después de 1950. Para entonces ya el metodismo unido tenía varias universidades. Éstas ahora son las que más estudiantes mandan a los seminarios, creando un eslabón de requisitos educacionales comparable con la medicina y las leyes.

A medida que la educación teológica se localizaba en instituciones fundadas para este propósito, las tensiones entre conferencias y seminarios se intensificaron. Hasta 1916 los obispos metodistas episcopales tenían que aprobar tanto a los profesores como el currículum, y los seminarios fueron poseídos y gobernados por la Conferencia General. Generaciones siguientes aflojaron esos lazos de gobernación y los campos de la enseñanza se hicieron más y más especializados. La Conferencia General asumió un papel de autorización y apoyo; la fundación de dos nuevos seminarios se aprobó en 1956, y en 1968 el Fondo de Educación Ministerial se creó para canalizar el apoyo financiero de las iglesias a los seminarios.

Completamente cimentado en el «espíritu católico» de Wesley y en el carácter metodista como *eccesiola in ecclesia*, los seminarios han abierto sus puertas a profesores y estudiantes de otras denominaciones. Hoy los cuerpos estudiantiles y facultad son bien diversas. Además, muchos candidatos para ser ordenados ministros metodistas unidos asisten a seminarios que no están afiliados con el metodismo unido, generalmente porque buscan la escuela más cerca de sus casas o que sean menos caras. Todas esas escuelas tienen que ser aprobadas por el Senado Universitario metodista unido y pueden ser de muchas tradiciones distintas (¶¶315, 326).

No es de extrañar entonces que la educación teológica se ha convertido en un punto focal para el debate sobre asuntos perennes en la teología metodista unida. ¿Qué deben aprender los candidatos que los pueda equipar particularmente para el ministerio metodista unido? ¿Hay un sistema metodista unido para enfocar preguntas teológicas? La resolución actual de estas preguntas caen simplemente dentro de los requisitos académicos de estudio en cada uno de los campos de la historia, doctrina y sistema de gobierno metodista unido. Estos requisitos serán cumplidos por todos los candidatos de cualquier forma de ministerio separado (¶315).

Uno pudiera ciertamente preguntar si esto es suficiente para dar al candidato un poco más del sabor del metodismo unido. La *Disciplina* no dice nada sobre métodos teológicos y bíblicos de estudio y reflexión que puedan ser más apropiados para los estudiantes metodistas unidos. No dice nada acerca de la adoración y la predicación ni cómo pensar éticamente. El Senado Universitario usa sólo unos criterios muy generales para juzgar las escuelas y es más bien sobre la integridad de la institución.

Como resultado, los candidatos entran al ministerio ordenado con una variedad de perspectivas teológicas y experiencias prácticas. La Junta de Ministerio Ordenado lleva la carga de los exámenes, usando la *Disciplina* para especificar las preguntas –pero sin respuestas– que cubren muchos elementos críticos de la teología y el ministerio (¶326). Las Juntas han sido ratificadas por el Concilio Judicial en su derecho de agregar expectaciones a la lista Disciplinaria, como requerir un curso en predicación. Pero como que los propios miembros de las Juntas son graduados de muchas escuelas diferentes y de varias tradiciones, las expectaciones pueden variar mucho dentro de las propias Juntas.

Los ministros ordenados en el metodismo unido tienen la tendencia a aprender más de las tradiciones y prácticas metodistas unidas cuando están viviendo y trabajando en una conferencia anual, que de su formación académica. Aprenden de la «cultura» del metodismo unido en sus reuniones con las Juntas y los Gabinetes, en sus pasos hacia la ordenación, y trabajando bajo la dirección de un mentor asignado por la Junta (¶346). Esta es otra manera en que más se advierte el enfoque característico metodista unido en prácticas del ministerio y misión.

Cuando el candidato ha terminado su educación y otros requisitos, él o ella puede solicitar membresía a prueba en la conferencia anual. Aquí el viejo lenguaje de admisión «a prueba» refleja el hecho de que los que están a prueba están «a prueba con respecto al carácter, liderazgo servidor y eficacia en el ministerio». Los miembros a prueba tienen casi el mismo nivel en la conferencia que los pastores locales, siendo excluidos de votar en enmiendas constitucionales, delegados o relaciones conferenciales de los clérigos (¶318). Si van a servir como pastores, deben tener una licencia de pastor local. No podrán administrar la Santa Cena sin que haya presente un presbítero, a menos que, como los pastores locales, estén nombrados para servir en un cargo– y entonces pueden administrar sólo dentro de ese cargo.

Los miembros a prueba están «comisionados» para su ministerio. Desde 1996 ya no son ordenados diáconos como una orden transicional a presbítero. Tanto los posible (permanente) diáconos como los presbíteros deben servir como miembros a prueba así que cada uno es comisionado a la forma apropiada de ministerio. Aquellos que intentan ser presbíteros no tienen estado de ordenados con antelación a las órdenes de presbíteros, aun cuando estén sirviendo como pastores.

Un miembro a prueba debe servir por tres años bajo un nombramiento a tiempo completo, en relación con un grupo de pacto con sus iguales. Entonces la Junta le hace un nuevo examen al que está a prueba, basado de nuevo en preguntas Disciplinarias y otros criterios. La Junta somete los nombres de las personas aprobadas a la sesión de los clérigos de la conferencia anual para que sean electos a una membresía a plena conexión.

Las palabras de la *Disciplina* sobre presbíteros a plena conexión resuenan con generaciones de relaciones clericales en las conferencias anuales del metodismo unido. [Ver ¶324 de la *Disciplina*.]

La participación en una comunidad de pacto conlleva una responsabilidad mutua. Los presbíteros son responsables uno a otro por cumplir con las normas de conducta y apoyándose uno a otro en sus ministerios. La responsabilidad del pacto comienza en el momento en que uno es electo a la fraternidad y sigue hasta que se separa de la conexión itinerante o muera.

La entrada a este pacto de ministros itinerantes no se debe tomar a la ligera. [Vea ¶304.5 de la *Disciplina*.]

Aunque la Junta de Ministerio Ordenado lleva la mayor responsabilidad para examinar a los candidatos, todo el cuerpo de clérigos participa en la decisión. El debatir los méritos de un candidato puede ser incómodo para muchas personas, pero si tienen preguntas o dudas la *Disciplina* les insta a que hablen.

Una vez electos, los miembros a plena conexión son responsables al pacto de la comunidad de clérigos en cada detalle desde entonces en adelante. La *Disciplina* exige una «sesión ejecutiva» del cuerpo del pacto en cada conferencia anual. Las palabras perpetúan el sentido de que la clerecía comprende la función primaria o central de la conferencia anual. Las conferencias tienen esta reunión—llamada «sesión de clérigos»—con el propósito de aprobar el carácter de cada miembro así como para considerar las relaciones conferenciales de cualquiera que pida un cambio en su estado. Admisión a la conferencia, sabáticas, ausencia temporal, asuntos de familia, permisos por maternidad/paternidad y jubilaciones, todo esto tiene que ser revisado y recomendado por la Junta de Ministerio Ordenado y votado en la sesión de clérigos. Una decisión para localizar o discontinuar el servicio en el ministerio itinerante debe ser votado por la conferencia, así como la separación de la conferencia y entrega de las credenciales de ordenación (¶324).

Los clérigos son responsables uno con otros con respecto a la conducta. La *Disciplina* declara que la «ordenación y membresía en una conferencia anual en la Iglesia Metodista Unida es una confianza sagrada» (¶358). Esta confianza tiene tres dimensiones del pacto. Por medio del llamamiento y la ordenación, la confianza es un pacto entre Dios y el ministro ordenado. Por la elección en la conexión conferencial de clérigos, la confianza es un pacto entre ministros itinerantes o diáconos. Por el nombramiento a una iglesia local o cargo (u otra asignación), la confianza es un pacto entre el ministro y el pueblo.

Aunque la disciplina de «deberes ministeriales» y estándares está bajo la mayordomía de los clérigos de la Conferencia anual como un todo, el pastor de un cargo tiene de hecho gran libertad en el estilo y manera de llevar a cabo sus responsabilidades pastorales. Uno de los párrafos más audaces de la *Disciplina* intenta bosquejar qué es lo que la iglesia espera del pastor (¶331). Menciona las tareas tradicionales de predicar, dirigir el culto, enseñar, preparar nuevas personas para la membresía, celebrar matrimonios y funerales, lo que se esperaría de cualquier pastor de cualquier denominación.

El párrafo continúa, sin embargo, con responsabilidades distintivas de la denominación. Esto es, el pastor metodista unido es claramente un misionero asignado a una iglesia local o cargo a nombre de una iglesia conexional más amplia. Así que al pastor se le encarga un «alcance evangelístico» así como dirigir una congregación en la planificación y establecimiento de metas para la misión. El pastor toma la iniciativa en «la selección, entrenamiento y desplazamiento del liderato laico» utilizando «programas de la conferencia y denominacionales y oportunidades de entrenamiento». El pastor debe «administrar las provisiones de la *Disciplina*», llenar las planillas de informes apropiados y dirigir a la congregación en «el pago fiel y completo de las asignaciones conferenciales» y otros fondos. En otras palabras, el pastor metodista unido es un oficial de la conexión.

Tensiones en la itinerancia

A través de su historia la comunidad del pacto de los «ministros itinerantes a plena conexión» –la orden misionera de predicadores- ha estado sujeta a dos grandes clases de tensiones. Mientras que las tensiones algunas veces han producido un cambio creativo, en ocasiones han provocado cismas penosos y duraderos.

Tensión entre el laicado y la clerecía

Una fuente mayor de una tensión duradera es la relación entre el clérigo del pacto itinerante y el laicado. Muchos laicos pasan por esta tensión primordialmente dentro de su propia iglesia local en el momento en que reciben al pastor nombrado por el obispo de entre los rangos de la conferencia. La *Disciplina* exige que debe tomarse en consideración al hacer un nombramiento, «las necesidades únicas de un cargo, el contexto de la comunidad y también los dones y evidencia de la gracia de Dios en un pastor particular» (¶432). Al mismo tiempo, la *Disciplina* exige que «todos los presbíteros a plena conexión que están en buenas relaciones seguirán bajo nombramiento del obispo» (¶328.1). Poner juntas estas dos exigencias entre los cargos particulares y los clérigos disponibles, es un verdadero desafío.

El laicado tiene voz en los nombramientos y en la evaluación de su pastor por medio del Comité de relaciones pastor-parroquia, y pueden, por supuesto, acercarse al Superintendente de distrito o al obispo en cualquier momento para expresar sus deseos. Pero el papel del comité es solamente «consultivo» (¶431). Desde 1976 la *Disciplina* ha hecho espacio para una participación mayor de tanto los laicos como los clérigos en el proceso de los nombramientos. Se necesita «consultar» entre el obispo y/o el Superintendente de distrito, el pastor y la congregación con respecto a cada nombramiento en la iglesia local. El

Superintendente en particular deberá «conferenciar» con el pastor para proponer un cambio de nombramiento. La *Disciplina* exige que el Superintendente «hable» con el Comité de pastor-parroquia por lo menos dos veces –una para hacer saber que va a ser un cambio y para oír las necesidades y deseos de la congregación, y otra vez, para presentar el nombre del nuevo pastor o pastora (¶433).

Sin embargo, el proceso de consulta varía mucho entre conferencias anuales y obispos, tanto que el «Concilio de Obispos habrá de inquirir anualmente de sus colegas sobre la implementación del proceso de consulta al hacer nombramientos en sus respectivas áreas» (¶431.2). En última instancia, en la propia manera en que él o ella enfoque estos asuntos, el obispo–un presbítero entre presbíteros– tiene la sola responsabilidad de «hacer y fijar los nombramientos» (¶416). En ningún sentido una iglesia local habrá de llamar a su propio pastor ni tampoco la *Disciplina* provee ni siquiera tanto como una discusión del nombramiento pastoral en una Conferencia del cargo o en ninguna otra reunión de la iglesia aparte del Comité de relaciones pastor-parroquia.

En períodos de la historia metodista el laicado pudo tener más control de este proceso. De 1920 hasta 1970, muchas iglesias locales grandes llamaban virtualmente a sus pastores al enviar a «comités de púlpito» a oír a candidatos de cualquier parte del país y entonces le decían al obispo a quien les gustaría tener como pastor. La generación de clérigos de 1950 vio esta práctica como injusta y los obispos decidieron entre ellos no ser partícipes de esta autonomía de las iglesias grandes. Como resultado, pocas iglesias locales ya no cuentan con «privilegios especiales» y muy pocos clérigos cambian de conferencia anual como pastores principales excepto por medio de una rara transferencia iniciada y arreglada por los obispos respectivos.

El proceso de hacer los nombramientos es también para muchos laicos como una ventana a la comunidad del pacto de los clérigos que constituyen la conferencia anual. La conferencia anual es «el cuerpo básico en la iglesia», no como un cuerpo del pacto de las congregaciones, sino como una orden de predicadores que son responsables el uno de los otros por su conducta y eficacia. Las personas laicas han estado participando en la conferencia sólo desde 1930, y la Constitución puso el requisito de igualdad de miembros laicos y pastores en la conferencia anual en 1976 (¶30).

Mientras que los esfuerzos para incluir al laicado en decisiones ha aumentado en años recientes, la relación con la conferencia de los clérigos permanece como un asunto de los clérigos solamente. Que el pacto de los clérigos es la razón de ser de la conferencia anual se ve claramente en la redacción de la *Disciplina*. «La conferencia anual admitirá en la membresía de los clérigos solamente a aquellos que hayan cumplido con los requisitos Disciplinarios . . .» aquí no quiere decir realmente toda la conferencia, sino sólo los clérigos (¶604.3). Asimismo, la «conferencia anual» que hace «investigaciones de la moral y conducta social de sus ministros ordenados» no es actualmente la conferencia como existe hoy con miembros laicos y clericales, pero sólo su «sesión de clérigos» (¶605.6).

Como se dijo antes, la *Disciplina* también se refiere a esto como a una «sesión ejecutiva», dando a entender que el clérigo tiene poder «ejecutivo» en las decisiones de la conferencia. La membresía laica en la Junta de Ministerio Ordenado es un esfuerzo para enmendar esta exclusión de laicos de los procesos constitutivos de la conferencia anual. Pero los clérigos permanecen remisos a permitir que sean juzgados por personas fuera del pacto de la conexión.

Tensiones dentro del pacto de los clérigos

El segundo campo de tensiones son aquéllas que salen de dentro del cuerpo del pacto de los ministros itinerantes. Las personas electas a plena conexión viajan juntas a lo largo del año, ayudándose unas a otras, especialmente en tiempos de crisis personal o luto y llegan a ser amigos y colegas. Al mismo tiempo el celo, heridas y la competencia, surgen como inevitables. Mientras que hay una corriente continua de nuevos miembros que entran para reemplazar a los que se jubilan o que se dan de baja, las conferencias tienden a tener límites cerrados relativamente.

En años recientes se han unido varias conferencias, en parte para extender su territorio y para aumentar el campo de los pastores y de posibles nombramientos que el obispo pueda hacer. Pero a pesar de su intención misionera, las conferencias retienen muchos atributos de un grupo cerrado. Una vez que un presbítero está en el redil, él o ella espera naturalmente ir ascendiendo gradualmente en medio del sistema, de iglesias pequeñas a iglesias más grandes, de salarios menores a mayores.

Con la llegada de las computadoras, la escala de salario de una conferencia anual puede estar más rápidamente a la disposición de los obispos, Superintendentes de distrito y pastores. Los cargos se arreglan generalmente en una lista principal por salarios, y el efecto de cada nombramiento en la escala de salarios es ciertamente un factor importante al hacer el nombramiento. Los clérigos pueden encontrar muy frustrante los límites impuestos por el salario en sus pasos de iglesia en iglesia. El abismo entre los salarios bajos y altos sigue creciendo, aun cuando el grupo más grande de salarios se mantienen en el terreno de $5,000 al año. A la misma vez, la garantía del nombramiento puede muy fácilmente convertirse en una seguridad basada en una ejecución mínima, especialmente cuando los planes de seguro y pensión se han elaborado más en años recientes.

Así, un contrato profesional corre en y dentro del pacto vocacional del clérigo. El contrato refleja y refuerza los cambios en las definiciones de trabajo profesional en la sociedad americana. Incluyen extensos beneficios de salud, discapacidad y seguro de vida, provisión para maternidad o paternidad, varias clases de sabáticas o permisos de estudio y un plan de pensiones. Las reglas de jubilación obligatoria son paralelas a patrones y expectativas similares a las del campo profesional de afuera.

Uno de los momentos más finos en la conferencia anual es la ceremonia de jubilados cuando estos clérigos tienen su última oportunidad de hablar a toda la conferencia. Muchos habrán de hablar acerca del ministerio como un llamamiento y no una carrera. Ellos advierten a sus jóvenes colegas no dejar que el trabajo se convierta en un trabajo profesional permanente con esperados incentivos. Pero por supuesto, éstos que se están jubilando son precisamente los que ahora reciben los beneficios prometidos por el sistema a cambio de sus años de servicio.

Muchas personas están hablando de salarios estandarizados para aliviar la competencia, quitar la escala de salarios como un factor para los nombramientos y abrir el camino para un renacimiento del espíritu misionero. Pero esto es inmensamente complejo por la misma razón que la itinerancia en sí llegó a ser más compleja. La itinerancia en el principio se designó para una orden de predicadores. Desde Francis Asbury al presente, ha sido evidente que el sistema ha trabajado mejor con pastores solteros que estaban dispuestos a «viajar ligeros» (como en el caso de los sacerdotes católicos romanos).

Luego, por supuesto, el ethos del sistema dio un virón por completo. El matrimonio se convirtió en una práctica normal en la América victoriana, y el pastor soltero se veía sospechoso. El sistema itinerante le está pidiendo no sólo al pastor, pero a su esposa y a los niños—y quizás a otros familiares– que también se unan a la vida itinerante. Las conferencias anuales esperaban que las iglesias locales proveyeran una casa adecuada para toda la familia. En regiones del norte las casas pastorales estaban parcialmente amuebladas y la familia se mudaba con sus propias posesiones, pero en zonas del sur estaban más amuebladas de modo que se hacía más fácil la movilidad. El ideal de familia de la clase media esperaba que la mujer funcionara como ama de casa y madre. Muchas iglesias asumían que las esposas habrían de compartir la vocación del esposo y ser voluntarias activas en la iglesia. Así se desarrolló una rica historia de las contribuciones que las esposas hacían al ministerio invisiblemente y mal apreciadas.

Mientras que más cónyuges de clérigos—mujeres y hombres– tienen trabajo en sus carreras, el modo misionero de la itinerancia se ha ido quebrando. Hacer los nombramientos se ha complicado con las vocaciones y necesidades educacionales de los cónyuges y los niños, o por las parejas de clérigos. La expectativa de la iglesia local de recibir un pastor con una esposa dispuesta, ha enfrentado nuevas asunciones sociales acerca del empleo de la mujer fuera del hogar.

Un resultado de los cambios en las circunstancias personales y de familia del clérigo ha sido el aumento gradual de permanencia en los nombramientos. A lo largo del siglo XIX los predicadores metodistas no estarían en su nombramiento más de dos años. La iglesia metodista episcopal eventualmente extendió el límite a tres y entonces a cinco años, y luego lo echaron a un lado. Los metodistas del sur, después de la Guerra Civil, pasaron a una regla de cuatro años y la mantuvieron formal o informalmente hasta el siglo XX.

La *Disciplina* de hoy no contiene un límite de permanencia pastoral. Muchos consultores de la iglesia, clérigos y laicos han llegado a considerar que las iglesias locales se sirven mejor con un pastorado largo, especialmente en situaciones de rápida transición en la comunidad. Pero nombramientos largos de diez o más años empiezan a dar la impresión de que dichos clérigos están exentos de ser itinerantes. Siempre ha habido algunos clérigos en las conferencias anuales que se las han arreglado para estar en una iglesia local por veinte años o más, lo cual es más típico de las iglesias presbiterianas. Algunos achacan esto a la personalidad del clérigo. Pero tal permanencia puede ser extremadamente difícil de seguir.

Los nombramientos más allá de la iglesia local enlodan un poco más los asuntos de salario y permanencia. Algunos de estos nombramientos están atados a la conferencia anual, tales como los Superintendentes de distrito y ministerio en las universidades. Otros, como en el caso de los capellanes o profesores crean una clase de doble responsabilidad, cuando el clérigo llega a ser un empleado de una institución independiente de (aunque generalmente relacionada con) la iglesia.

Los obispos, Gabinetes y Juntas de Ministerio Ordenado han tratado de apretar la responsabilidad ante la conferencia anual de los que están nombrados fuera de la iglesia, y la *Disciplina* lo refleja en detallado párrafo que se añadió en 1976 (¶335). Los que tienen este tipo de nombramiento deben informar su salario para imprimirlo en el libro de la conferencia. Deben estar relacionados con una conferencia del cargo en donde viven y trabajan. Se espera que asistan a la conferencia anual. Deben estar listos anualmente para ser nombrados por el obispo al igual que los demás clérigos. Pero en realidad, estas personas no relacionadas a la administración y ministerio de la conferencia generalmente no son itinerantes en la misma base. Otros miembros clericales no consideran que los nombrados fuera de la iglesia trabajan como una verdadera extensión de la misión de la conferencia anual, por lo menos en un sentido distinto al de los pastores de iglesias locales.

Con todas las tensiones creadas por la complejidad del ministerio en un contexto social cambiante, no es de extrañar lo profundamente inquisitivo que se ha hecho el asunto de la itinerancia a lo largo de la iglesia. Algunos observadores han notado «la erosión de una fuerte base teológica (el pacto) y la ausencia de un punto de vista misional para dirigirla (conexionalismo)». Otros están inquisitivos sobre quién se sirve mejor por el sistema con su permanencia para los clérigos—¿los mismos clérigos o las iglesias que necesitan un buen liderazgo dentro de sus circunstancias?

La itinerancia es más apropiada para asegurar que el liderazgo de los clérigos esté disponible a cuantas iglesias sea posible. El sistema está tan comprometido con este asunto que un plan de subsidios es necesario en cada conferencia anual. Las iglesias pequeñas pueden conseguir fondos de la conferencia para equiparar el salario y los beneficios al nivel de los pastores ordenados y de tiempo completo.

Pero como resultado, el sistema pone una cantidad de dinero y energía desproporcional al proveer a clérigos de lo que es actualmente una minoría de miembros de la iglesia. Las iglesias grandes son las que comprenden colectivamente el porcentaje mayor de miembros metodistas unidos. Ellas presionan a la itinerancia para que pongan más recursos para estar seguros de que están bien servidas—por ejemplo, al proveer pastores adicionales a iglesias locales que están creciendo. A medida que se jubilan clérigos de la generación del 50 y el número total de clérigos sigue bajando, la pregunta se hará más aguda: ¿cómo debiera el metodismo unido honrar y apoyar los ministerios de iglesias pequeñas las cuales son más leales en muchas maneras a la tradición conexional que es el corazón metodista unido de la manera de ser iglesia?

La itinerancia fue más adecuada a una cultura uniforme. Los pastores itinerantes podían asumir que la gente que iban a servir en un nuevo cargo serían muy parecidas a las del anterior. Ellos tenían muchas razones para pensar que todas las congregaciones metodistas unidas eran básicamente iguales.

Cada congregación es un cultura única en sí misma. El pastor o la pastora debe aprender apreciar esa cultura para poder ser un líder efectivo en la misma. Un sistema itinerante que está presto para mudar pastores no recompensa el profundo conocimiento que ellos adquirieron de la gente a su cuidado.

Pero la itinerancia pide que los clérigos itinerantes se adapten a la diversidad de culturas raciales y étnicas. Con la unión completa en 1968 de afroamericanos de la Iglesia Metodista y descendientes de alemanes en la Iglesia Evangélica de los Hermanos Unidos y predominantemente blancos (europeos del norte) metodistas en una Iglesia Metodista Unida, y con la creciente diversidad de iglesias locales étnicas, la itinerancia enfrenta desafíos mayores en la diversidad e inclusividad.

En 1964 la Conferencia General de la Iglesia Metodista declaró que los nombramientos se debían hacer «sin distinción de raza o color» (*Disciplina* de 1964, ¶432.1). Para 1980 la *Disciplina* se hizo más explícita sobre la «itinerancia abierta» (*Disciplina* de 1980, ¶527.1). De acuerdo con la *Disciplina* de 1996 esto «significa que los nombramientos se hacen sin distinción de raza, origen étnico, género, color, estado marital ni edad . . . por medio de los nombramientos la naturaleza conexional del sistema metodista unido se hace visible» (¶430.1). Los clérigos deben estar dispuestos a ir adonde los manden, y los Superintendentes deben estar dispuestos a enviarlos adonde sus dones puedan equipararse a las necesidades de la congregación. A la misma vez, la responsabilidad por la «itinerancia abierta» cae no sólo en el clérigo sino en la congregación también. En la iglesia local el Comité de relaciones pastor-parroquia es responsable de «interpretar a la gente la naturaleza y función del ministerio, incluyendo los nombramientos a través de razas, nombramientos de mujeres y sensitividad a la itinerancia abierta» (¶262.2.f.).

La iglesia todavía está buscando respuesta a estas declaraciones. Se han hecho relativamente pocos nombramientos que crucen las barreras raciales, pero en algunos casos han marcado el comienzo de una nueva comprensión para la iglesia local, el pastor y toda la conferencia. Las mujeres constan ahora del doce por ciento de los clérigos metodistas unidos activos. Setenta han sido nombradas Superintendentes de distrito, como una docena sirven como directoras del concilio de la conferencia anual, y once han sido electas como obispo. Pero muy pocas han servido todavía como el pastor principal de iglesias grandes con un personal múltiple. Algunas posan la pregunta de si un «techo de cristal» del cual no se habla, existe en la iglesia local tal como existe en muchas partes del mundo profesional y de negocios.

La IMU está luchando hoy en cómo ver todas esas tensiones en la itinerancia. Mientras que permanecen los elementos del pacto de misión, muchos consideran que la tensión significa que la iglesia debe mover hacia adelante algún tipo de llamamiento modificado. Otros aseguran que tiempos como éstos ofrecen precisamente el desafío que la itinerancia fue usada para enfrentar. Si el metodismo unido fuera realmente una orden misionera de disciplina y renovación espiritual, entonces seguramente que no debe dar la espalda al riesgo de llegar a ser una conexión más diversa dentro del cuerpo del pacto de ambos géneros y muchas identidades étnicas. Y algunos dirán que el metodismo unido con su ministerio conexional tiene un mejor oportunidad que muchas iglesias—y aun un llamado particular– para modelar una iglesia inclusiva para una sociedad y un mundo de muchas culturas.

Finalmente, las tensiones en la clerecía del pacto sobre asuntos de sexualidad y conducta personal se ha hecho muy prominente en los últimos veinte años. Uno no puede evitar darse cuenta de que las notas al pie de la página elaborando este asunto han crecido hasta ocupar la mayor parte de dos páginas en la *Disciplina* (¶306, n.2). Las notas al pie de la página comenzaron en 1968 para asegurar al pueblo metodista unido que aunque los clérigos ya no tenían que prometer específicamente que no usarían bebidas alcohólicas o fumar tabaco, ellos estaban siendo llevados a un estándar más alto de «un compromiso moral más concienzudo . . . hacia los más altos ideales de la vida cristiana». Esta seguridad pasó por alto la realidad de que muchos clérigos y lacios ya no interpretaban «temperancia»—tan fuertemente asociada al metodismo– como abstinencia total de bebidas alcohólicas, sino más bien un consumo responsable, temperante. Muchos ya no vieron beber moderadamente como contradictorio con el «responsable autocontrol por hábitos personales propicios para la salud del cuerpo, la mente y la madurez emocional» (¶306).

El tono defensivo de esta nota al pie de la página como para apuntalar una realidad cambiante, sólo aumentó al agregarse más párrafos en 1980 y 1984. Haciendo poco más que repetir lo que ya estaba en la *Disciplina*, la nota al pie de la página pone ahora un signo de admiración, no sólo en los asuntos del alcohol y el tabaco, pero más en la sexualidad. Pone juntos todos los párrafos que señalan el examen de los candidatos al ministerio, como apuntando a las puertas por las cuales uno debe pasar para ser admitido. Enfatiza los aspectos excluyentes del proceso, como para asegurar a los miembros que personas inapropiadas no podrán entrar al redil.

La Conferencia General de 1984 agregó a las calificaciones para el ministerio una frase que aparece no menos de seis veces en la *Disciplina*. Los candidatos apartados para el ministerio en el metodismo unido deben practicar «fidelidad en el matrimonio y celibato en la soltería». Esta frase parecía que era dirigida a tres grupos dentro del pacto de clérigos (o candidatos). Primero, el estándar fue una respuesta al aumento de divorcios y casos de adulterio entre los clérigos casados. Parece que algunos metodistas unidos pensaron que la situación era tan crítica que una clase de reafirmación de los votos del matrimonio tenían que imprimirse como una regulación.

Segundo, el estándar se dirigió hacia clérigos heterosexuales solteros, quienes no estando bajo la guía de un voto matrimonial, ahora se les está pidiendo implícita e informalmente que hagan voto de su celibato fuera del matrimonio. Esto también se aplicaba al número creciente de clérigos que ahora son solteros debido al divorcio.

Tercero, el estándar también sirvió para reforzar la regla que también está en la *Disciplina* de 1984, que:

«Ya que la práctica de la homosexualidad es incompatible con la enseñanza cristiana, los que se han declarado como practicantes homosexuales no serán aceptados como candidatos, ordenados como ministros o nombrados para servir en la Iglesia Metodista Unida» (¶304.3).

El impacto exacto de esta declaración todavía está sujeta a variadas interpretaciones. La primer frase es un espejo de la declaración de los Principios Sociales de que la homosexualidad es «incompatible con la enseñanza cristiana», pero no trata la declaración de los Principios Sociales de que los homosexuales están bajo «el ministerio y dirección de la iglesia» (¶65.G)—posiblemente como miembros de la iglesia local. La fraseología deja oscuro por qué una persona que se haya declarado practicante homosexual pudiera servir, por ejemplo, como líder laico de la iglesia local, pero no como su pastor.

La segunda frase, al no tener una coma, significa evidentemente que un homosexual debe ser autodeclarado y practicante antes de que se le niegue la candidatura, admisión o nombramiento a él o ella. En relación con la norma de «celibato en la soltería», el factor crucial aquí parece ser la «práctica» de la homosexualidad. Una persona que se declara homosexual, pero que practica el celibato, parecería que cumple con las normas existentes. Una persona que no se ha declarado homosexual, pero que practica actos homosexuales violaría la norma de «celibato en la soltería».

Uno podría pensar ciertamente en este punto si la estrategia excluyente ha resultado ser la mejor manera de fortalecer el pacto de los clérigos. Con el número de ejemplos de mala conducta sexual entre los clérigos casados proliferando a través de la iglesia—sobrepasando el número de homosexuales practicantes que se han declarado homosexuales— uno pudiera preguntar si la necesidad aquí es más legal que pastoral y comunal.

Los lazos de fraternidad entre los clérigos en muchos casos no crean fraternidad y apoyo mutuo por cuyo medio los clérigos puedan atender sus necesidades personales. No hay trabajo más solitario que el pastorado. En una atmósfera de competencia y defensivas, los clérigos no han estado adecuadamente vinculados en un ministerio compartido y en el cuidado del uno por el otro. Tienden a verse cada vez menos en un pacto al cual son responsables—y al cual consideran responsables a otros clérigos— y más como individuos profesionales en una cultura de privacidad personal. En este sentido, la conexión itinerante sufre del mismo individualismo, aislamiento y soledad como mucho del resto de la cultura occidental.

Quizás los metodistas unidos podrían preguntar si no hay maneras de apoyar una conducta disciplinada del clérigo más enraizada en la tradición wesleyana y más en el espíritu evangélico que en estar tratando de erigir barreras para proteger una comunidad del pacto ya perturbada. Es descorazonador empezar un capítulo sobre el ministerio ordenado, leer las profundas bendiciones del ministerio de todos los cristianos y el ministerio especializado de aquellos llamados por Dios y separados por la iglesia, para caer en frases que excluyen de toda consideración a una clase de personas mal definidas.

La misma nota al pie de la página declara que la IMU «se ha separado de la prohibición de actos específicos, porque dichas prohibiciones no tendrían fin». Hay una gran sabiduría en la iglesia que enfoca su celo más bien en la comprensión del ministerio que busca cumplir con su misión.

CAPÍTULO 8
La superintendencia en el metodismo unido

La superintendencia tal como está expresada por los obispos y los Superintendentes de distrito de la iglesia es un oficio singular en el metodismo unido. Otras tradiciones de iglesias tienen obispos y la mayoría tienen unos oficiales para administrar la disciplina y programa de la iglesia en regiones geográficas. Pero ninguna combina las eclesiologías del episcopado de la iglesia y administración de la misión en la manera en que lo hace el metodismo unido.

Como lo señala la discusión de la Constitución (capítulo 3), el episcopado metodista unido no es de naturaleza monárquica, con el obispo ordenado a una orden distinta a través de la cual se sostiene la sucesión apostólica de los ministerios. No se considera que el obispo presida sobre una diócesis, las parroquias que son una extensión del ministerio del obispo. Tampoco el obispo trasmite autoridad sacramental por medio de la ordenación de sacerdotes (presbíteros), como una extensión de la autoridad del obispo.

Al mismo tiempo, el episcopado metodista unido no es simplemente un oficio administrativo. Los obispos no son oficiales ejecutivos de ningún cuerpo de la iglesia. No dirigen ningún programa. Sirven en las juntas de muchas agencias e instituciones de la iglesia, y por tradición a veces presiden sobre dichos cuerpos. Pero no son en ningún sentido la «presidencia de la junta», como el término se usa comúnmente en corporaciones de negocios. El episcopado metodista unido combina singularmente los elementos de ambos, una eclesiología monárquica y administrativa. Desde el lado monárquico, mientras que el oficio de obispo permanece en la misma orden que la de los presbíteros, el obispo se separa por vida y permanece «un obispo de la Iglesia en todo respecto» aun en la jubilación (¶10). La *Disciplina* le asigna sólo a los obispos el «deber presidencial» de ordenar, consagrar y comisionar a otros en sus oficios (¶415.6). Los obispos tienen la responsabilidad constitucional de nombrar clérigos a sus cargos (u otras asignaciones) (¶52).

Desde el lado administrativo, los obispos están encargados con la «supervisión general y la promoción de los intereses temporales y espirituales de toda la iglesia» (¶45). También se les pide que «provean la supervisión general para las operaciones fiscales y de programas de la conferencia anual» (¶415.2). Se espera que organicen misiones (¶414.7), rearreglen circuitos, estaciones o misiones según sea necesario para la estrategia misional» (¶416.2) y que «aseguren un proceso justo para clérigos y laicos», vigilando los cuerpos que efectúan los procedimientos administrativos y judiciales (¶415.3).

Si esta «descripción del trabajo» empieza a verse demasiado compleja y demandante, así es de notable la breve descripción de la superintendencia en la *Disciplina*. Todo el capítulo 3 usa sólo veintidós páginas, expandiendo en los diez breves artículos de la División Tres de la Constitución. Ni siquiera los 400 párrafos numerados constituían una sección separada hasta 1976. El material de la superintendencia era simplemente una extensión del capítulo sobre el ministerio ordenado.

Cualquiera pensaría que una oficina tan multifacética necesitaría más explicación. Especialmente cuando se considera la mezcla única de elementos eclesiológicos, uno pudiera esperar cierto grado de justificación teológica para la superintendencia. Pero esto también es prácticamente nil, consistiendo de un sólo párrafo (¶403). Aquí la *Disciplina* hace referencia a «compartir un sacerdocio real que tiene raíces apostólicas» y cita cinco pasajes bíblicos. Sin embargo, ninguno de los pasajes ofrece un argumento específico para el episcopado ni para la ordenación tal como la iglesia los ha practicado.

En vez de especificar las responsabilidades episcopales en cada dimensión del oficio, la iglesia ha escogido el curso opuesto. La *Disciplina* les da a los obispos una enorme libertad para interpretar el oficio para sus propios tiempos y circunstancias. Por otro lado, la iglesia tiene libertad para compartir las responsabilidades del oficio episcopal.

Así los obispos están encargados de un oficio de enseñanza--para guardar, transmitir, enseñar y proclamar, corporativamente e individualmente, la fe apostólica» (¶414.3). Pero nadie entiende que este dominio es del derecho exclusivo del obispo. Sólo la Conferencia General puede efectuar un cambio oficial en la doctrina y enseñanza de la iglesia. Asimismo, los obispos ordenan, pero en la compañía de otros presbíteros; y ordenan sólo a esos candidatos a quienes todo el cuerpo de presbíteros en la conferencia anual concuerdan que están listos para ser ordenados.

Los obispos simbolizan la unidad de la conexión y su presencia--o la de los Superintendentes de distrito como extensión de su oficio– justifica la formación de nuevas congregaciones, dedicación de edificios, y muchos otros funcionamientos de la iglesia. Pero la unidad que representan no está encarnada en su oficio tanto como en toda la conexión de conferencias e iglesias locales –el cuerpo colectivo de personas llamadas metodistas unidas.

Superintendencia general

Tres palabras son claves para entender la autoridad del oficio episcopal. «Superintendencia» es un término que Wesley creó como una traducción del *episkopos* bíblico–-la oficina de supervisión de la iglesia. Él nombró a Francis Asbury y a Thomas Coke como Superintendentes del trabajo metodista en América. Entonces ellos tomaron el término más simple de obispo para su oficio.

Desde entonces, el metodismo unido ha agitado en todas las direcciones esta terminología. La *Disciplina* habla de toda la función de la superintendencia, pero nombra discretamente los oficios dentro de la misma como «obispo» y «Superintendente de distrito» (el último como una extensión del primero). El nombre antiguo «superintendencia general» para describir el episcopado ha caído en el desuso, aunque la *Disciplina* describe a los obispos como «Superintendentes generales de toda la iglesia» (¶247.1) y se entiende que supervisan toda la iglesia, es decir, toda la conexión. Mientras tanto, en el hablar común, la «superintendencia» viene a ser el Superintendente de distrito y muchos no entienden cómo es que el Superintendente comparte una superintendencia mayor con el obispo o Superintendente «general».

De todos modos, el término «superintendencia» indica la supervisión de la conexión. Esto se ve en dos oficios y en dos cuerpos colegiales compuestos de estos oficiales –obispos que sirven en el Concilio de obispos y Superintendentes de distrito que sirven en el Gabinete.

Después de electos, los obispos son consagrados, no ordenados, a su oficio (¶44). Primero se hacen miembros del Concilio de obispos «antes de su subsecuente asignación a áreas de servicio» (¶427). Mientras que esto puede ser una ficción legal en el sentido de que las asignaciones se hacen en las Jurisdicciones o Conferencias Centrales en seguida que se terminan las elecciones, es cierto que en la elección y consagración la membresía del obispo en la iglesia pasa de la conferencia anual al Concilio de obispos.

A través de mucho de la historia cristiana el episcopado ha tomado una forma conciliar. Como dijo el obispo James Matthews (electo en 1960), «los obispos actuando en concierto antecede todas las otras agencias de la iglesia». En el metodismo unido el efecto es que los obispos en el concilio consisten del «brazo ejecutivo en jefe para llevar adelante las instrucciones de la Conferencia General». (Matthews, *Set Apart to Serve*, 223).

La costumbre actual es la de reunirse como Concilio dos veces al año—la Constitución manda por lo menos una reunión al año (¶45)– en donde los obispos consideran una variedad de asuntos que tienen que ver con toda la vida de la iglesia. En una reciente reunión de seis días, por ejemplo, entre los asuntos que el Concilio discutió estaban los siguientes:

• el Estudio sobre el Ministerio que la Conferencia General de 1992 pidió que los obispos hicieran;
• el papel de las diaconisas en una conferencia anual;
• la labor de la fuerza de trabajo sobre el Ministerio con los Pobres;
• el trabajo metodista unido en Rusia;
• un estudio del Concilio sobre la naturaleza global de la iglesia (considerando estructurar de nuevo el metodismo unido en un cuerpo global);
• crisis mundial: la antigua Yugoslavia, Bulgaria, Sierra Leona, Cuba;
• una declaración episcopal sobre «sabiduría» en la teología cristiana;
• informes de comités sobre varios aspectos del trabajo interno del Concilio; y
• una visita pendiente de los obispos activos a la Iglesia Metodista Coreana.

Basta con decir que nadie conoce toda la conexión en todas sus actividades, celebraciones y agonías de la manera en que los obispos la conocen. Desde ese punto de vista ellos se dirigen a la iglesia en asuntos importantes en la Conferencia General y en otras ocasiones y hacen declaraciones al mundo acerca de eventos actuales. También funcionan corporativamente como oficiales ecuménicos metodistas unidos en relación con otras comuniones y fe; los obispos han sido claves para efectuar varias uniones este siglo.

Mientras que todos los obispos participan en las discusiones y acciones del Concilio, no hay legislación que diga que son responsables individualmente ni siquiera a su propio Concilio. Como dijo el obispo Short (en cierto sentido una contradicción a lo que dijo el obispo Matthew en la cita más arriba), «ningún obispo metodista está atado ni siquiera a cualquier acción de la reunión de los obispos en concilio, excepto que así lo escoja».(Short, *Chosen to be Consecrated*, 28). Los obispos generalmente entienden que han sido separados para un oficio que descansa en su independencia de pensamiento y acción. En ocasiones algunos obispos han rehusado firmar sus nombres en el discurso episcopal ante la Conferencia General; y en la administración de sus áreas deben, por supuesto, ejercitar su propia conciencia y juicio.

El Concilio se ha expandido mucho en los últimos años por causa de la unión de 1968, el aumento de obispos dentro de las jurisdicciones, la continuada participación de obispos retirados y la membresía de obispos de las conferencias centrales. Los obispos jubilados asisten las reuniones del Concilio con gastos pagados y voz apero no voto. Algunas propuestas han pedido que los obispos jubilados asistan pagando sus propios gastos, o no más de una vez al año. Pero permanece cierto que el Concilio es el único lugar de membresía de la iglesia para los obispos, jubilados o no, y el único grupo similar en la iglesia.

La asistencia de los obispos de las Conferencias Centrales ha ido aumentando por motivo del crecimiento de las iglesias en sus regiones. Para 1960 se consideraban todos los obispos de las conferencias centrales como parte total de la superintendencia general y por lo tanto participantes en el Concilio. Sólo en 1970 fue que se le permitió a los obispos jubilados de conferencias centrales asistir a las reuniones del Concilio. Las restricciones anteriores dependían de dos factores. Los obispos de las conferencias centrales eran electos por términos de cuatro años, no por vida. Además, históricamente su superintendencia estaba limitada a las conferencias sobre las cuales presidían y eran conocidos como «obispos misioneros». Fue en 1939 que el concilio judicial de la Iglesia Metodista declaró inconstitucional tal «superintendencia general» a la luz de la Tercera Regla Restrictiva.

Hoy los obispos de las Conferencias Centrales son miembros a plena conexión con voto, y los obispos jubilados de las Conferencias Centrales pueden asistir a las reuniones del Concilio y a la Conferencia General con gastos pagados. Un obispo de fuera de los EE.UU. sirvió recientemente como presidente del Concilio por un año y varios han presidido la Conferencia General. Con estos breves pasos, el metodismo unido se mueve hacia la iglesia global.

La superintendencia episcopal también se expresa en los Colegios de Obispos en cada Jurisdicción o Conferencia Central. Este término se originó en la Iglesia Metodista Episcopal del Sur, en la cual todos los obispos juntos formaban el Colegio de Obispos (las Iglesias

Metodista y Evangélica Unida le llamaban al cuerpo de obispos la Junta de Obispos). El término evoca la relación colegial a través de la cual los obispos conferencian sobre su propio trabajo y el trabajo de la iglesia en su región.

El Colegio de Obispos es responsable constitucionalmente de arreglar «el plan de supervisión episcopal de las conferencias anuales, conferencias misioneras y misiones dentro de sus respectivos territorios» (¶46). En caso de una vacancia en el oficio de obispo que ocurra en otro tiempo que no sea el curso normal de jubilación, el Colegio postula al concilio un obispo para que llene la vacante hasta que se elija un nuevo obispo (¶408). En caso de una vacancia temporal debido a enfermedad, por ejemplo, el Colegio asigna a un obispo para que presida en una conferencia. Una asignación temporal no incluye el derecho de hacer nombramientos de clérigos (¶410.1). El Colegio también puede llamar a una sesión especial de la Conferencia Jurisdiccional con el propósito de elegir a un obispo para llenar una vacante, pero debido a los gastos que involucraría, es muy difícil que ocurra (¶¶408, 519.2).

Bajo circunstancias normales, asuntos para discutir en el Colegio podrían incluir la programación de los permisos de renovación de cada obispo (tres meses en cada cuadrienio–¶411.2); asuntos sobre las instituciones metodistas unidas en la región; resoluciones que un obispo en particular haga presidiendo una conferencia; o planificando la presencia episcopal en un evento regional.

Los Colegios se reúnen con más frecuencia que los Concilios y funcionan como el grupo inmediato de iguales al cual los obispos responden. En el caso de una queja sobre un obispo, por ejemplo, el presidente actual del Colegio recibe una declaración por escrito «y debe hacer una respuesta supervisora» involucrando consultas con ambas partes y tratando de llegar a una reconciliación si es posible (¶413.1). Si el asunto no se resuelve, prosigue al Comité de Investigación de la Conferencia Jurisdiccional o Central.

La superintendencia general del obispo también se practica en las conferencias anuales a las cuales han sido asignados para presidirlas. En esta capacidad ellos «hacen y fijan los nombramientos» de todos los miembros clericales de la conferencia anual y «anuncian los nombramientos» de diaconisas, ministros diaconales y misioneros (¶416). En otras palabras, los obispos deben conocer los trabajos asignados a todos los empleados en o un miembro clerical de una conferencia anual.

Aquí de nuevo, vemos que nadie tiene una perspectiva general de toda la misión de la iglesia de la manera que un obispo la tiene. Sólo la clerecía puede constar de una «congregación» de varios cientos–más de mil en algunos casos– individuos de los cuales junto con sus familias, el obispo debe conocer por lo menos algo. Asimismo, hay varios cientos de cargos que comprenden aun más iglesias locales, acerca de las cuales el obispo necesita por lo menos algún conocimiento.

En la tarea de nombramientos, por supuesto, la *Disciplina* provee para que la superintendencia se comparta con una segunda oficina y cuerpo conciliar, los Superintendentes de distrito quienes se reúnen en un Gabinete. Por lo general, un distrito tiene entre cincuenta y setenta cargos, haciendo posible que el Superintendente tenga un conocimiento más profundo tanto del clérigo como de la propia iglesia local. Los obispos dependen de los Superintendentes de distrito para que traigan tal conocimiento a las reuniones del Gabinete cuando se consideran los nombramientos. Pero el obispo tiene un conocimiento más amplio de la conferencia y sus necesidades, tiene que arbitrar con ellos entre demandas opuestas y los deseos de los distritos y las iglesias locales y finalmente hacer y fijar el nombramiento.

La superintendencia general es una tarea enorme y demanda mucho. Los obispos tienen que estar en condiciones para balancear la variadas presiones y demandas, distribuyendo sabiamente tiempo y energía para sus roles en la conferencia anual sobre la cual presiden. Miembros de la conferencia anual a veces se quejan de que el obispo no está presente en la conferencia con suficiencia, que no conoce bien la clerecía o las iglesias locales y que no es un pastor de pastores.

Pero los obispos también están en necesidad de supervisar la asombrosa variedad de actividades que encierra la conexión global. Estas dos dimensiones deben verse no en competencia, sino complementarias. El trabajo en una región no está completo sin la amplia misión de la conexión, y la conexión no está completa sin el trabajo vital en cada región.

Viajes

Mucho del conocimiento y supervisión del obispo en toda la conexión gira en un segundo rol clave: viajes. Como sus antepasados peripatéticos, Wesley y Asbury, McKendree y Newcomer, los obispos están en movimiento constante. Por su pura presencia en tantos sitios distintos, ellos personifican y realzan la unidad de la iglesia.

Los obispos viajan a través de las conferencias anuales que presiden. La mayoría de los domingos del año, el obispo estará predicando en una iglesia local o dedicando un nuevo edificio; a veces muchos de tales eventos se tienen el mismo día. Los obispos están en las juntas de todas las instituciones relacionadas con la iglesia en el área; si asistieran a todas las sesiones de todas esas juntas tal tarea se llevaría uno o dos meses del año.

La *Disciplina* también les pide que como un Concilio «viajen por toda la conexión» (¶414.4). El Concilio manda a sus miembros en forma rotativa como «visitantes globales» para observar el trabajo metodista en varias partes del mundo. Los obispos sirven como miembros de agencias generales, lo cual puede llevar a un variado involucramiento en iniciativas por toda la conexión y reuniones por todo el mundo.

En este sentido los obispos dan el ejemplo en el ministerio itinerante del metodismo unido. Viajan casi constantemente. Además, son asignados a su residencia episcopal por la Conferencia Jurisdiccional o la Central de la misma manera en que muchos «ministros itinerantes» son nombrados por los obispos. Dependiendo de la longitud de sus servicios, pueden tener varias asignaciones durante su permanencia episcopal. No es de extrañar que el antiguo término usado para la jubilación del episcopado era la solicitud del obispo para «cesar de viajar».

Presidencia

En todas estas superintendencias itinerantes, el rol exclusivo del obispo se captura muy bien en el tercer término, «preside». Los obispos son los oficiales que presiden en la conexión y mucho de su autoridad se deriva de sus deberes presidenciales.

Sin embargo, ese rol no se debe confundir con el poder ejecutivo tal como se practica por los «presidentes» de otras entidades como naciones, universidades o compañías comerciales. En el sentido más liberal, la presidencia de los obispos significa presidir y servir como una autoridad parlamentaria en jefe sobre las conferencias de la iglesia. La *Disciplina* manda que normalmente cada sesión de cada conferencia aparte de la de la iglesia local o del distrito—anual, jurisdiccional, central o general– tendrá a un obispo presidiendo.

Presidir en una iglesia compuesta de voces tan diversas y personalidades únicas como es el metodismo unido, no es una simple tarea.

No solamente el obispo debe dominar las reglas del procedimiento por las cuales se gobierna una conferencia–-generalmente las Reglas de Orden de Robert, acompañado de otras reglas como límites en el debate. También el obispo debe hacer un esfuerzo para asegurarse de que se oigan todas las voces lo más completamente posible.

Parte de las tradiciones de conferencias generales y anuales preservan especialmente la memoria de ciénagas parlamentarias en las que los obispos que presidían se encontraron envueltos en fango. Cuando alguien pide que se posponga una moción a la cual se les ha puesto una enmienda y una sustituta y entonces se pido una cuestión de orden en el momento en que la «orden del día» es la presentación de una coral que acaba de llegar ¿qué hace el oficial que preside?

No todos los obispos tienen el don de presidir. Un oficial que preside, que es competente en el procedimiento y que puede hacer que la agenda circule con facilidad y que respete todas las voces, puede hacer una gran diferencia en una conferencia. Los obispos toman esta responsabilidad con gran seriedad.

La Constitución dice que en el curso de la presidencia en la conferencia anual, los obispos también hacen resoluciones en asuntos de ley de la iglesia. En algunos casos, el asunto es relativamente sencillo, como declarar fuera de orden una moción que manda algo para la iglesia general–-sólo la Conferencia General puede hacer eso. Otros asuntos pudieran ser más complejos, como declaraciones sobre si los procedimientos de la conferencia anual para un proceso justo están de acuerdo con la *Disciplina*. Todas las decisiones sobre la ley tienen que informarse por escrito anualmente al Concilio Judicial para que las revisen (¶¶49, 54.3).

La presidencia también abarca tareas mayores. La Constitución encarga a los obispos en el Concilio con «poner en práctica las reglas, regulaciones y responsabilidades prescritas e impuestas por la Conferencia General» (¶45). Esto significa que los obispos deben estar seguros de que la legislación aprobada por la Conferencia General es puesta en efecto en los cuerpos sobre los que ellos presidan. Tampoco esto es una tarea sencilla si involucra cambios en la manera en que iglesias locales o conferencias están estructuradas o si demandan ciertas nuevas maneras de mantener los registros o informar. Los obispos están normalmente en posición de hacer lo que la Conferencia General ha mandado, ya estén los obispos de acuerdo o no, y además, sin haber tenido voz en la nueva legislación.

Los obispos se han quejado por muchos años que a medida que proliferan los programas activistas y misiones del metodismo unido, los obispos no llegan a ser más que promotores y gerentes.

En un discurso en 1948 del obispo James H. Straughn (electo en 1939), se quejó de que «el alto oficio del obispo se usa para detallitos pequeños». (Stutts and Barton, "History of the Episcopacy", 100).

Los obispos a veces han estado en tensión con las agencias generales sobre este asunto, ya que las últimas están llevando a cabo un mandato de la Conferencia General que confía en los primeros para que sea efectiva en la conferencia anual.

En los últimos diez años los obispos en el concilio han sido más deliberados para expresar y ejercitar su enseñanza y liderazgo espiritual a favor de la iglesia. Tanto la declaración de 1986 *En defensa de la creación* y el documento de 1990 sobre *Congregaciones vitales– Discípulos fieles*, fueron esfuerzos para tratar a ambos, iglesia y sociedad, sobre asuntos críticos. Ambas fueron publicadas y estudiadas ampliamente. Los obispos también han hecho un pacto colegial entre ellos y a veces invitan a toda la iglesia para que se les unan en oración y ayuno en casos tan graves como el tráfico de las drogas. En 1991 usaron de su opción disciplinaria -usada nunca antes– para designar a uno de ellos, el obispo Felton May (electo en 1984) a una asignación especial para bregar con el asunto de la pobre calidad de vida en barrios pobres de ciudades norteamericanas–con el eventual establecimiento de las «shalom zones» (zonas de paz) a través de los EE.UU. (¶407.3).

Asuntos en el rol episcopal

La complejidad del rol episcopal en el metodismo unido ha creado a través de los años numerosas controversias y aun a cismas. James O'Kelly y sus seguidores se salieron en 1790 en protesta sobre el derecho de Asbury para nombrar predicadores sin apelación. Los metodistas protestantes se organizaron en 1830 para liberarse de la autoridad episcopal y darle voz al laicado en el gobierno de la iglesia. Mientras que el cisma de la iglesia metodista episcopal en 1844 fue provocado por el hecho de que un obispo tenía esclavos, el asunto constitucional de que los obispos fueran responsables a o que coordinaran con la Conferencia General, también tuvo su parte. Las páginas de los periódicos de la Iglesia Metodista Episcopal del Sur a fines del siglo XIX estaban llenas de artículos protestando lo que se percibía como la autocracia de los obispos. Los obispos del sur en aquellos tiempos eran también el sistema jurídico, fallando sobre la constitucionalidad de las acciones de la Conferencia General. Aunque en 1934 se creó un Concilio Judicial distinto de tanto la Conferencia General como el episcopado, los obispos permanecieron fieramente independientes de sus acciones, mientras que los obispos del norte se veían como que respondían más a la Conferencia General.

Así que cuando la Iglesia Metodista se creó en 1939 y de nuevo, cuando surgió la Iglesia Metodista Unida en 1968, una simple declaración escrita por el obispo Nolan B. Harmon (electo en 1956) se aprobó para cubrir una multitud de pecados.

«Habrá una continuación del episcopado en la Iglesia Metodista Unida con el mismo plan, poderes, privilegios y derechos que existen ahora en la Iglesia Metodista y en la Iglesia Evangélica de los Hermanos Unidos, en todos aquellos asuntos en que están de acuerdo y que puedan considerarse idénticos; y las diferencias entre esos episcopados históricos están consideradas para ser reconciliadas y armonizadas por y en este Plan de Unión y Constitución» (¶43).

Esto tuvo consenso por decreto, pero como quiera que sea, resultó. En décadas recientes la Conferencia General ha tratado de canalizar desacuerdos sobre el episcopado en comisiones de estudio para proponer ajustes y reformas juiciosas. A principios de la década del 60 y de nuevo en la del 70, las comisiones examinaron el oficio y luego publicaron los estudios. En el último caso, se aprobaron varios párrafos por la Conferencia General de 1976 y se pusieron en la *Disciplina* para comenzar un nuevo capítulo sobre la superintendencia (¶401).

Pero estos párrafos, cargados del lenguaje de organización de administración de aquellos tiempos (con la adición en 1996 de la misión de la IMU «de hacer discípulos»), y muy poco sobre la comprensión eclesiológica del episcopado. Apuntan a algunos de los inmensos desafíos que confronta este oficio en sociedades que cuentan con muchas prácticas culturales. Piden que se esté alerta para ver los consensos y la «formación de equipos». Señalan que los obispos deben seguir un ritmo que les permita la reflexión y la camaradería. Sugieren habilidades estratégicas que los obispos necesitan para ser eficaces en una iglesia diversa y siempre en cambio.

Puntos de vista sobre limitar el término de los obispos han surgido en todos estos estudios y debates por más de cien años. Algunas de las ramas de la que es ahora el metodismo unido siempre habían tenido un período episcopal de cuatro años. Las Conferencias Centrales pueden establecer el período que deseen y generalmente eligen obispos por un período de cuatro años (¶48). La Iglesia Evangélica Unida elegía obispos por cuatro años, pero generalmente un obispo se reelegía hasta su jubilación. Un período en el episcopado se dice que protege en contra de la acumulación de poder, le da oportunidad a la iglesia a que con gracia deje a un obispo incompetente fuera de su oficio, y da una mayor flexibilidad y variedad para llenar el oficio.

La permanencia por vida de los obispos metodistas unidos en los EE.UU., es establecida por la Constitución de 1968. Antes de esto, en la Iglesia Metodista y cuerpos anteriores, la permanencia por vida era simplemente asumida en la misma manera en que se asume la permanencia por vida de los clérigos—uno sirve hasta la jubilación o hasta que sea quitado. La norma constitucional de la permanencia por vida reconoce que aunque el episcopado no es una orden, como un asunto práctico un ex-obispo tendría dificultad para volver al ministerio itinerante. Los obispos deben tomar decisiones que afectan las vidas y carreras de otras personas. Inevitablemente, deben aprender mucho no sólo acerca de los cuerpos conexionales pero también acerca de la gente que sirven. Si tuvieran que mantenerse con los ojos abiertos sobre su propia futura reelección como obispo o nombramiento como clérigo, perderían mucho de su independencia. Otros oficiales en cuyas esferas ejercitaron su superintendencia general tendrían una mayor permanencia que ellos.

El enorme y amplio campo que demanda el oficio necesita un compromiso a largo plazo y continuidad en el trabajo.

De hecho, muchos obispos no son electos hasta que estén a sólo uno o dos períodos de cuatro años antes de que llegue la edad de la jubilación obligatoria. Además, los obispos están limitados a dos períodos en un área episcopal a menos que la Conferencia Jurisdiccional determine por dos terceras partes de la votación que sigan a un tercer período, para que sea «del mejor interés para la jurisdicción» (¶407). Así que en efecto la *Disciplina* instituye algunas características de un período episcopal.

Elección de los obispos

Los obispos son electos por los delegados clericales y laicos de las conferencias Jurisdiccional y Central, que se reúnen meses después de la Conferencia General. Desde 1976 la *Disciplina* ha permitido que las conferencias anuales designen candidatos acerca de los cuales se repartirá información a todos los delegados de la Conferencia Jurisdiccional. La votación es abierta y no restringida a personas así postuladas (¶406.1). De hecho, los delegados pueden votar por cualquier presbítero ordenado en la conexión, y algunos obispos han sido electos en jurisdicciones a las cuales no pertenecían.

Antes de 1939 en la Iglesia Metodista Episcopal y en la Iglesia Metodista Episcopal del Sur, y en 1968 en la Iglesia Evangélica de los Hermanos Unidos, los obispos eran electos por sus respectivas Conferencias Generales. Aquellos que resultaban electos tendían a ser bien conocidos por toda la conexión, a menudo como presidentes de universidades o seminarios o secretarios generales de agencias de la iglesia. Bajo el sistema jurisdiccional, muchos más pastores y otras personas conocidas regionalmente han sido electas. Esto ha acercado el episcopado a la iglesia local, en un sentido, pero al precio de elegir a personas que no son bien conocidas generalmente.

Una gran cantidad de tradiciones personales y políticas han crecido alrededor de las elecciones episcopales. Los metodistas unidos norte-americanos esperan ciertas «costumbres» de los postulados o candidatos al episcopado. No deben ser muy agresivos o dar la impresión de que están luchando por el oficio, pero deben estar dispuestos a reconocer públicamente su sentido de vocación para el oficio. Las personas que se dice que maniobraron las elecciones o que ejercitaron «poder político», es posible que nunca recuperen su reputación en ciertos círculos. Las personas que no siguen aspirando por consideración a una elección estancada, se piensa que serán de los primeros la «próxima vez» como recompensa por su sacrificio. Otros obispos han sido tomados por sorpresa completamente por su elección, pero muy pocos la han rechazado.

El impacto de una elección episcopal se hace sentir no sólo en la iglesia sino en la carrera y familia del obispo y esto no se debe subestimar. El nuevo obispo comienza una nueva vida enteramente en la cual él o ella no tiene iguales excepto dentro del Concilio de Obispos. Ahora la iglesia debe encontrar un lugar en el cual el nuevo líder episcopal pueda servir efectivamente. La familia se debe ajustar al prestigio a veces empalagoso del oficio y a la ausencia habitual de su ser querido. Por otro lado, cuando William McKinley fue elegido presidente de los Estados Unidos en 1896, su madre, Nancy Campbell McKinley, declaró públicamente que ella hubiera preferido mucho mejor que su hijo fuera un obispo metodista.

Asignaciones episcopales

Las asignaciones de los obispos a sus residencias son determinadas por las Conferencias Jurisdiccional o Central bajo la recomendación de sus respectivos Comités sobre el Episcopado de la Conferencia Jurisdiccional o Central. Estos comités están compuestos generalmente por los primeros delegados laicos y clérigos electos en cada conferencia anual (¶¶48, 407).

La *Disciplina* es tan específica como para estipular para una posibilidad que nunca ha sucedido–-la transferencia de un obispo de una jurisdicción para otra. Esta provisión, puesta en la Constitución en parte para preservar el sentido de una superintendencia general –no jurisdiccional–, permite la transferencia de obispos que hayan servido por lo menos un cuadrienio en la jurisdicción que los eligió, pero sólo con el consentimiento de los obispos involucrados (¶47). Según la legislación se debe convocar un Comité Interjurisdiccional del Episcopado en la sesión de la Conferencia General para facilitar dichas transferencias antes de las sesiones de la Conferencia Jurisdiccional. Todas las Conferencias Jurisdiccionales se deben reunir en los mismos días, en parte para que los Comités del Episcopado se puedan reunir a la misma vez y puedan votar en dichas transferencias (¶¶24, 47). Como resultado de las enmiendas constitucionales de 1992 no se necesita el voto de toda la conferencia jurisdiccional. Hasta recientemente pocos obispos han expresado que están dispuestos a una transferencia y todavía hay que ver si las distintas jurisdicciones los aceptarían.

Una de las lagunas más desconcertantes en la *Disciplina* es la ausencia completa de ninguna definición para los términos usados para designar la asignación de los obispos–-«área» y «residencia». De hecho, hay más referencias Disciplinarias a la «residencia» del obispo –dando a entender la casa que pertenece al área episcopal- que las que hay para «residencia» -dando a entender el lugar en donde preside el obispo. La legislación que normaliza la compra y mantenimiento de la casa del obispo fue añadida a la *Disciplina* en 1984 (¶¶636, 827). Pero en un sentido general no hay párrafos que describan el significado de área o residencia.

Esta ausencia refleja la larga historia de la independencia episcopal en el sistema de gobierno metodista. Por todo el siglo XIX y hasta el XX, los obispos consideraban su superintendencia como un ministerio viajero. De hecho, vivían donde querían; se dividieron entre ellos la responsabilidad de presidir sobre conferencias anuales específicas; por lo demás, viajaron constantemente por toda la conexión.

Los obispos tenían la tendencia a gravitar hacia esas conferencias que les recibían con gozo. Mucho antes del cisma de 1844, los obispos de la iglesia metodista episcopal electos en las conferencias del norte, presidían mayormente en conferencias de las regiones del norte. Sólo el obispo McKendree insistía en viajar (al norte) aunque no cayera bien. Así que no fue hasta los comienzos del siglo XX que los obispos de las iglesias del norte y las del sur fueron encarecidos por la Conferencia General para presidir sobre ciertas conferencias anuales y actualmente vivir en lugares contiguos.

Este requisito—o petición– fue aceptado de mala gana por muchos obispos, muchos de los cuales seguían pensando que por virtud de su oficio ellos debían hacer sus propias asignaciones presidenciales y vivir en donde quisieran. Pero poco a poco la idea de un «área episcopal» comenzó a aparecer, designando ciertas conferencias anuales sobre las que el obispo habría de presidir desde la residencia asignada por la Conferencia General. En la Iglesia Evangélica este sistema se puso en efecto en 1930, en la metodista episcopal del sur en 1934 y en la metodista episcopal en 1912.

Los obispos habrían de presidir sobre conferencias anuales adyacentes a su residencia episcopal; pero la legislación dejaba a los obispos a que decidieran qué conferencias anuales se consideraban adyacentes. (Había muchas más conferencias anuales en aquellos tiempos.) Sin embargo, en el siguiente párrafo, la *Disciplina* especificaba las conferencias y las asignaciones de los obispos (*Disciplina* de 1936 de la Iglesia Metodista Episcopal, ¶1521).

Cuando el sistema jurisdiccional (tanto regional como racial) fue instituido en 1939, los obispos fueron limitados a la presidencia dentro de la jurisdicción de su elección. Esto sirvió dos propósitos implícitos: inhibir a los obispos del norte que ejercitaran la presidencia en el sur y vice versa, y prevenir a los obispos afroamericanos que presidieran en conferencias anuales predominantemente blancas.

En la Conferencia de Unión de 1939, los obispos fueron asignados a sus áreas bajo recomendación del Comité Jurídico, con la petición de que los obispos acepten sus asignaciones a pesar de la carencia de ninguna provisión constitucional o legislativa que le dé a ninguna conferencia el derecho de asignar obispos. El Comité justificó su acción de instituir un sistema en la nueva iglesia «el cual por costumbre, uso y decisión judicial tenía por lo menos toda la fuerza y el poder de la ley». El obispo Darrington (electo en la Iglesia Metodista Episcopal del Sur en 1918) fue bien conocido por su rechazo a obedecer esta solicitud, cuando estaba administrando el Área de Louisville desde su casa en West Virginia.

La Constitución de 1968 de la Iglesia Metodista Unida entrega la asignación de los obispos a las manos de la Conferencia Jurisdiccional o Central, bajo la recomendación del Comité del Episcopado (¶48). Pero la Constitución también perpetúa las prerrogativas tradicionales de las superintendencia general:

«Los obispos de cada conferencia jurisdiccional y central . . . arreglarán el plan de supervisión episcopal de las conferencias anuales . . . dentro de sus respectivos territorios» (¶46).

Según el Concilio judicial, aun en la enmienda constitucional de 1992, en la que se le da poder a las Conferencias Jurisdiccional y Central para «efectuar» cambios en áreas episcopales, no cambió la prerrogativa de los obispos para «arreglar» el límite de las áreas (¶38, 46). Las conferencias todavía ponen en efecto los cambios que los obispos decidan.

Esto no quiere decir en la práctica que los obispos rechazan sus asignaciones. Pero puede suceder, por ejemplo, que los obispos declinen presidir sobre más de dos conferencias anuales. El Colegio de Obispos de la Jurisdicción del Noreste lo reafirmó en 1992, dando lugar a la formación de la Conferencia de New England con la unión de tres conferencias anuales.

En años recientes los obispos han llegado a presidir sobre menos conferencias anuales. De hecho, de los cincuenta obispos que actualmente sirven en los EE.UU., treinta y tres presiden sobre una sola conferencia anual. Este fenómeno se ve especialmente en la Jurisdicción del Sureste, en donde sólo uno de trece obispos tiene más de una conferencia anual. En estos casos en particular, el metodista unido promedio tiene dificultad para distinguir entre un área episcopal y una conferencia anual.

El «área» es en muchas maneras una ficción legal. Sólo dos comités administran su trabajo: el Comité del Episcopado y el Comité de Residencia Episcopal (y el anterior puede ser organizado como un comité de la conferencia—no del área) (¶635). Hay muy pocos comités de programas organizados a base del área (se ha hecho provisión para esto, por ejemplo, en el caso de Educación Superior y Ministerio Universitario, para que las conferencias anuales puedan trabajar juntas con el mismo obispo, ¶632.4.a.9).

Sin embargo, la distinción es crítica en el sistema de gobierno metodista unido. Los obispos no son los ejecutivos de la conferencia anual sobre la cual presiden. No son electos por una conferencia anual en particular, ni tampoco su superintendencia está limitada a ellos. El metodismo unido no tiene un episcopado diocesano.

El término «área» mantiene su distinción al clarificar que un obispo es asignado a una «residencia» dentro del área. Veintitrés de las residencias y áreas asociadas con ellos llevan el nombre de una ciudad (por ejemplo, Albany, Chicago, Richmond, Dallas, Portland), incluyendo las seis en la Jurisdicción Occidental. Esto resuena con las tradiciones metropolitanas de la iglesia antigua. Pero el nombre del área también sirve para distinguir el área de la conferencia sobre la cual preside el obispo (por ejemplo, el obispo del Área de Ohio Occidental preside sobre la Conferencia Occidental de Ohio). Esto evita que el lenguaje implique que un área está constituida por ciertas conferencias anuales. En otras palabras, las áreas episcopales se definen mejor como regiones de «supervisión residencial y presidencial» (¶47) designadas de adentro de toda la superintendencia general, más bien que siendo unidades geográficas administrativas construidas por conferencias anuales constituyentes.

El hecho de que los términos «área» y «residencia» no se han redefinido puede ser por la manera en que la Conferencia General y el Concilio de Obispos han tratado de respetar las prerrogativas de cada uno. El metodismo unido tiene dos cuerpos con poderes generales: la Conferencia General con «poder legislativo completo sobre todos los asuntos distintivamente conexionales» y el Concilio de obispos encargado de «Supervisión general y promoción de los intereses temporales y espirituales de toda la iglesia» (¶115, 45).

Que la Conferencia General escriba una legislación gobernando la superintendencia de los obispos, amenazaría este balance de poder y quizás viole la Tercera Regla Restrictiva; y los obispos no escriben o proponen legislación directamente. Así que la *Disciplina* mantiene la libertad de los obispos para llenar el oficio único de supervisión sin tener que estar atado a ninguna unidad administrativa o de gobierno de la iglesia.

Superintendencia del distrito

Para muchos metodistas unidos la conexión está personificada en el oficio del Superintendente de distrito. Éste está presente por lo menos una vez al año para celebrar la Conferencia del cargo. El Superintendente consulta con el Comité de relaciones pastor-parroquia con respecto al nombramiento pastoral. El Superintendente está en contacto a menudo con los oficiales laicos de la iglesia local con respecto a los programas del distrito, conferencia o de la iglesia general. El Superintendente les recuerda a los pastores y pastoras que su iglesia local tiene una responsabilidad de pagar las asignaciones del presupuesto de la conferencia anual.

De hecho, la superintendencia de distrito es la oficina clave para hacer el trabajo conexional. Los obispos dependen del Superintendente de distrito para conocer mejor las iglesias locales y los pastores; la conferencia anual y las agencias generales de la iglesia dependen del Superintendente de distrito como su conducto para comunicarse con las iglesias locales; las iglesias locales dependen del Superintendente para la interpretación de sus necesidades ante el obispo y el Gabinete.

Sin embargo, a pesar de todo esto, la superintendencia de distrito ha sido poco estudiada y su lugar eclesiológicamente no está bien especificado ni ampliamente entendido. La *Disciplina* se refiere a la misma como un oficio, y es establecido por la Constitución (¶51). Pero es un oficio, el cual los que lo tienen no son electos por la iglesia ni consagrados a este trabajo.

La superintendencia de distrito al igual que la superintendencia general carecen de un definición eclesiológica. El papel originó a principios del siglo XIX como el oficio del «presbítero presidente». A menudo era el único clérigo ordenado metodista, evangélico o de los Hermanos Unidos, en toda una región. El presbítero presidente viajaba entre los circuitos asignados, celebrando la conferencia trimestral y administrando la Cena del Señor. La llegada del presbítero presidente era un momento significante para los diversos elementos de espiritualidad wesleyana—adoración, canto, sacramento y avivamiento.

Cuando se aprobó el nombre «Superintendente de distrito» en la Iglesia Metodista Episcopal en 1908 –seguido por la Iglesia Evangélica en 1930, la Iglesia Metodista en 1939 y la Iglesia Evangélica de los Hermanos Unidos en 1946–sonaba más a algo administrativo que sacramental. Indicaba que el papel del «presbítero» era menos importante ahora que la subunidad «distrito» de la conexión mayor. La superintendencia de distrito se ha ido convirtiendo en una función administrativa y promocional.

La superintendencia de distrito es una extensión de la superintendencia general. El oficio se deriva del oficio del obispo. Los Superintendentes eran presbíteros a plena conexión en la conferencia anual en la que el obispo los nombra para ayudar «en la administración de la Conferencia Anual» (¶51). Los Superintendentes participan completamente en la tarea del obispo de hacer los nombramientos de los clérigos.

El obispo escoge y nombra Superintendentes en consulta con el Gabinete y el Comité de Superintendencia del Distrito (¶417). Pero la *Disciplina* insiste en la ficción legal de que una vez que han sido electos, los Superintendentes se convierten en miembros «primero de un Gabinete antes de que sean nombrados al servicio en distritos» (¶429.1). Por lo tanto, el lugar más inmediato de responsabilidad del Superintendente es el Gabinete, el cual es un cuerpo conciliar que extiende la superintendencia en una conferencia anual. La *Disciplina* hace un paralelo entre esta superintendencia conciliar y la del Concilio de Obispos, el cual extiende la superintendencia por toda la conexión global.

En otro sentido, sin embargo, la superintendencia de distrito no se distingue mucho de la membresía del clérigo en la conferencia. Un Superintendente servirá por ocho años consecutivos y no más de doce en total (¶418). El nombramiento del Superintendente de distrito se agrupa con otros «nombramientos más allá de la iglesia local» que están «dentro de la estructura conexional del metodismo unido», como el personal de las agencias generales y la facultad en seminarios metodistas unidos (¶335.1.a.1). La mayoría, si no todos, los Superintendentes regresan al pastorado de la iglesia local después que termina su término o que son nombrados por el obispo.

Así, los Superintendentes son también iguales que otros clérigos; sólo que se les ha pedido por el obispo que llenen una tarea especial por un tiempo. Esta dualidad del rol—iguales con los clérigos y extensión del episcopado- crea tensiones inevitables. La tradición Evangélica se puso al lado del clérigo, eligiendo la conferencia anual a los que entonces llamaban «Superintendentes de la conferencia», por períodos de cuatro años. El Superintendente de la conferencia era una clase de representante de los clérigos trabajando con el obispo (*Disciplina* de la Iglesia Evangélica Unida de 1967, ¶100).

La Iglesia Metodista les dio a los obispos el poder para nombrar a los Superintendentes. Este poder se discutió hasta el punto de que hubo un cisma en 1820 cuando se llegó al asunto constitucional sobre si el poder para nombrar «presbíteros presidentes» era parte del «plan de nuestra superintendencia general itinerante» protegida por la Tercera Regla Restrictiva. Luego los metodistas no se sintieron inclinados a pelear esa batalla otra vez.

Cuando el metodismo unido se formó en 1968, el poder del obispo para nombrar a Superintendentes de distrito fue puesto en un párrafo legislativo, no en la Constitución, haciendo que fuera más fácil cambiar al enfoque de los Evangélicos Unidos si la Conferencia General lo decidiera hacer. La comisión de estudio de 1976 reforzó el poder de nombramiento de los obispos al aclarar que la superintendencia de distrito es una extensión de la superintendencia general.

No sólo por la naturaleza del oficio, pero en la mayoría de los aspectos del rol, el Superintendente de distrito está siempre en medio de muchas presiones. La *Disciplina* generalmente encarga el oficio de «mantener el orden conexional de la *Disciplina*» (¶420.1). Así, el Superintendente es una figura principal en mediar la conexión de iglesias locales, clérigos, conferencias y agencias.

Hay cinco tareas básicas que ocupan la mayoría del tiempo de los Superintendentes de distrito. La primera es trabajar con los pastores—guiarlos a través de la candidatura y membresía a prueba, emitiendo licencias de pastores locales, consultando con todos los clérigos sobre sus nombramientos, haciéndolos responsables de la evaluación y educación continuada y apoyándolos junto con su familia en los tiempos de necesidad.

Los Superintendentes son también clave en manejar las quejas contra los clérigos en su distrito. Al recibir una queja («una declaración por escrito y firmada») el Superintendente (u obispo) está encargada de interpretar el proceso de la queja a «la persona que está haciendo la queja y al clérigo». El Superintendente (u obispo) hace una «respuesta supervisora . . . dirigida hacia una justa resolución y/o una reconciliación entre todas las partes (¶358.1).

La segunda tarea es trabajar con la administración de la iglesia local –celebrando la Conferencia del cargo por lo menos una vez al año en cada cargo, recogiendo estadísticas, recordando a las iglesias locales de sus compromisos financieros con la conexión y estimulando planes para la misión. Tercera, los Superintendentes son los oficiales que manejan toda la propiedad de la iglesia en el distrito -se reúne con el Comité de Localización de la Iglesia y Edificios el cual debe aprobar todas las transacciones de la propiedad, postular miembros para ese comité así como para la Junta de síndicos del distrito que mantiene la propiedad que pertenece al distrito y lleva los registros de propiedades abandonadas, iglesias que se cierran y los activos de todas las iglesias locales o distrito.

Cuarta, al Superintendente se le pide que «supervise los programas de la Iglesia dentro de los límites del distrito . . . trabajando con y por medio del concilio de ministerios del distrito en donde exista» (¶424.1). La oficina del distrito es a veces la agencia por la que atraviesan información y recursos de la conferencia anual o agencias generales de la iglesia para la iglesia local o los pastores.

Una quinta tarea que se ha ido haciendo más prominente en la última década es el papel del Superintendente en el comienzo de nuevas iglesias locales. Muchas conferencias anuales han comenzado los programas de «desarrollo congregacional», con grandes campañas para recaudar fondos para enfrentar los gastos de nuevas iglesias. El obispo y el Gabinete deben dar su consentimiento a la fundación de una nueva iglesia y el obispo designa el distrito en el cual será localizada. Entonces el Superintendente de dicho distrito se hace «el agente a cargo del proyecto», recomendando un sitio y celebrando una conferencia constitutiva de la iglesia (¶263).

En estas cinco áreas de trabajo entre muchas otras, el Superintendente comparte con el obispo los tres roles claves que discutimos más arriba. El Superintendente funciona por medio de una completa participación en el proceso de nombramientos y por un verdadero conocimiento de los clérigos e iglesias locales del distrito. El Superintendente logra mucho de este trabajo conexional al viajar constantemente por el distrito y la conferencia, predicando y visitando con regularidad las iglesias locales. Y el Superintendente preside constantemente en conferencias del cargo así como en conferencias distritales en donde existan.

Hoy hay más de 525 clérigos sirviendo como Superintendentes de distrito. El oficio permanece como un papel de liderato muy visible en la iglesia, y además como un punto focal para expresar la inclusividad de la conexión. Al mismo tiempo, el lustre del oficio se ha gastado para muchos clérigos ya que lleva mucho de la tensión en la conexión sin un reconocimiento adecuado. Mientras que el servicio como Superintendente todavía se considera como una clase de «ascenso», muchos clérigos prefieren permanecer en la iglesia local.

Muchas conferencias anuales han reducido el número de distritos en parte para cortar gastos, ya que los sueldos de los Superintendentes y sus gastos salen del presupuesto de la conferencia. Así como los sueldos de los obispos son señalados por la Conferencia General, los de los Superintendentes son señalados por las conferencias anuales -pero en bases mucho más variadas. En algunas conferencias el sueldo de los Superintendentes de distrito está basado en el promedio de los primeros veinte salarios de los pastores de la iglesia local. En otras se basan en un porcentaje mayor que el salario promedio de la conferencia. Los gastos para el espacio para la oficina del distrito y personal pueden ser compartidos entre la conferencia y el distrito. Esto puede resultar en una asignación distrital para ayudar a sostener los gastos de oficina así como el mantenimiento de la casa pastoral del distrito (¶¶611.1.a, 662.4.a).

La superintendencia se ha convertido en una vocación que demanda mucho. Los obispos y los Superintendentes tienen que balancear los muchos pedidos de su tiempo. Se espera que sean predicadores y misioneros así como administradores. Llevan la doble responsabilidad de poner a la clerecía en sus nombramientos y la tarea de cuidado y guía pastoral de la clerecía y su familia. Deben dedicar mucho tiempo y energía a enseñar a personas en la iglesia local el valor de la conexión– incluyendo su propio oficio, la superintendencia.

Los metodistas unidos siguen teniendo altas expectaciones de la superintendencia. En una encuesta llevada a cabo en la conferencia anual de1994 por el Concilio General de Ministerios, cada pregunta con respecto al papel del obispo y del Superintendente de distrito en el sistema de nombramientos, fue marcada como que tenía necesidad de más atención en el futuro. Los que respondieron también querían que la superintendencia tomara el liderato en el desarrollo de una visión y dirección en la iglesia.

Hoy muchas personas piden que los Superintendentes pasen más tiempo en las iglesias locales que en las reuniones de la conferencia y del distrito, especialmente ya que esas reuniones los preocupan con la promoción de programas. Los Superintendentes necesitan tener más libertad para dedicar tiempo y atención a los desafíos y oportunidades de las iglesias locales en particular. Los Superintendentes necesitan desarrollar habilidades en la resolución de conflictos, en planificación a largo plazo para la misión y en el desarrollo del personal. Con toda su complejidad, la superintendencia permanece obviamente como un elemento constitutivo de la conexión y una expresión clave de la disciplina en la denominación.

CAPÍTULO 9

Conferencias General, Jurisdiccional, Central y las agencias generales

La conferencia es la rúbrica formal del sistema de gobierno y política metodista unido. Conferenciar—reunirse para cantar, orar, predicar, enseñar, discutir, debatir y actuar– es unirse en una conversación cristiana que ha sobrepasado doscientos años de la historia metodista. Las conferencias se han reunido con regularidad por generaciones y han desarrollado sus propias tradiciones. A la vez, las conferencias son efímeras; en un sentido real no existen a menos que estén reunidas. El pueblo metodista siempre ha resistido el poder constante de los cuerpos ejecutivos. Prefieren reunirse ellos mismos en conferencia, desde el cuerpo legislativo conexional más grande de la Conferencia General hasta la organización regional de la conferencia anual hasta la conferencia del cargo local, dando atención al ministerio y misión en cada lugar.

Conferencia General

La Conferencia General del metodismo unido es el cuerpo de la iglesia más improbable, irritante, lleno de incidentes y conmovedor que uno ha pensado ver jamás. La Conferencia General se reúne por once días cada cuatro años «en el mes de abril o mayo» (¶113) con la asistencia de miles de metodista unidos de más de veinte naciones, para establecer el sistema de gobierno, aprobar legislación y hacer pronunciamientos a favor de toda la conexión. Es asombrosa la forma en que funciona. Es indiscutible que tiene un lugar central en el sistema de gobierno de la conexión. Lo cierto es que seguirá cambiando su composición y función para reflejar una iglesia global.

La Conferencia General comenzó como la forma política distintiva del metodismo americano. Todas las denominaciones de herencia

217

wesleyana—incluyendo la Metodista Episcopal Africana, Metodista Episcopal Africana de Sión, Metodista Episcopal Cristiana, Evangélica, Metodista Episcopal y Hermanos Unidos– adoptaron este procedimiento de reunión en un grupo grande de delegados para conferenciar sobre enseñanzas y prácticas de la iglesia, elegir obispos, adorar, disfrutar de compañerismo y hacer pólizas.

El nombre se originó a fines del siglo XVIII en la Iglesia Metodista Episcopal. La conferencia -con «c» minúscula- era una reunión general anual de todos los predicadores metodistas que pudieran viajar hasta allí, generalmente en Baltimore. La Conferencia de la Navidad de 1784 fue una de esas reuniones generales en Baltimore, pero fue especial en el sentido de que el propósito fue el de constituir una nueva iglesia y ordenar clérigos para que la dirigieran. La conferencia regular se reunió en los meses del verano de 1784 y 1785 como de costumbre.

A medida que el metodismo creció, se tuvieron conferencias anuales en varias regiones y los registros de sus actas se pusieron en una colección titulada «Actas de la Conferencia General de la Iglesia Metodista Episcopal en América». Cada conferencia trató asuntos que enfrentaba la nueva iglesia y deliberaban sobre cambios en la nueva *Disciplina*. Pero aprobar legislación secuencialmente a través de varias conferencias regionales se hizo oneroso y la última conferencia que votó sobre un asunto, por lo general tuvo la palabra final. Así, en 1792 todos los predicadores reunidos en Baltimore se pusieron de acuerdo en reunirse como un cuerpo general cada cuatro años.

La Conferencia General de 1792 fue la primera conferencia con tal nombre que se reunió en una asamblea separada de las conferencias regionales. Se reunió de nuevo en 1796, 1800 y 1804, con una autoridad sobre la conexión que iba surgiendo gradualmente que era distinta de la autoridad ejercitada por las conferencias anuales colectivamente. Por ejemplo, la Conferencia General de 1796 estableció los primeros límites geográficos de las conferencias anuales, confirmando su naturaleza regional. En 1800, con el crecimiento del cuerpo de predicadores, la Conferencia General limitó la participación a los predicadores que habían viajado por lo menos cuatro años. En 1804, se limitó aún más a presbíteros itinerantes en plena conexión.

En 1808 la Conferencia General se reunión en un momento crítico en la historia metodista episcopal. Aunque el movimiento se estaba extendiendo rápidamente, carecía de estructuras permanentes de autoridad y continuidad. Thomas Coke ya no estaba visitando América como un superintendente general. Richard Whatcoat, electo obispo en 1800, murió en 1806 dejando a la iglesia con sólo Francis Asbury sirviendo como superintendente general. El mismo Asbury ya tenía más de sesenta años de edad y con mala salud. Mientras tanto, la Conferencia General se seguía reuniendo sin una constitución ni límites en sus poderes.

Bajo la dirección de un joven Joshua Soule, maestro parlamentarista y luego obispo, la Conferencia General de 1808 de todos los presbíteros itinerantes creó una nueva estructura de gobernación para la iglesia, la cual está todavía esencialmente en efecto. La Conferencia General estaría ahora delegada en dos sentidos. Primero, los presbíteros itinerantes habrían de elegir delegados—al principio, uno por cada cinco presbíteros itinerantes– para servir en la Conferencia General.

Segundo, la Conferencia General tendría poderes limitados, autorizados por todo el cuerpo colectivo de presbíteros. Los poderes para legislar para la conexión eran amplios, pero en ciertos asuntos estaban sujetos a la confirmación por todas las conferencias anuales colectivamente. Estas limitaciones al poder se establecieron en las Reglas Restrictivas, que han continuado desde entonces en más o menos su forma original (¶16-20).

Aparte de estas restricciones, sin embargo, la Conferencia General ha seguido desde aquellos días ejercitando «poder legislativo completo sobre todos los asuntos distintivamente conexionales». La Constitución nombre catorce poderes específicos, concluyendo con una declaración permisiva: «promulgar toda aquella legislación que pudiera ser necesaria, sujeta a la limitación y restricción de la Constitución de la Iglesia» (¶115).

Esto significa en la práctica que la Conferencia General considera propuestas legislativas en casi todas las áreas de la vida de la iglesia, desde doctrina hasta estructuras de comités hasta iniciativas grandes en misión. Puede establecer comisiones de estudio en cualquier tópico. Puede pasar resoluciones en cualquier asunto que enfrente la iglesia, la sociedad o el mundo.

Sin embargo, la *Disciplina* es específica en que la Conferencia General «no tiene poderes ejecutivos o administrativos» (¶501). De hecho, no tiene oficio ejecutivo ni administrador. Los obispos están encargados de poner en efecto las leyes ejecutivas, pero ellos no son oficiales ejecutivos de la Conferencia General. Los obispos presiden en las sesiones de negocios, pero ninguna persona es electa presidenta o moderadora de la conferencia. No hay un solo cuerpo designado para mantener el trabajo de la Conferencia General entre sesiones. Cuando se levanta la sesión, ya se acabó. Cuando la Conferencia

General se convoca de nuevo en cuatro años, lo hace como una completamente nueva conferencia y puede deshacer todo lo que hiciera la conferencia de cuatro años atrás.

La *Disciplina* tiene poco que decir sobre el procedimiento de la Conferencia General. La Constitución exige que los obispos sean los oficiales que presidan (¶15.11, 503). La Conferencia General debe elegir una persona como secretaria que sea postulada por el Concilio de Obispos—un puesto muy fuerte para el cual la persona con los dones adecuados debe buscarla cuidadosamente (¶504). El Plan de Organización y Reglas de Orden de la previa Conferencia General siguen en la nueva, así que no tienen que ser reescritas completamente, pero pueden ser modificadas si fuere necesario (¶505). Es asunto crítico pasar de inmediato el Plan, Reglas y agenda, ya que sin ellos cualquier delegado podría, después de ser reconocido, comenzar a hablar sobre cualquier tema hasta que se quede sin voz -como la intervención parlamentaria en el Congreso de los EE.UU.

La *Disciplina* también establece un quórum de manera que la Conferencia General pueda ser convocada con tiempo suficiente para que ponga en su lugar sus propias Reglas. La Regla del quórum (¶506) hace ciertas excepciones realistas para prevenir que la Conferencia General no pueda aprobar su diario o terminar, por falta de números suficientes (a veces un problema del último día).

Estas pequeñas provisiones afortunadamente no son las únicas líneas de continuidad de una conferencia a la otra. Normalmente, como la mitad de los delegados han servido en previas Conferencias Generales, y un quinto en tres o más. Mientras que algunas de las tradiciones como la del himno de los obispos—todos los obispos cantan juntos en la plataforma– van y vienen («elijan más tenores» fue la petición de un obispo un año), muchas otras continúan, como la comunión de apertura, adoración diaria, el discurso episcopal y el discurso de los laicos.

Delegados

Parte de la improbabilidad de la Conferencia General viene de su tamaño desgarbado. La Constitución permite entre 600 y mil delegados, la mitad de los cuales serán clérigos y la otra mitad laicos. Cada conferencia anual, misionera o provisional tiene el derecho a un delegado clerical y a uno laico. Además de esto, la composición de la membresía de la conferencia anual está basada en una fórmula compleja en la que se maneja el número de miembros clericales en una conferencia anual y el número de laicos miembros de las iglesias locales de una conferencia anual. En 1992 y otra vez en 1996 el secretario pudo arreglar esto para tener 998 delegados, pegadito al máximo.

Tanto las Conferencias Generales Metodistas como Evangélicas Unidas antes de 1968 eran mucho más pequeñas que ésta. Podían tener debates significativos sobre asuntos de la agenda y cada delegado podía ver lo importante de su voz. Un cuerpo más grande ha hecho que haya menos sentimiento de propiedad de los delegados individuales.

El aumento del tamaño de la Conferencia General en los últimos años ha hecho posible una mayor diversidad de delegados que puedan participar del cuerpo legislativo más alto del metodismo unido. Un cambio notable que comenzó hace más de cien años es la delegación laica. La esfera del trabajo de la Conferencia General se amplió en 1870, incorporando empresas en educación y misiones que hasta entonces habían estado en juntas independientes formadas principalmente por laicos. Ya que estos líderes laicos querían continuar sus actividades, poco a poco la necesidad de laicos participando en las decisiones que afectaban toda la conexión se hizo obvia.

La Conferencia General de la iglesia metodista episcopal de 1872, tenía dos delegados laicos de cada conferencia anual. La definición de «laico» en ese tiempo era «miembros de la Iglesia que no son miembros de la conferencia anual», ya que las conferencias anuales eran todavía asambleas de predicadores viajeros (itinerantes) en aquellos días. Así, los delegados laicos eran electos por Conferencias Electorales especiales que se tenía el tercer día de cada conferencia anual, con una persona laica asistiendo por cada iglesia local o cargo (a los que entonces se les llamaba estaciones y circuitos).

Dieciséis años más tarde, en 1888, cinco mujeres que habían sido electas por sus respectivas conferencias electorales fueron a la Conferencia General de la iglesia metodista episcopal. La Conferencia rehusó darles entrada. Los opositores decían que «laico» quiere decir masculino. Pasaron doce años y tres Conferencias Generales antes de que la nueva Constitución de 1900 de la iglesia metodista episcopal cambió «laico» para «miembro laico», abriendo la puerta a las mujeres y a la vez igualando el número de laicos y clérigos en la Conferencia General. (Estas provisiones entraron en efecto en 1904.)

Los metodistas episcopales del sur votaron por la representación laica en las Conferencias Generales y anual en 1870. Los derechos de los laicos para las mujeres no se establecieron hasta 1922. La Asociación Evangélica votó por participación laica en 1903 y la Iglesia de los Hermanos Unidos, unos años antes, con mucho debate sobre la proporción de membresía laica sobre la clerical. Los clérigos y laicos metodistas episcopales que habían demandado una participación completa de los laicos en la Iglesia Metodista Episcopal en 1830, salieron para formar la Iglesia Metodista Protestante. Las mujeres sirvieron como delegadas en la iglesia metodista protestante en 1896. Así, cuando las uniones de las iglesias de 1939 y 1968 se hicieron, trayendo las tradiciones de todas ellas, la representación laica, incluyendo las mujeres, se estableció firmemente en todos los cuerpos que se unieron.

Las calificaciones para servir como delegado están señaladas en la Constitución, no en la legislación. Los delegados ministeriales deben haber sido «predicadores itinerantes» (una asombrosa preservación del término del siglo XIX para presbíteros a plena conexión) por cuatro años y miembros de la conferencia anual que los eligiera, tanto en el momento de la elección como en el momento de las Conferencias Generales y Jurisdiccionales. No hay postulaciones; todo presbítero de más de cuatro años de servicio, es elegible (¶33).

Los delegados laicos debían ser «participantes activos en la Iglesia Metodista Unida por lo menos cuatro años» y miembros de la IMU por lo menos dos años. No tienen que ser miembros de la conferencia anual, pero deben pertenecer a una IMU dentro de sus límites. De nuevo, no hay postulaciones, aunque algunas conferencias anuales distribuyen información sobre cualquier persona que desee que su interés por ser delegado sea conocido (¶34).

Más de una tercera parte de los delegados de la Conferencia General de 1996 eran mujeres, incluyendo el 25 por ciento de los delegados clérigos. Este es un gran contraste con la Conferencia General de 1972, en la cual sólo un poco más del 13 por ciento de los delegados eran mujeres. Más del doce por ciento de los delegados de 1992 eran afroamericanos, reflejando una proporción similar a la población de EE.UU. (aunque una proporción mucho mayor que la proporción de afroamericanos en la membresía metodista unida).

La Conferencia General también se está convirtiendo en un verdadero cuerpo internacional. En 1992, 116 delegados eran de Conferencias Centrales o de iglesias autónomas, y en 1996 dicho número crecieron a 148, casi el 15 por ciento del total. Mientras que el lenguaje de los negocios de la Conferencia es el inglés (o americano), la conferencia provee traducciones simultáneas al chino, español, portugués, alemán y francés.

Los delegados vienen de muchas profesiones y condiciones sociales, demostrando la diversidad de los adeptos metodistas unidos. Los delegados clericales incluyen a pastores, Superintendentes de distrito, directores del Concilio de Ministerio de la conferencia anual, directores de campamentos, profesores de seminario, decanos y directores de centros de retiros. Los delegados laicos tienen títulos como violinista, distribuidor de automóviles, abogado, dentista, trabajador social, bancario, administrador de oficina, ama de casa, agente de viajes, granjero, pescador y jubilado. En breve, la Conferencia General pudiera ser en sí un pequeño pueblo.

Peticiones y procedimientos

Una de las prácticas notables de la Conferencia General es la recepción de peticiones de «cualquier organización, ministro ordenado o laico miembro de la Iglesia Metodista Unida». Llamadas «memoriales» antiguamente, las peticiones pueden tratar cualquier tópico, pero sólo un tópico -en particular, un párrafo de la *Disciplina*– en cada petición (¶507). El secretario para las peticiones tiene la libertad de combinar las peticiones que tienen el mismo propósito. En 1996, 3,070 peticiones—consolidadas de un total de diez mil–se presentaron para la consideración de la Conferencia General.

Con el propósito de manejar esa masa de material, el Plan de Organización de la Conferencia General divide todos los delegados en once comités legislativos. Aunque todavía es grande con cien miembros, estos comités proveen por lo menos un foro más manuable en el cual considerar las peticiones. Cada comité es convocado por un obispo con el propósito de elegir oficiales, quienes a la vez asumen sus deberes presidenciales. Los obispos, por supuesto, no son miembros ni oficiales de ningún comité. Los comités a veces se dividen en subcomités, los cuales se pueden dividir a la vez para producir grupos de trabajo de unas diez o doce personas. Esto facilita el manejo del material o revisiones.

Cada comité legislativo cubre ciertas áreas del trabajo de la iglesia, como iglesia y sociedad, ministerios globales, la iglesia local o administración de finanzas. Las peticiones se distribuyen de acuerdo a esas áreas del tópico. Después de debatirlas o revisarlas, el comité vota coincidencia o no coincidencia con cada petición que manejen.

Obviamente, las sesiones plenarias de todos los 998 delegados no pueden considerar individualmente las acciones de los comités legislativos de cada petición. La mayoría, tantas como el 80 por ciento, están impresas simplemente como parte de un «calendario de consentimiento» sobre el cual la Conferencia General vota en masa. Ocasionalmente un artículo significativo cae en la *Disciplina* por este camino, sin ninguna discusión por la asamblea. Pero por lo menos las peticiones son discutidas en comités legislativos.

El procedimiento de coincidencia o no coincidencia es probablemente tan eficiente como cualquier procedimiento pudiera ser en un cuerpo tan grande. Pero todavía puede crear enredos que pueden complicar la mente más lógica. Por ejemplo, si un comité ha votado no coincidencia en una petición, el voto de «sí» de un delegado en plenaria—esto es, de acuerdo con el comité– realmente significa «no» en el sentido de estar de acuerdo con no coincidencia y por lo tanto vota en contra de la petición.

Si una minoría considerable de un comité está en desacuerdo con la acción de la mayoría del comité, pueden preparar un informe minoritario sobre el cual también tiene que votar la plenaria. Un informe minoritario no puede ser simplemente el opuesto de la posición mayoritaria, ya que en este caso la conferencia tendría que simplemente invertir la acción del comité. El informe minoritario debe hacer más bien algún cambio substantivo a la petición original. Votar por el informe minoritario puede requerir las valencias opuestas, entonces con un «sí», se quiere decir realmente «sí» a la petición modificada en el informe minoritario, y «no» significa estar de acuerdo con la mayoría del comité.

Un número de peticiones se originan en los cuerpos más grandes de la iglesia, incluyendo las conferencias anuales y jurisdiccionales y las agencias generales. Éstas están impresas en una edición avanzada del *Daily Christian Advocate* (DCA), junto con informes de comisiones de estudio creadas por la Conferencia General anterior, ya que largas explicaciones las pueden acompañar. Estudios de tales tópicos como el bautismo, ministerio, homosexualidad, misión y teología deben estar disponibles para que los delegados los puedan leer con tiempo. Las peticiones de individuos o de iglesias locales están impresas en la edición avanzada del DCA la cual está disponible el primer día de la Conferencia.

La legislación propuesta por las agencias generales es generalmente el producto de mucha investigación y debate entre los miembros de esas juntas durante el cuadrienio que precede la Conferencia General. Ya que la membresía de las agencias está formada por personas que fueron miembros de la Conferencia General anterior, muchos de los cuales son miembros de la actual, en la que se presenta la legislación, hay una buena continuidad en el proceso de considerar esas ideas.

La inmunidad del material de los cuerpos de la iglesia general crean una clase de reacción violenta «populista». Muchos delegados y observadores de la iglesia han expresado el deseo de que más peticiones de individuos y de iglesias locales se consideraran seriamente. El problema está en que la Conferencia General puede manejar realísticamente sólo peticiones que están escritas claramente y bien hechas con anticipación, y que expresen algún consenso que surge en la iglesia. Esto tiende a favorecer las peticiones que vienen de conferencias y agencias, en donde ya ha ocurrido un proceso de completa consideración, refinamiento y consenso.

De todos modos, los «populistas» han intentado varias maneras de intervenir en el proceso establecido, tales como peticiones con gran número de individuos o firmas de la iglesia local de alrededor de la iglesia. Voces similares han empujado los procedimientos que exigen al personal de las juntas generales y agencias que están asistiendo a la Conferencia General, que aparezcan en una lista en el DCA. Algunos delegados piensan que el personal de las agencias tiene mucha influencia en los procesos legislativos, y quisieran que la presencia de ese personal (y el costo financiero de esa presencia) sea del conocimiento público. Por otro lado, la experiencia del personal es solicitada invariablemente cuando los comités legislativos están pesando el sentido e impacto de las peticiones.

La compulsión de los metodistas unidos por mantener registros es evidente en la Conferencia General. El DCA se imprime diariamente con una transcripción completa de las sesiones plenarias del día anterior, más los informes de todas las acciones de los comités ejecutivos. En 1992 la Edición Avanzada con peticiones de cuerpos de la iglesia tenía 1,300 páginas, la edición diaria agregó más de 600 páginas durante el curso de la conferencia. El DCA se convierte en la Publicación de la conferencia, el registro permanente de sus acciones.

Después de la conferencia, un grupo compuesto por el secretario de la conferencia, un pequeño comité sobre la revisión editorial y el Editor de libros y Publicador de la Casa Metodista Unida de Publicaciones, revisan todas las acciones de la conferencia. Consideran toda la legislación que debe imprimirse en la *Disciplina*, haciendo cambios menores al lenguaje cuando fuere necesario y numerando los párrafos. Ésta puede ser una tarea muy compleja, considerando los errores que pueden colarse en el proceso entre las decisiones del comité legislativo, la acción plenaria y el imprimir los informes.

Resoluciones

La *Disciplina* aclara que la Conferencia General es el único cuerpo en el metodismo unido que «tiene la autoridad para hablar oficialmente por la Iglesia Metodista Unida» (¶509). Así que la conferencia considera varias resoluciones que tratan de asuntos contemporáneos. Muchos de ellos son publicados en la prensa después que la conferencia los pasa; muchos otros son pasados sin mucho ruido. Todos son publicados en el *Libro de Resoluciones,* que es un libro de referencias disponible a todos los metodistas unidos.

Las resoluciones son organizadas con los mismos encabezamientos que tienen las secciones de los Principios Sociales. Un equipo editorial decide el sitio en que van, quita aquéllas «que ya no son actuales o que han sido suprimidas». Las resoluciones actualmente presentan declaraciones políticas sobre unos doscientos temas diferentes, desde la ley del mar al juego de azar al SIDA.

Aunque son posiciones oficiales de la IMU, no son vinculantes en el sentido legislativo. La Conferencia General les pide a todos los metodistas unidos que consideren esas posiciones y las acepten como la sabiduría colectiva de la iglesia, pero no espera que todos los metodistas estén de acuerdo con dichas declaraciones. Ya sea que se actúe en una resolución o que se cumpla, es asunto del pueblo metodista unido. La política puede ser declarada pero sólo tiene sentido en la práctica.

Las resoluciones publicadas pueden ser de ayuda a la iglesia de dos maneras principales. Primero, pueden ser la base para el cuidado pastoral y la discusión congregacional sobre asuntos mayores que enfrenta nuestra sociedad. Segundo, suministran el terreno en el cual los líderes de la iglesia pueden acercarse a los gobiernos civiles y oficiales electos para presentarles las posiciones de la iglesia.

Un público diverso

Al crecer en tamaño la Conferencia General, se ha convertido no sólo en un público diverso en sí misma, pero también en el punto focal de variados intereses representados en el público diverso de la iglesia. Especialmente desde 1960, grupos de interés y caucuses han estado bien visibles en los sitios de la conferencia. En 1996 al entrar un delegado al centro de convenciones recibía un hoja de noticias de cualquiera de una serie de grupos, desde el caucus de Good News y el Instituto de Religión y Democracia hasta la Federación Metodista de Acción Social y el Caucus Nacional de Mujeres .

La IMU (a diferencia, por ejemplo, de la Iglesia Presbiteriana USA) nunca ha creado un mecanismo para certificar caucuses o incorporarlos más formalmente en el proceso de tomar decisiones. Sin embargo, caucuses establecidos están presentes y activos en cada Conferencia

General. Cada uno representa una porción de metodistas unidos que debido a su estado minoritario en la Conferencia General tendrían dificultad para hacer que sus voces se oyeran sin la presencia corporativa.

Los caucuses se han organizado bajo distintas circunstancias históricas y con varios propósitos. Los caucuses étnicos se originaron en los años 50 y 60 cuando las conferencias afroamericanas y asiáticas se unieron con las conferencias anuales de la mayoría blancas, de las cuales antes habían estado separados. Por el tiempo en que el metodismo unido se formó en 1968, la única conferencia étnica no blanca que se le permitió continuar fueron las conferencias misioneras para Oklahoma (indios nativoamericanos) y la de Río Grande (hispanos).

Las uniones tuvieron muchas ventajas. Las nuevas reglas de inclusividad hicieron posible que las personas de minorías étnicas participaran de los cuerpos en donde se toman decisiones para toda la iglesia. Los pastores de minoría étnica tenían por lo menos la promesa de una itinerancia abierta y un lugar en la escala de salarios de la conferencia anual.

Sin embargo, los grupos étnicos no blancos comenzaron a preocuparse por el fracaso de la IMU de atraer nuevo liderato y comenzar nuevas congregaciones entre la creciente población de minorías étnicas. Muchos líderes sintieron que las promesas de «integración» habían producido una iglesia construida en las asunciones de la mayoría blancas y que los grupos étnicos no blancos habían perdido el control sobre la misión entre su propio pueblo. Los caucuses se formaron para proveer una voz colectiva para mover los recursos denominacionales hacia el desarrollo congregacional y de liderato así como necesidades misionales de las comunidades de minoría étnica. Éstos ahora incluyen Black Methodists for Church Renewal (BMCR), Methodists Associated Representing the Cause of Hispanic Americans (MAR-CHA), el Native American International Caucus (NAIC) y la National Federation of Asian American United Methodists (NFAAUM). Entre los programas que nacieron por el esfuerzo de estos grupos en toda la iglesia, fueron el énfasis en la Iglesia Local de Minoría Étnica de 1976 a 1984 (con la continuación de algunos de sus aspectos hasta 1988) y los planes de ministerios hispanos y nativoamericanos aprobados por la Conferencia General de 1992.

Algunas voces en la iglesia se han quejado de que los caucuses son divisivos. Aunque reciben algunos fondos para sus gastos de cuerpos de la iglesia, no tienen ningún papel oficial en el sistema de gobierno metodista unido ni en la Conferencia General. Sus propuestas para programas a veces parece que fuerzan a los delegados a escoger entre grupos étnicos en la distribución de recursos. Dan a entender que los programas de la iglesia no son adecuadamente inclusivos. El argumento que circula es que tienden a realzar las diferencias entre los metodistas unidos.

Por otro lado, cuando la mayoría abrumadora de metodistas unidos y de delegados a la Conferencia General son personas blancas de herencia europea del norte, es difícil ver cómo las voces de personas de otras herencias étnicas y culturales pudieran escucharse sin algún tipo de acción deliberada. En la encuesta de 1994 de los miembros de la conferencia anual, dirigida por el Concilio General de Ministerios, confirmó que los grupos étnicos que habían sido excluidos en el pasado quieren una mayor atención a la inclusividad que la mayoría étnica.

Es más, cualquier comparación de segmentos de minorías étnicas y mayorías étnicas de la iglesia muestran una gran disparidad en el valor de la propiedad de la iglesia, el número de pastores entrenados en el seminario, salarios y casas para los pastores y el personal de las iglesias locales y dinero disponible para misiones. Los caucuses han sido una voz en favor de la justicia económica, pidiendo a la iglesia que redistribuya sus recursos. Es difícil que la mayoría piense en reparar las diferencias económicas sin que haya cierta presión de los grupos minoritarios.

Otros caucuses se han organizado como defensores de ciertas clases de asuntos y preocupaciones en la iglesia. El más antiguo es la Federación Metodista de Acción Social, fundada en 1907 para tratar asuntos mayores de justicia social. Esta «fraternidad» tiene capítulos en muchas conferencias anuales, lucha por una legislación sobre justicia social en la Conferencia General y por muchos años ha publicado el *Social Questions Bulletin* sobre preocupaciones y acciones, con el lema «buscando justicia global por medio de la Iglesia Metodista Unida».

El «movimiento de renovación» Good News comenzó a publicar una revista bimensual en 1967 llamada *Good News.* La cabecera de la revista habla de la misión del caucus como «una voz evangélica dentro de la Iglesia Metodista Unida, instando a la iglesia a que sea fiel a los principios bíblicos de su herencia histórica wesleyana». El caucus ha trabajado especialmente en la prevención de que se hagan cambios a la posición de la iglesia sobre la homosexualidad y ha organizado protestas en contra del uso de fondos de la iglesia general para eventos en los cuales los oradores o los líderes han defendido posiciones sociales o teológicas opuestas a Good News.

El Caucus Nacional de Mujeres, organizado en 1971 para apoyar la legislación de la Conferencia General que creó una Comisión General del Estado y Rol de la Mujer (GCSRW para las siglas en inglés). Después que la comisión fue establecida, el caucus siguió trabajando para luchar por casos como la elección de obispos femeninas. Mientras que la comisión es ahora parte oficial de la estructura general de la iglesia, el caucus sigue adelante con su propio papel de defensa de una participación completa de las mujeres.

El caucus Affirmation surgió en los 80 para trabajar por una participación total de personas gay y lesbianas en la IMU. El caucus ha instado consistentemente a la Conferencia General para que quite el lenguaje de la *Disciplina* de 1984 que excluye a los «autodeclarados homosexuales practicantes» *d*el ministerio ordenado y que llama a la práctica de la homosexualidad como «incompatible con la enseñanza cristiana» (¶65.G). El caucus también ayudó a la formación de las «Reconciling Congregations», las cuales reciben la participación de gays y lesbianas. Una circular titulada *Open Hands*, que se publica desde 1985, es la voz de esta organización en el metodismo unido así como en otras denominaciones.

La continua vitalidad de los caucuses demuestra que un viejo consenso cultural en el metodismo unido ha pasado de la escena. El mundo que le dio a la Conferencia General cierta unidad y consistencia ha abierto el paso a una diversidad de voces que buscan que las escuchen. No hay más que comparar fotos o actas de veinte, cincuenta o cien años atrás y vemos que la asunción de los roles de hombres, mujeres, blancos, negros y otros grupos étnicos, han cambiado dramáticamente.

La Conferencia General ha llegado a ser un enorme experimento en comunidad cristiana. ¿Cómo puede una conferencia de mil personas de más de veinte naciones crear una unidad de necesidades diversas, intereses y perspectivas? ¿Es la «conversación cristiana»--el ideal de Wesley de responsabilidad mutua en la vida cristiana– posible en esta escala? ¿Cómo pueden ser escuchadas y reconocidas opiniones diversas, aún cuando la conferencia vota sobre problemas? ¿Hay alguna manera de crear «ganadores» y «perdedores»? ¿Puede todavía la Conferencia General reflejar el consenso o la «mente de la iglesia» en asuntos importantes? ¿Hasta qué punto le es posible a un cuerpo internacional de la iglesia llegar a una voz común? La Conferencia General vive a través de esas y preguntas similares cada vez que se reúne.

Conferencias Jurisdiccionales

Desde la Constitución de 1939 de la Iglesia Metodista, ciertos poderes de la Conferencia General han sido delegados o «conferidos» a las Conferencias Jurisdiccionales (¶25). Estas conferencias se reúnen simultáneamente en cinco lugares distintos en los EE.UU., normalmente en julio, después de la Conferencia General. Todos los delegados de la Conferencia General son también delegados de este cuerpo. Un número igual de delegados laicos y clérigos se eligen por las conferencias anuales para participar solamente de la Conferencia Jurisdiccional, doblando así el tamaño de la delegación a la Conferencia General (¶¶24, 32, 513).

Cada Conferencia Jurisdiccional adopta sus propias reglas de orden, pero la *Disciplina* establece una simple mayoría de delegados para constituir el quórum (¶517). Los obispos de la jurisdicción rotan para presidir sobre las sesiones (¶520).

Todos los poderes de las Conferencias Jurisdiccionales pertenecían a la Conferencia General y se asumen a nombre de la iglesia general. Sólo el poder para crear juntas y agencias jurisdiccionales, es un poder único de la jurisdicción, pero solamente la Jurisdicción del Sureste (el territorio de la antigua Iglesia Metodista Episcopal del Sur) ha ejercitado este poder hasta cierto grado.

El poder más destacado en la Conferencia Jurisdiccional es el de elegir a los obispos. La votación comienza casi enseguida después del culto de apertura y el informe de las boletas casi siempre interrumpe los negocios que se estén tratando. Normalmente, se tiene un receso después del informe de cada votación para dar tiempo a que las delegaciones se consulten entre ellos y otras sobre los votos. La *Disciplina* recomienda, pero no lo requiere, que sean necesarios por lo menos el sesenta por ciento de los votos para la elección episcopal (¶406.2.b.)

Mucha gente de la iglesia han expresado el deseo de que la elección episcopal se haga más de acuerdo con el propósito eclesial y las Conferencias Jurisdiccionales han adoptado varios procedimientos para tratar de abrir el camino a un discernimiento espiritual. Estos pudieran ser momentos de silencio y oración antes de cada votación o cantar himnos y leer las escrituras. Algunas conferencias han tratado de amortiguar la exuberancia que acompaña una elección reemplazando los aplausos por cantar la «Doxología», o algo por el estilo.

Sin embargo, sería tonto insistir en que las elecciones pudieran celebrarse sin la política. Verdaderamente, sin un proceso político abierto, mucha gente no tendría la oportunidad de hacer que se oyeran sus voces. Decisiones críticas como la de elegir a un obispo necesita de la participación de todos para que la conferencia pueda tomar una decisión bien informada y con mucho discernimiento. Cada uno trae ciertas perspectivas e intereses al proceso e inevitablemente se une a grupos o coaliciones de personas que comparten los mismos intereses. Solamente con expresarse y balancear estas cosas puede surgir una buena decisión. En este sentido, la política es absolutamente necesaria para el proceso de elección episcopal y el medio por el cual el Espíritu Santo puede moverse en la iglesia.

Ya que la mayoría de las conferencias anuales designan a un candidato para el episcopado con un año de anterioridad a la Conferencia Jurisdiccional, las delegaciones de otras conferencias anuales tienen la oportunidad de conocer al candidato muchos meses antes de votar. A veces se desarrolla un fuerte consenso sobre el candidato por medio de estas reuniones, así que cuando las delegaciones se reúnen para las sesiones de la Conferencia Jurisdiccional, la elección se hace con rapidez. En la Jurisdicción Sur Central, en 1992, por ejemplo, tres obispos fueron electos en una sola votación, dando a entender que había un claro consenso formado con anterioridad.

Por otro lado, la iglesia debe reconocer que las muchas necesidades e intereses críticos representados por los candidatos pueden crear una larga lucha por discernimiento. La Jurisdicción Occidental, en 1992, hizo treinta y una votaciones, con candidatos, hombres y mujeres, afroamericanos, indio nativoamericanos, asiático americanos, hispanoamericanos y europeo americanos. Finalmente varios de los candidatos se dieron de baja.

Debido a esta tarea primordial de la Conferencia Jurisdiccional, su comité principal exigido por la Constitución es el Comité del episcopado (¶¶48, 522). El Comité está compuesto generalmente del primer delegado laico y clerical electo en cada conferencia anual de la jurisdicción. Comienzan a servir al terminar la Conferencia Jurisdiccional, sirviendo así hasta la próxima conferencia cuatro años más tarde. De esta manera el comité está más experimentado y preparado para su cargo principal, el cual es la recomendación de los límites del área episcopal (según la recomendación del Colegio de obispos) y la asignación de los obispos a sus áreas. El Comité también consulta con los obispos respecto a sus planes de jubilación y otros asuntos y deben «revisar el trabajo de los obispos, pasar su carácter y administración oficial e informar a la Conferencia Jurisdiccional de sus resultados» (¶522.3.a.). Entonces la Conferencia como un todo vota sobre las relaciones y asignaciones de los obispos de la jurisdicción.

El segundo poder mayor de la Conferencia Jurisdiccional es la elección de miembros o directores de las juntas y agencias generales de la iglesia. A través de este proceso complejo, la *Disciplina* intenta proveer, hasta donde sea posible, una amplia representación de género, edad, étnicos, región, condiciones de discapacidad, y estado de laico y clérigo.

El primer paso en el proceso de postulaciones es que cada conferencia anual en la jurisdicción elija personas a una «fuente de recursos jurisdiccional». Esto sucede normalmente después que una conferencia anual ha elegido todos sus delegados a las Conferencias General y Jurisdiccional. Los recién delegados electos se reúnen con el obispo y proponen nombres para la fuente. Entonces este informe se presenta a la conferencia anual, dando lugar a otras postulaciones. La *Disciplina* exige que todos los delegados a la Conferencia General serán postulados para la fuente y a menudo también se incluyen los delegados a la Conferencia Jurisdiccional.

El Comité Postulado Jurisdiccional (ausente curiosamente de la legislación jurisdiccional pero nombrado en ¶705 en el proceso postulador) entonces toma todos los nombres electos en las conferencias anuales de la jurisdicción—la fuente de recursos jurisdiccional– y desarrolla una lista de candidatos para cada junta y agencia general. El número de candidatos que se permiten en cada jurisdicción se basan en la fórmula de membresía de cada junta o agencia. Entonces la Conferencia Jurisdiccional vota en esa lista de candidatos.

Un tercer poder de la Conferencia Jurisdiccional es apoyar las agencias de misión dentro de los límites de la jurisdicción. Esto se puede hacer adoptando una suma presupuestada para el apoyo financiero, la cual se divide entre las conferencias anuales (y entonces entre las iglesias locales) de la jurisdicción, ya sea como una meta para ofrendar o como una asignación.

Un cuarto poder es el de establecer los límites de las conferencias anuales dentro de la jurisdicción. Varias conferencias anuales se han unido en los últimos cuarenta años. Esto afecta la membresía de los clérigos en la conferencia, la relación de la iglesia local con la conferencia y las asignaciones episcopales. La *Disciplina* pide a las Conferencias Jurisdiccionales que pesen cuidadosamente esas uniones. El poder para alterar los límites jurisdiccionales pertenece a la Conferencia General, lo cual significa que una jurisdicción no puede mover los límites de una conferencia anual fuera de las líneas del límite de la jurisdicción.

Por último, la Constitución pone en la Conferencia Jurisdiccional el proceso de apelación de un juicio de un predicador itinerante en una conferencia anual (¶25.6). El Colegio de Obispos postula y la Conferencia Jurisdiccional elige un Comité de Apelaciones, el cual «tendrá todo el poder para oír y determinar apelaciones de obispos, miembros del clero ... pastores locales y ministros diaconales» (¶2628.2). Afortunadamente, pocos casos llegan a un juicio en la iglesia y este Comité se reúne muy raramente.

La *Disciplina* provee para la creación de agencias jurisdiccionales, como el Concilio Administrativo para supervisar iniciativas de programas que se hayan iniciado por la jurisdicción. Solamente la Jurisdicción del Sureste ha desarrollado entidades jurisdiccionales. La visión original (1939) de que algún trabajo de las juntas generales y agencias sería asumido por conferencias regionales, nunca materializó. El costo de mantener las estructuras generales y regionales es demasiado grande y se ha visto—aun en el sureste– como una duplicación del esfuerzo.

Algunos metodistas unidos sienten que la lógica para las Conferencias Jurisdiccionales, creada para hacer posible la unión de una iglesia particular, se ha disipado. La región sola no justifica localizar estas tareas y el gasto de llevarlas a cabo en una base regional. A la vez, el tamaño y brevedad de la Conferencia General hacen improbable que las elecciones de obispos y miembros de las agencias generales pudieran efectuarse en sus sesiones como en décadas pasadas. Además, los metodistas unidos de regiones de pocos miembros querrían alguna garantía de que sus candidatos tendría una oportunidad de ser electos. Aquéllos que desean cambiar el sistema jurisdiccional probablemente buscarían un nuevo regionalismo que mira hacia una conexión organizada globalmente. Nuevas conferencias regionales pudieran asumir más poderes de la Conferencia General, con las reuniones de esta última menos frecuentemente como un cuerpo global. Tal plan podría ver similaridades entre las Conferencias Jurisdiccional y Central.

Conferencias Centrales

Todos los cuerpos predecesores que ahora son parte del metodismo unido comenzaron trabajo misionero fuera de los EE.UU. en el siglo XIX. Primero como asociaciones misioneras y después como unidades denominacionales, las iglesias americanas apoyaron la construcción de iglesias, escuelas, hospitales, centros agrícolas y muchas otras instituciones. Este es un evangelismo pragmático que pone el evangelio en acción dentro de los problemas sociales y económicos cotidianos de muchas naciones.

Un número creciente de personas indígenas se hicieron activas en las misiones y deseaban entrenamiento como líderes laicas y clericales. Ellos trataron en cierta medida tener control y participación en asuntos de la iglesia en sus propios países. La *Disciplina* de 1884 de la Iglesia Metodista Episcopal pasó una legislación autorizando cuerpos delegados llamados Conferencias Centrales, quizás tomando prestado el término de «comités centrales», muy común en el trabajo ecuménico y de misiones de aquellos días. El primero se organizó en la India y durante los siguientes cincuenta años varios más aparecieron con numerosas conferencias anuales.

Muchas conferencias anuales que se originaron como misiones de los EE.UU. se hicieron autónomas bajo líderes nacionales. Algunas conferencias autónomas han retenido afiliación con el metodismo unido; otras permanecen separadas. Así que el mundo metodista contemporáneo está compuesto en parte la Iglesia Metodista Unida, en parte del metodismo británico, en parte de iglesias autónomas que empezaron como misiones de los EE.UU. o Inglaterra (por ejemplo., Corea, Kenia), en parte de iglesias unidas a las que se les unieron grupos metodistas (por ejemplo., Iglesia del Sur de la India), y en parte, de constantes misiones de los EE.UU. y de otros países.

Iglesias Metodistas Afiliadas y Autónomas e Iglesias Unidas Afiliadas, son aquéllas que entran en un pacto con el metodismo unido para el mutuo reconocimiento de miembros y ministros. Tienen una representación de delegados ante la Conferencia General, con gastos pagados y voz, pero no voto (¶546). Iglesias autónomas no afiliadas y las unidas, pueden mantener una relación con el metodismo unido, especialmente por medio de la Junta de Ministerios Globales.

La relación por largo tiempo del metodismo de los EE.UU., como enviadores de misioneros y recursos, y conferencias de otros países como receptoras sigue en muchas provisiones de la *Disciplina*. El Concilio de Obispos, por ejemplo, todavía está encargado de hacer visitas episcopales al trabajo metodista fuera de los EE.UU., pero no dentro de los EE.UU. La Junta de Ministerios Globales permanece como el punto de contacto y el conducto de recursos más significativo para las iglesias fuera de los EE.UU. La *Disciplina* (¶¶554–563) retiene la legislación para las Conferencias Anuales Provisionales (carecen de suficientes miembros para formar una conferencia anual), las Conferencias Misioneras (organizadas para enfrentar las necesidades de una región o un grupo étnico), y las Misiones -todas las entidades puestas en práctica principalmente en países fuera de los EE.UU y/o con poblaciones no blancas en los EE.UU (con la excepción de la Conferencia Misionera Red Bird, la cual es un remanente del trabajo misionero evangélico unido en los Apalaches).

Durante los últimos cincuenta años la asunción de las relaciones que se tenía de misión enviadora y misión receptora ha cambiado dramáticamente. Las Conferencias Centrales han tenido un lugar en el crecimiento en el metodismo unido. Han gozado de un notable crecimiento de la membresía y por consiguiente una representación mayor en la Conferencia General. El liderato nacional es tan fuerte que los obispos de los EE.UU. ya no tienen que ser asignados para presidir en conferencias fuera de los EE.UU., como lo eran aun en los años del 60.

En 1940 la Iglesia Metodista estableció una Comisión sobre Asuntos de las Conferencias Centrales en la Conferencia General, para coordinar la relación de las diseminadas Conferencias Centrales con la predominantemente americana Conferencia General. En el sistema de gobierno actual de la IMU, el Concilio de Obispos tiene una supervisión muy de cerca de esta Comisión. Un obispo la preside; sus miembros son nombrados por el Concilio de Obispos; un obispo de cada Jurisdicción y Conferencia Central sirve aquí, junto con un clérigo y un laico miembro de cada una. La Comisión se reúne simultáneamente con la Conferencia General (¶2201).

Los poderes de las Conferencias Centrales son amplios en algunas decisiones y dependen específicamente de la Conferencia General en otras. La Comisión maneja principalmente el segundo, como la autorización para crear nuevas conferencias anuales o áreas episcopales dentro de las Conferencias Centrales. Las recomendaciones de la Comisión deben ser aprobadas por la Conferencia General. Las conferencias actuales están en una lista legislativa en la *Disciplina* (¶535.3).

Las Conferencias Centrales tienen amplia libertad para adaptar el sistema de gobierno metodista unido a la cultura y práctica nacional. Se pueden gobernar a sí mismos con su propia *Disciplina*, la cual debe incorporar la Constitución y la legislación de la iglesia general, pero pueden agregar la legislación particular de la Conferencia Central para las iglesias locales, conferencias anuales y otros asuntos. Están en libertad para manejar propiedades de la iglesia de acuerdo con las leyes locales, y por supuesto, interpretar el Artículo XXIII de los Artículos de Religión (lealtad al gobierno de los EE.UU.) en relación con su propio gobierno civil. Pueden adoptar sus propios rituales, preparación ministerial y de los laicos.

Pero como parte del metodismo unido, las Conferencias Centrales no pueden promulgar legislación que sea contraria a la Constitución, incluyendo las Reglas Restrictivas. Esto resulta en una constante prueba de qué es apropiado para la adaptación cultural y qué es necesario para permanecer como parte de un cuerpo eclesiástico constituido internacionalmente (¶537).

Las sesiones de las Conferencias Centrales se tienen dentro de un año después de la Conferencia General con un número igual de delegados laicos y clericales de todas las conferencias anuales y conferencias anuales provisionales dentro de su territorio. Un obispo preside y decide sobre preguntas sobre la ley de la iglesia, las cuales pueden ser revisadas subsecuentemente por el Concilio Judicial o por la Corte Judicial de la misma Conferencia Central. La Conferencia elige obispos si es necesario, establece sus períodos y los asigna a áreas o residencias.

Las Conferencias Centrales también eligen ministros y laicos a una fuente de postulaciones para membresía en las agencias generales. Cada agencia tiene su propio número designado para los miembros de las Conferencias Centrales, a quienes eligen de entre la fuente. La mayoría de las agencias también proveen para que un obispo de la Conferencia Central sea miembro.

Las Conferencias Jurisdiccional y Central son un tanto similares, como conferencias regionales mediando entre conferencias anuales y la Conferencia General. Tienen ciertos poderes de elección y asignación de obispos y de elección de miembros de agencias generales. Sus papeles difieren especialmente en el hecho de que las Conferencias Centrales deben adaptar la *Disciplina* a las leyes y culturas de varias naciones, mientras que todas las jurisdicciones están dentro de los EE.UU.

Obviamente, el lugar actual de los participantes de la Conferencia Central en la iglesia general es inadecuada. Mientras que todos los obispos de las Conferencias Centrales pueden asistir a las reuniones del Concilio de Obispos, se ponen juntos en un «colegio» aún cuando éstos representan culturas de varias partes del mundo completamente distintas. Permanecen con un estado de personas de fuera en este aspecto. Asimismo, los participantes de los EE.UU. tienden a poner juntos a todos los delegados de las Conferencias Centrales ante la Conferencia General y miembros de las agencias generales. Sin embargo, lo único que tienen en común es que son metodistas unidos –y que no son de los EE.UU. Cualquier plan para una iglesia global tendrá que personificar una nueva comprensión de todos los metodistas unidos como miembros iguales y completos de la iglesia.

Agencias generales

Desde un punto de vista constitucional, las agencias generales de la iglesia son una expresión de los poderes de la Conferencia General. Juntas generales de programas derivan el poder de la Conferencia General para «iniciar y dirigir todas las empresas conexionales de la Iglesia y proveer a las juntas para su promoción y administración» (¶15.8). Las agencias de administración y finanzas llevan a cabo la responsabilidad de la Conferencia General de «determinar y proveer para la recaudación y distribución de fondos necesarios para llevar adelante el trabajo de la Iglesia» (¶15.9). La Conferencia General crea comisiones «para establecer tales comisiones para el trabajo general de la iglesia tal como pueda ser aconsejable» (¶15.13).

Por lo tanto, las agencias generales son una criatura de la Conferencia General y responsables ante la misma. Se entiende generalmente que «responsabilidad» significa que se espera que ellos lleven a cabo los programas y mandatos adoptados por la Conferencia General. Sus poderes básicos, membresía y estructura deben pasar por la Conferencia General y ser impresos en la *Disciplina*. Esto crea un capítulo del «Orden Administrativo» de más de 200 páginas.

Las agencias generales deben informar a la Conferencia General cada cuatro años, y *ad interim* son responsables ante los dos Concilios Generales creados por la Conferencia General. El Concilio General de Ministerios tiene la supervisión del programa de responsabilidades de las agencias generales. El Concilio General de Finanzas y Administración tiene la supervisión de sus asuntos financieros. Las agencias generales deben informar al CGM y a CGFA, pero solamente la Conferencia General dará a las agencias generales ciertos mandatos y responsabilidades. Ni CGM ni CGFA es un cuerpo ejecutivo de la Conferencia General entre sus sesiones; éstos son concilios para «revisar y supervisar» (¶703.1).

Los miembros o directores de las agencias generales son electos de entre la fuente de postulaciones de las Conferencias Jurisdiccional y Central. Muchas de estas personas fueron delegados a la Conferencia General iniciando el cuadrienio del cual son miembros. Muchos regresan como delegados de la siguiente Conferencia General, siendo así un eslabón continuo de responsabilidad y comunicación.

El Concilio de Obispos participa constitucionalmente en la supervisión de las agencias generales como parte del poder episcopal de «una supervisión general y promoción de los intereses temporales y espirituales de toda la Iglesia» (¶45). Los obispos sirven como miembros de cada agencia general. Por tradición, los obispos son electos como presidentes de las mismas. Aunque los obispos no informan sus actividades con las agencias generales a la Conferencia General o aparecen como ejecutivos en ninguna forma, son eslabones críticos en comunicar y promover el trabajo de la agencia.

Así que constitucionalmente, las agencias son una criatura de la Conferencia General. Son responsables ante ésta. Están presididas y sujetas a la supervisión por los obispos.

Pero históricamente, las agencias se originaron en muchas líneas diferentes del desarrollo y sus propósitos han evolucionado en respuesta a una variedad de necesidades y circunstancias. Comprenden un número de empresas, algunas de las cuales han disfrutado por todos los años de amplia autonomía y han expresado los intereses de grupos distintivos. Algunas actividades han continuado por generaciones, con sus propias historias, líderes, lugares de reunión y cultura de lenguaje y símbolos.

Hasta las juntas de programas tienen funciones paralelas sólo en los términos más generales; sus actividades actuales varían enormemente. De esa manera expresan algo del alcance del pueblo metodista unido y sus vocaciones e intereses.

La unión en 1968 de metodistas y evangélicos unidos fue la ocasión para reconsiderar cómo manejar mejor las actividades generales de la iglesia. Las dos denominaciones que se unían tenían sus propias agencias que tenían que unirse de alguna manera. La Conferencia General creó una Comisión de Estudio de la Estructura la cual informó en 1972 y la propuesta fue aceptada.

La Comisión trató de reducir especialmente «el número de juntas y agencias las cuales tendrían como resultado una organización más eficiente y eficaz». El plan tenía la intención de eliminar «la coincidencia de una sobre la otra y diversos enfoques a las conferencias anuales e iglesias locales», y crear más flexibilidad, responsabilidad e inclusividad.

El plan de 1972 forzó la unión de las Juntas de Educación, Evangelismo y Laicado, que antes estaban separadas y ahora están en una sola Junta General de Discipulado (JGD). En unos pocos años el personal de educación, evangelismo, ministerio con la juventud, ministerio universitario y otros departamentos estaban vastamente reducidos. Esto eliminó muchos programas y recursos de los cuales dependían iglesias locales y conferencias anuales. Las Juntas de Misiones y Ministerios de Salud y Bienestar se juntaron en una nueva Junta General de Ministerios Globales (JGMG). La nueva junta, a la vez, se dividió en tres divisiones –Mundial, Nacional, Mujeres– trabajando juntas en muchas instituciones de misiones e iniciativas con su propia cultura organizacional. Basta con leer ¶1305.3 para ver los nombres de diecisiete empresas misioneras históricas que la nueva Junta tendría que coordinar y manejar. La Comisión de Asuntos Ecuménicos también se puso en esta Junta, a pesar de que tenía un propósito distintivo; más tarde fue reorganizada y se creó por separado la Comisión General de Unidad Cristiana y Asuntos Interreligiosos (CGUCAI).

Las oficinas de ministerio, educación superior y educación teológica se juntaron en una sola Junta General de Educación Superior y Ministerio (JGESM). A la antigua Junta de Intereses Sociales Cristianos se le puso el nombre de Junta General de Iglesia y Sociedad (JGIS).

Además de las cuatro Juntas generales de programas, la nueva estructura continuó cuatro unidades administrativas. La Junta General de Pensiones que tenía que ser independiente por razones legales y que estaba manejando los dineros de las pensiones de los individuos y conferencias anuales. La Junta General de Publicación seguía supervisando la Casa Metodista Unida de Publicaciones. La Comisión de Archivos e Historia fue autorizada para manejar registros históricos. Comunicaciones Metodistas Unidas (también conocida como UMCom) fue originalmente un Comité Unido de Comunicaciones, pero en 1976 se hizo una agencia general separada.

Dadas las uniones continuas de conferencias anuales de la antigua Jurisdicción Central con conferencias anuales de mayoría blanca y la integración racial del liderato laico y ministerial en todas partes de la iglesia, la Conferencia General de 1968 también creó una Comisión General de Religión y Raza (CGRR). El propósito es el de defender una participación completa e igual de todas las personas en la vida de la iglesia y vigilar el progreso de las iglesias locales, conferencias, agencias e instituciones con esa meta.

También, al comenzar las mujeres a moverse en la iglesia hacia liderados laicos y ministeriales, la Conferencia General de 1972 creó la que llegó a ser la Comisión General del Estado y Rol de la Mujer (CGERM). Esta comisión defiende una participación completa e igual de las mujeres, vigila el progreso de la iglesia en asuntos del género y actúa como un catalizador para nuevas estructuras para asegurar la inclusividad.

Una Comisión de Hombres Metodistas Unidos se creó por la Conferencia General de 1996, para «la coordinación y provisión de recursos para el trabajo con los hombres». Esta comisión no tiene la historia formativa de las otras dos comisiones defensoras (CGRR y CGERM). Sucedió más bien por la separación de programas existentes para Hombres MU de la agencia mucho más grande JGD, en donde estuvo localizada esta oficina desde 1972. Se enfoca en programas «dirigidos a las necesidades de los hombres» y busca «recursos para hombres como esposos y padres en una sociedad rápidamente cambiante» (¶2302).

El genio de la estructura de 1972 estaba en el diseño de unidades en cada conferencia anual e iglesia local paralelo al de las agencias generales, creando un cadena constante de comunicación entre unidades local, nacional, regional e internacional que comparten propósitos similares. El plan de 1972 también forzó uniones y reorganización en cada conferencia anual y en la iglesia local.

El Concilio General de Ministerios (CGM) en particular, y unidades paralelas en la conferencia anual y en la iglesia local, fue situado centralmente para iniciar y coordinar programa y misión. La idea para el CGM vino en parte de la unidad de la iglesia evangélica unida llamada el Concilio de Programa y en parte de una unidad metodista llamada el Concilio Coordinador. La anterior existía para iniciar y llevar a cabo programas de ministerio y misión. La segunda existía para estimular la planificación unida de las juntas de programas y así eliminar duplicación del esfuerzo.

La coordinación también significa control, y la estructura del Concilio de Ministerios en las conferencias anuales y en la iglesia general se ha criticado a veces por tratar de hacer demasiado. El CGM, por ejemplo, está encargado de evaluar el programa de trabajo de todas las agencias generales, en particular «sus respuestas a las necesidades de las iglesias locales y conferencias anuales» (¶905.3). Esto de por sí es un enorme trabajo que abruma al relativamente pequeño personal y recurso del CGM. Como resultado, el CGM puede ser que arrastre y vaya lento en el proceso de programas para poder cubrir sus límites de administración, en vez de liberar a las agencias a que hagan lo que deben hacer. Al igual, los Concilios de ministerio de la conferencia han tendido a actuar como embudos por el cual tienen que pasar todas las iniciativas. Esto puede enfriar ideas nuevas y prevenir que personas creativas intenten nuevos programas.

También el Concilio General de Finanzas y Administración (CGFA) actúa como un cuerpo para la coordinación y control. Recibe recomendaciones del CGM sobre las necesidades del programa de las agencias generales. Entonces organiza un presupuesto para todas las agencias generales y lo manda al CGM. De este proceso surge una suma para el Fondo de Servicio Mundial por medio del cual todos los presupuestos de las agencias generales están sostenidos. Más de diecisiete otros fondos también vienen bajo la administración de CGFA. Muchos de estos fondos son prorrateados por una fórmula balanceada para las distintas conferencias anuales para que lleguen a ser parte del presupuesto de la conferencia anual. Este presupuesto es prorrateado a la vez con las iglesias locales por la Comisión de Finanzas y Administración de la conferencia anual. [Nota del traductor: y entonces forma parte de las asignaciones conferenciales.]

La CGFA tiene que prever cuánto ofrendará la gente en el siguiente cuadrienio y hacer un presupuesto de acuerdo con esto. Ya que las conferencias anuales por lo general pagan menos del 100 por ciento de sus asignaciones, CGFA tiene que negociar entre cuánto dinero será posible que entre y cuánto necesitarán las agencias para operar. Aquí de nuevo puede ser que las agencias estén limitadas por ese proceso. Mientras que esto produce un ingreso definido con el cual pueden planear su trabajo, el proceso puede prevenir también que recauden fondos para sostener nuevas actividades.

La CGFA también vigila y coordina el personal y política de empleo de todas las agencias generales por medio de un comité compuesto de representantes de cada una de ellas (¶805.4.d.). Hace auditorías y revisiones financieras con regularidad de todas las tesorerías de las agencias, por medio de otro comité (¶805.4.B.).

Se han legislado muchos controles adicionales además de «revisar y supervisar» las funciones del CGM y CGFA. Las cabezas de las agencias generales, titulados secretarios generales, no pueden servir más de doce años en sus puestos sin una acción especial. Deben ser reelectos anualmente por el CGM.

Varios controles sobre la respuesta de la agencia general a asuntos políticos públicos se han puesto en efecto. Cada agencia general debe «mantener un registro al corriente de sus papeles de defensa, coaliciones y otras organizaciones mantenidas con membresía o fondos» con atención particular a la «legislación federal o del estado» que dichas coaliciones deben estar defendiendo u oponiendo (¶717). Cualquiera de las agencias generales que haga una «declaración escrita de política pública» debe aclarar que es una declaración de la agencia solamente y no de la IMU (¶509.1). Una agencia general que esté defendiendo un boicot debe seguir ciertas guías y no puede anunciar el boicot a nombre de la IMU (¶702.5).

Otros controles gobiernan la política interna de la iglesia. Una agencia general no puede iniciar un programa o gastar fondos en ninguna región sin antes consultar con el obispo que preside y cuerpos de la conferencia anual. No se podrán gastar fondos que «hagan promoción para la aceptación de la homosexualidad» (¶806.12). Todas las reuniones de las agencias generales deben estar abiertas al público y a la prensa y todos los documentos que se repartan en reuniones abiertas se consideran del dominio público. Sólo ciertas consideraciones que deben ser confidenciales, tales como ventas de propiedad, asuntos personales o litigios pueden tenerse en reuniones cerradas (¶721).

Todos estos controles reflejan una larga historia de tensión entre las agencias generales y otras unidades de la iglesia, incluyendo obispos, conferencias e iglesias locales. Para entender las tensiones se requiere primero una mirada cuidadosa a lo que se le ha pedido a las agencias generales que hagan. Ellas llevan una enorme responsabilidad a nombre de toda la conexión. Supervisan y evalúan instituciones sostenidas por toda la iglesia. Entrenan y certifican muchas clases de personal para el ministerio. Están encargadas de ejecutar lo que la Conferencia Anual pone como la misión de toda la iglesia. En breve, las agencias generales desempeñan las funciones básicas de las denominaciones como discutimos en el capítulo 2, más arriba. En ningún sentido son las únicas unidades, pero son las únicas unidades de la iglesia general que desempeñan estas funciones.

Para ejecutar debidamente estos deberes, las agencias generales reclutan y emplean las mejores personas posible. Esto trae al trabajo individuos de talento, creativos y enérgicos que quieren que se hagan las cosas. Ellas toman en serio sus responsabilidades. Van a las reuniones –y especialmente a la Conferencia General–bien preparados para defender un punto de vista que han estudiado y discutido a fondo. La preparación y el entusiasmo que traen pueden emocionar a los delegados y aun obispos.

Así que la tensión es inevitable. Las tensiones pueden ser creativas y productivas; una organización sin tensión no está haciendo nada constructivo. Por otro lado, es innegable que las agencias generales a veces se envuelven en sus responsabilidades sin una adecuada comunicación con la iglesia en general. Por ejemplo, en 1960 el personal de misiones e intereses sociales querían que sus agencias fueran como un catalizador de los derechos civiles. Pensaron para sí mismos que estaban actuando a favor de toda la iglesia, aun cuando habían resentido parte de la iglesia. Asimismo, algunas agencias generales han entrado en protestas y boicots en contra de grandes corporaciones, sin tomar en cuenta el espacio que había entre sus acciones y los miembros de la iglesia que no estaban informados acerca de los asuntos que provocaron el boicot.

Los obispos tienen la supervisión de las agencias generales y sirven como miembros o directores y también como presidentes. Pero generalmente no sirven un período tan largo como el personal de la agencia o aun el secretario general. Además, los obispos se han quejado por mucho tiempo de que el sistema jurisdiccional limita sus responsabilidades presidenciales en la región, mientras que los secretarios generales y el personal deben relacionarse con toda la conexión. ¿Cómo pueden tener los obispos una supervisión igual a la de la gente cuyo trabajo ellos están encargado de supervisar?

Los miembros o directores de las agencias generales son indudablemente la conexión más fuerte entre agencias, conferencias y las iglesias locales. Cada miembro o director fue postulado originalmente por una conferencia anual, jurisdiccional y/o central. Cada uno es miembro de una iglesia local y deben ser «personas de un genuino carácter cristiano quienes aman a la iglesia, son moralmente disciplinados y leales a las normas éticas» de la IMU (¶710.2). Los miembros de la agencia disponen de la política, supervisan y evalúan el personal y autorizan nuevas iniciativas.

Pero los miembros sólo sirven períodos limitados—un máximo de ocho años consecutivos en una agencia y dieciséis todas juntas (¶710.3). Se reúnen dos veces al año como un cuerpo plenario. Aunque se dividen entre sí para supervisar divisiones particulares dentro de una agencia, no están tan equipados como los empleados de tiempo completo para ver el trabajo de la agencia con profundidad. Ya que dos terceras partes de los miembros son laicos, tendrán que llevar a cabo su tarea supervisora agregando este trabajo a su empleo regular fuera de la iglesia.

El ministerio y misión de las agencias generales descansa en un alto nivel de confianza dentro de la conexión. La reestructuración de 1972 intentó aumentar esta confianza creando el Concilio de Ministerios como un cuerpo con responsabilidad, y movilizando la iglesia hacia una mayor inclusividad en la membresía de las agencias. La *Disciplina* actual pide una proporción de una tercera parte de clérigos, una tercera parte de laicos y una tercera parte de laicas en la mayoría de los cuerpos de la iglesia. La *Disciplina* recomienda que por lo menos el 30 por ciento de la membresía de una jurisdicción en una agencia general sea de «personas étnicas y raciales» (un eufemismo para no blancos)–hasta este momento el más grande que la proporción no blancas en el total de la membresía (¶705.2.I.). Esto ayuda a crear una masa

243

crítica de varios grupos étnicos de manera que se puedan escuchar todas las voces.

Muchos metodistas unidos de hoy interrogan estas medidas de confianza. Hay un llamado para una mayor responsabilidad, para más recursos para la conferencia anual y las iglesia locales, para agencias con menos membresía para reducir el costo de las reuniones, para mejores comunicaciones. Cómo se puede lograr todo esto en una conexión global es siempre el reto para los reformadores.

CAPÍTULO 10
Conferencia anual

Cualquier persona que haya sido invitada a predicar a una conferencia anual metodista unida, aprende una verdad fundamental: nadie está encargado de la conferencia anual. La invitación para hablar pudo haber sido hecha por el obispo o por cualquiera de los grupos de programa. La carta que explica en qué parte de la agenda se tendrá al orador invitado vendrá del comité planificador o del de adoración. Alguien más habrá de hacer contacto, o quizás no, para explicar los arreglos de cuarto y comida. El cheque para los gastos de viaje y honorarios vendrá de otra oficina distinta. El orador invitado no podrá evitar pensar que ninguna oficina ni persona está a cargo de la coordinación de estas funciones.

La *Disciplina* manda que un obispo (o un presbítero en la ausencia del obispo) presida sobre las sesiones de la conferencia y dirija la agenda. Se especifican algunos poderes y derechos; deben cubrirse algunos asuntos definidos y dar respuesta a algunas preguntas. Varias unidades de la conferencia presentan asuntos para la discusión. Las iglesias locales puede ser que presenten peticiones legislativas. Pero no hay una sola oficina o cuerpo que tenga un manejo ejecutivo de la empresa como un todo.

Como otras conferencias del metodismo unido, la conferencia anual es difícil de comprender. Existe sólo cuando se reúne. Cuando se clausura, ya no existe más, y ninguna sesión de la conferencia puede obligar la próxima sesión un año más tarde. Sin embargo, la Conferencia General le da numerosos poderes y responsabilidades a la conferencia anual, por las cuales tendrá que desarrollar cierta organización permanente para que las lleven a cabo.

Así que las conferencias anuales funciona porque sus participantes la necesitan y las quieren. Considerando su composición como un grupo deshilvanado de miembros, oficiales e intereses, es un milagro, un don del Espíritu, que la conferencia funcione tan bien.

Las conferencias anuales han crecido, por circunstancia y necesidad, a un estado complejo que es en parte reunión de avivamiento, en parte foro educacional, asamblea promocional, en parte reunión de negocios, en parte una comunidad de adoración. Como ha notado Russell Richey, las conferencias anuales se desarrollaron originalmente alrededor de tres características comunes. Trataron de seguro el sistema de gobierno. Discutieron y votaron sobre arreglos de la autoridad de gobierno y las tomas de decisiones que encarna la conexión. Pero también fueron comunidades o «fraternidad», una fraternidad de los hombres en el ministerio itinerante. Había momentos emocionantes en la reunión de los predicadores. Las conferencias eran también una ocasión de avivamiento, caracterizadas por una predicación dinámica, elevados cantos y un magnetismo que atraía al pueblo metodista de la región circundante.

La forma y el estilo en los cuales se han llevado adelante esos propósitos, se han moldeado muy particularmente en cada cultura de la conferencia. El lugar de la reunión, que puede ser una universidad de la denominación o un centro de conferencias, las personalidades de los líderes, historias de eventos pasados, cultura regional y la interacción social de la gente de todas partes de la conferencia se han combinado para hacer que cada una sea una cultura organizacional distinta.

Las características del sistema de gobierno, fraternidad y el avivamiento han sido modificadas vastamente durante los años, sin embargo, perduran en muchas maneras. El sistema de gobierno permanece al frente. De hecho, a pesar de que las conferencias anuales han crecido más burocráticas con grandes presupuestos y personal de tiempo completo, con libros de agendas y reglas de procedimiento impresas, han estado preocupadas por los asuntos de negocios.

La cualidad de la confraternidad en la conferencia es de vital importancia para los participantes. No ya como una «fraternidad», la clerecía se reúne una vez al año como una comunidad del pacto de ambos géneros y muchas identidades étnicas «para verse las caras» y reconectarse con aquellas personas a las cuales son responsables los clérigos y de quienes se recibe cierta amistad y colegialidad.

Por supuesto, la nueva tecnología en las comunicaciones y sistemas de carreteras significa que los miembros de la conferencia se ven o comunican mucho más que en tiempos pasados. Pero la conferencia es todavía la única reunión colectiva e incluye miembros laicos y laicas que también se conectan por medio de la amistad e intereses que comparten. La conferencia es el único lugar en el cual miembros de todos los cargos en la región tienen la oportunidad de reunirse, expresar preocupaciones mutuas y adoptar compromisos comunes.

El avivamiento ha dado paso a una manera más formal de adoración, a veces celebrada en centros de convenciones o en gimnasios. Los eventos de la conferencia no atraen multitudes de las comunidades de alrededor. Sin embargo, se ve el avivamiento. La predicación y el estudio de la Biblia son importantes en las sesiones de la conferencia. Se siente un derramamiento espontáneo del Espíritu Santo mientras que la clerecía y el laicado buscan la dirección de la iglesia en tiempos difíciles.

La *Disciplina* señala el propósito central de la Conferencia anual como el «hacer discípulos para Jesucristo al equipar a las iglesias locales para el ministerio y proveyendo una conexión para el ministerio más allá de la iglesia local» (¶601). Históricamente este propósito se ha enfocado en el apoyo a la comunidad del pacto de la clerecía que viaja entre las iglesias de la conferencia. Desde el principio la conferencia anual ha sido el lugar de reunión de predicadores, la comunidad dentro de la iglesia a la cual pertenecen los ministros, y el pacto de itinerar por medio del cual reciben nombramientos a lugares de ministerio.

El laicado estaba asociado con las conferencias al principio sólo como electores de delegados laicos a la Conferencia General comenzando en 1870. En la Iglesia Metodista Episcopal después de 1900 una conferencia del laicado se reunía junto a la conferencia de la clerecía para discutir actividades laicas, votar en enmiendas constitucionales y elegir delegados. En la iglesia del sur, la membresía de la conferencia estaba basada en una fórmula numérica, siendo electos los miembros en la conferencia de distrito.

En 1939, la Iglesia Metodista adoptó el sistema de la iglesia Metodista Protestante que consistía de una persona laica por cada cargo pastoral. La membresía laica dependía del nombramiento pastoral, ya que una persona laica podía asistir por cada pastor nombrado al cargo. La IMU aprobó el mismo método en 1968. La *Disciplina* de 1976 exige que el número de laicos sea igual al de clérigos en la conferencia anual, incluyendo los jubilados. En la mayoría de las conferencias, el Distrito elige miembros adicionales para que haya igualdad con el número de clérigos.

Por esto, los miembros laicos no «representan» las iglesias locales en el sentido normal del término. La mayoría asiste como el miembro laico adjudicado por pastor de un cargo, y muchos van por el distrito. Además, como que los cargos varían en el tamaño, los miembros laicos no representan ciertos números de miembros y sus intereses. Los ministros diaconales, que asisten como parte de su responsabilidad a la conferencia anual, también cuentan como miembros laicos de la conferencia.

La membresía de los laicos y la membresía de los clérigos en la Conferencia anual no son equivalentes, y las dos continúan corriendo por vías separadas cuando se reúnen. Los laicos son miembros para esta conferencia solamente; ellos puede que regresen a la próxima o no. Están excluidos del voto constitucionalmente «en asuntos de la ordenación, carácter y relaciones con la conferencia de los ministros» (¶31). Juegan un papel importante para explicarles a los miembros de su iglesia local qué es lo que la conferencia decidió. Pero puede ser que tomen un papel activo en las unidades de la conferencia, o puede que no, como en las juntas o comités, cuya membresía no está limitada a las personas laicas de la conferencia.

Los miembros de la clerecía, por otro lado, proveen el lugar vocacional para las personas clérigas. La membresía en la iglesia de los clérigos reside en la conferencia anual. Los presbíteros a plena conexión están en un pacto mutuo con la conferencia, comprometidos a aceptar un nombramiento (con consulta) y estando seguros de que recibirán un nombramiento todos los años. Los clérigos tienen en la conferencia los elementos básicos de su seguridad profesional, tales como seguro de salud y pensión. En este sentido, los miembros clericales tienen mucho más riesgo en la conferencia anual que los miembros laicos, y tienen allí su primera lealtad. La mayoría de los clérigos sirven en alguna unidad de la conferencia. La primera lealtad de los miembros laicos es la iglesia local y tienen más compromiso que los clérigos en proteger los intereses de la iglesia local.

La Conferencia anual está deshilvanada, entonces, por la manera en que está constituida. Además, junta los intereses diversos de muchas unidades distintas de la conferencia, asociaciones y agencias de la región. Éstas pueden incluir énfasis de programas (como el de Visión 2000 o el de la Iglesia Local de Minoría Étnica), organizaciones de hombres, mujeres y jóvenes, instituciones (como hogares de niños o universidades), o relaciones misioneras con conferencias en otras partes del mundo). Cómo pueden ser coordinadas todas estas energías y a quién son responsables los distintos cuerpos—dada la ausencia de una agencia ejecutiva central– son preguntas constantes en la conferencia anual.

Las Conferencias anuales y la Conexión

Las conferencias anuales son criaturas de la Conferencia General y como tales tienen ciertas limitaciones de poderes (¶604). Por ejemplo, las conferencias anuales no pueden cambiar sus límites geográficos; este poder les corresponde a las conferencias jurisdiccionales (delegada por la Conferencia General). Las conferencias anuales están obligadas a llevar a cabo cualquier mandato y presupuesto que la Conferencia General apruebe para toda la conexión. Deben informar con exactitud en las planillas provistas por las agencias generales de la iglesia. Éstas no pueden emitir ninguna declaración a nombre de toda la conexión ni obligar financieramente a ninguna unidad de la IMU excepto a la propia conferencia anual.

Por otro lado, las conferencias anuales gozan de una autonomía notable. Sólo ellas pueden admitir, mantener o quitar personas de la relación con la conferencia, clérigo o diaconal. Pueden comenzar iniciativas de misiones, campañas para recaudar fondos o ministerios especiales, sin la aprobación de ninguna otra unidad de la conexión. Muchas conferencias se están reorganizando extensamente dentro de los límites que la *Disciplina* especifica, para poner más energías y recursos en evangelismo, misiones y desarrollo de liderato.

De hecho, tanto la *Disciplina* como la práctica de las conferencias anuales a través de la conexión indican una tendencia a hacerlas como una unidad regional permanente de la iglesia. Esto marca un cambio en la orientación de tiempo (anual) a espacio (geografía). Una serie de factores han contribuido a esta tendencia en los últimos cuarenta años. Las conferencias anuales se están juntando con muchas correspondientes a las líneas del estado de los estados civiles al cual pertenecen. Esto crea una fuerte lealtad y autonomía de gobierno reforzado por el ethos del estado civil. Muchos clérigos nunca se transfieren entre conferencias, sirviendo su profesión entera en el mismo sistema clerical de su conferencia geográfica. La mayoría de los obispos presiden ahora sobre sólo una conferencia, creando presión en ellos para que se conviertan en administradores ejecutivos del programa de la conferencia y el ministerio.

El plan estructural de 1972 para la conexión creó un fuerte Concilio de ministerios al centro de cada conferencia anual, en algunos casos fue la primera burocracia que se estableció allí. En vez de pequeñas conferencias informales careciendo de puestos conferenciales grandes y enfocados casi enteramente en la función primordial de certificar y enviar clérigos, las conferencias anuales se han convertido en unidades administrativas grandes con personal de tiempo completo manejando millones de dólares en pensión y planes de seguros así como programas de toda la conferencia. Están incorporadas para poder poseer propiedad, como edificios de las oficinas conferenciales o la residencia episcopal. Muchas de ellas tienen Fundaciones Metodistas Unidas que manejan grandes sumas de fondos permanentes a nombre de la conferencia y sus iglesias locales.

Estas tendencias ponen a las conferencias anuales en una tensión constante con toda la conexión. Se resisten cada vez más a relacionarse con las agencias generales de la iglesia, deseando reservar más iniciativa y recursos para sus regiones. Protestan la cantidad de tiempo que los obispos tienen para dedicar a la iglesia general, haciendo peticiones constantemente a la Conferencia General para que obligue a los obispos a dedicar cierta cantidad de tiempo en la conferencia. No van a la Conferencia General para recibir dirección en los programas y estructura y más abiertamente no se ven así mismas como una subdivisión de una sola conexión global y nacional unificada. Cada vez son unidades más libres que piensan de sí mismas como enviadoras de delegados o representantes ante la Conferencia General, muy parecido a como los estados civiles tienen representantes ante el Congreso de los EE.UU.

Las conferencias anuales funcionan como una unidad mediadora entre la iglesia local y la iglesia general. Al dar los metodistas unidos una creciente atención a las posibilidades y prerrogativas de las iglesias locales, jalan a las conferencias anuales hacia la local, pidiéndoles que se conviertan en la agencia primaria de recursos para el ministerio y misión de la iglesia local. Estas tendencias ponen a la Conferencia General y sus agencias generales en una posición adversaria defendiendo su utilidad para las unidades regionales y locales. En vez de verse las conferencias anuales como unidades regionales de una conexión total, escrutinan, resisten, protestan o aceptan con recelo las acciones de la Conferencia General como si «ellos» fueran un cuerpo de personas de otra organización y no formadas por delegados de cada conferencia anual.

Estas tensiones son inevitables y han persistido por toda la historia metodista. La atmósfera actual de la autonomía de la conferencia puede, sin embargo, traer un cambio fundamental en la comprensión del sistema de gobierno metodista unido. El metodismo unido puede moverse en la dirección de convertirse en una coalición de iglesias regionales en vez de una conexión unitaria. Habrá que ver qué papel la *Disciplina* podrá jugar en proveer un sistema de gobierno común.

Estructuras y funciones de la conferencia

El movimiento hacia la autonomía de la conferencia fue muy acelerado por la Conferencia General de 1996. La nueva legislación separó de pronto el sistema de gobierno de las conferencias anuales de la estructura que tenía, hacia un enfoque más funcional. Las únicas unidades conferenciales mandadas específicamente por nombres son aquellas que gobiernan el ministerio ordenado (Junta de Ministerio Ordenado, Junta de Pensiones, Comité del Episcopado, Comité de Revisión Administrativa y Comité de Investigación) y las propiedades conferenciales (Junta de Síndicos).

Son nombradas otras unidades de administración y programa de la conferencia anual y se describen sus funciones, pero en cada caso con la frase «u otra estructura que provea las funciones de este ministerio y que mantenga las relaciones conexionales» (por ejemplo, ¶608). Así que mientras que los párrafos disciplinarios todavía especifican la membresía, poderes y responsabilidad de las unidades de la conferencia, sólo sus funciones son verdaderamente mandadas. La conferencia está en libertad de diseñar y relacionar unidades que crea conveniente.

Esto señala un tremendo cambio en la comprensión de la autoridad y toma de decisiones en las conferencias, y quizás en toda la conexión. Muchas conferencias se están moviendo hacia funcionalismo y flexibilidad, usando nombres tomados del lenguaje de sistemas actuales de administración, tales como equipo de visión o equipo de ministerio. La ventaja de este estilo es la fluidez cuando las personas trabajan juntas para lograr metas específicas y entonces se van a otras tareas. La desventaja está en la pérdida de estructuras Disciplinarias para dar cuenta, responsabilidad y autorización para la acción. Ahora cada conferencia tendrá que inventar estas cosas para ellas mismas.

Entre 1972 y 1996 la *Disciplina* mandó dos concilios en cada conferencia anual con la responsabilidad principal de coordinar y administrar. El Concilio de Ministerios de la Conferencia (CMC) debía «ser responsable para el desarrollo, administración y evaluación de los programas de la Conferencia anual y estimular, coordinar y apoyar las agencias de la conferencia, distrito y de las iglesias locales en sus ministerios y varios programas». De hecho, esto hizo el CMC el cuerpo central a través del cual todas las propuestas para programas llevadas a cabo por otras unidades de la conferencia, tendrían que ser canalizadas para revisión y autorización (*Disciplina* de 1992, ¶726).

La membresía del CMC se diseñó para representar todas las unidades mayores de la conferencia y de todos los distritos. El director del CMC y el personal tenían puestos cruciales de comunicación y coordinación y servían como un eslabón entre varias unidades de la conferencia y entre la conferencia y las agencias generales.

Toda la legislación que autorizaba y describía este cuerpo fue quitada por la Conferencia General de 1996. Un nuevo párrafo permisivo se puso en su lugar, permitiendo a cada conferencia anual a organizarse de su propia manera «para desarrollar, administrar y evaluar la vida misional, necesidades de defensa y ministerios de la Iglesia en y a través de la conferencia anual» (¶626). La conferencia puede continuar la estructura del CMC, por supuesto, pero sin la descripción Disciplinaria y la autorización que la defina.

La *Disciplina* manda que cada conferencia anual desarrolle unidades de programas que correspondan con o se relacionen a unidades paralelas en la conexión como un todo. Éstas incluyen las áreas de Iglesia y Sociedad, Discipulado, Ministerios Globales, y Educación Superior y Ministerio Universitario; los focos especializados en Archivos e Historia y Unidad Cristiana e Intereses Interreligiosos; y el trabajo de defensa de Religión y Raza y el Estado y Papel de la Mujer. Están descritas las funciones de estas áreas, pero dichas funciones pueden ser asignadas a cualquier unidad que la conferencia invente. Tampoco se describe ni se manda una unidad específica para la coordinación de estas funciones.

El segundo Concilio, el de Finanzas y Administración de la Conferencia (FAC), sigue completamente descrito en la *Disciplina*, pero con la frase de que una estructura equivalente puede ser designada siempre y cuando cumpla con las funciones. Ya que este cuerpo o sus funciones, involucran numerosos asuntos financieros y legales, un asunto crucial será si las estructuras equivalentes conllevan la responsabilidad y autorización especificada en la *Disciplina*.

Este Concilio (o su equivalente) desarrolla y maneja un presupuesto para la conferencia anual. Compuesto de no más de veintiuna personas, incluyendo en el total una persona laica más que los clérigos, el concilio es responsable a y reporta directamente a la Conferencia anual. Normalmente no tiene designado un Director, pero en efecto, el tesorero de la conferencia sirve como el administrador en jefe (¶609).

Entre las muchas responsabilidades, el FAC debe juntar las requisiciones de presupuesto de todas las unidades de la conferencia con la cantidad asignada por el CGFA como parte del presupuesto general de la iglesia. Entonces el concilio de FAC tiene que hacer un estimado de cuánto las iglesias locales están dispuestas a contribuir, junto a otras fuentes de ingreso.

El comité de FAC presenta un presupuesto a la Conferencia anual junto con una propuesta «decimal» o fórmula por la cual prorratear el presupuesto entre las iglesias. El decimal es generalmente una combinación de la proporción de la iglesia local de todos los fondos recaudados en la conferencia (excluyendo mejoramiento de capital y otros asuntos) así como su proporción de la membresía total de la iglesia local de la conferencia. Una vez que el miembro de la conferencia conoce el decimal, ella o él puede simplemente tomar el presupuesto, multiplicarlo por el decimal y ver exactamente qué cantidad tendrá que contribuir su iglesia local (¶612).

La partida más grande en cada presupuesto de la conferencia anual en los EE.UU. es el de pensiones de la clerecía y el seguro de salud. Esta cifra la recibe el concilio de FAC de la Junta de Pensiones de la conferencia, una de tres unidades administrativas adicionales. A la vez, la Junta trabaja con la Junta General de Pensiones y con el plan de seguros en el cual participa la conferencia, para determinar cuánto dinero debe recaudarse para los gastos de pensiones y del seguro (¶637).

El sostenimiento de los clérigos jubilados—y otras personas– siempre ha sido una preocupación central de la conexión. Una de las Reglas Restrictivas de 1808 designó permanentemente que todo el ingreso neto de las empresas publicadoras de la iglesia fueran al sostenimiento de los clérigos jubilados o incapacitados y sus familias (¶20). La Casa Metodista Unida de Publicaciones sigue entregando un cheque a cada conferencia anual todos los años que representa una parte proporcional de su ingreso. Pero la economía contemporánea requiere muchísimo más que esto para dar una pensión adecuada.

En 1982 la IMU efectuó un enorme cambio en la manera en que las pensiones eran sostenidas, alejándose de un sistema de fondo de pensión general del cual los jubilados podían recibir basados sencillamente en los años de servicio, a un plan que está basado específicamente en contribuciones hechas por cada ministro y por la conferencia anual a una cuenta individual de jubilación. Algunas conferencias anuales han ido aun más lejos mandando directamente cuentas a las iglesias locales (o cargos) para la contribución a pensiones. Esto previene a cualquier iglesia local de disfrutar de los servicios de un ministro bajo nombramiento sin hacer la debida contribución al plan de pensiones.

Una segunda unidad administrativa que hace un impacto importante en los presupuestos del FAC es la Comisión de Compensación

Equitativa (o una estructura equivalente). La *Disciplina* encarga a esta unidad con establecer «una base de compensación mínima» para los pastores. La Comisión también debe considerar a esas iglesias locales o cargos que no puedan cumplir con esto y estimar una cantidad llamada Fondo de Compensación Equitativo que se recauda en la conferencia anual para subsidiar el aporte mínimo.

Muchas personas han criticado este Fondo como una forma de asistencia social para las iglesias que no pueden sostener a su pastor o pastora. Sin embargo, muchas conferencias han continuado dando este tipo de ayuda económica ya sea para hacer que las iglesias pequeñas puedan continuar un ministerio efectivo o para sostener un testimonio metodista unido en ciertas comunidades. La *Disciplina* menciona los ministerios nativoamericanos como los que más necesidad tienen de esta atención. (¶622).

Una tercera unidad administrativa, la Junta de Síndicos, maneja todos los asuntos relativos a las propiedades que tiene la conferencia anual, ya sea en edificios o fondos permanentes. El segundo puede ser administrado por una Fundación para prestar atención especializada a las inversiones y a la distribución de fondos (¶2512).

Así que el Concilio de FAC acumula el presupuesto de la conferencia anual en tres divisiones. La parte más grande de este presupuesto comprende los fondos designados al sostenimiento de la clerecía: pensiones, seguro, compensación equitativa, sostenimiento de los Superintendentes de distrito y una cantidad que se recibe del CGFA para el sostenimiento de los obispos como asignación del Fondo Episcopal.

La segunda división del presupuesto es la propia administración de la conferencia. Aunque no hay una oficina ejecutiva de por sí, hay varias funciones administrativas y coordinadoras como el tesorero de la conferencia y el personal de programas. Todos ellos necesitan sostenimiento de salario y beneficios así como gastos de oficina.

La tercera división del presupuesto son los fondos para sostener el ministerio y misión de la iglesia conexional. Mucha de esta cantidad es asignada a la conferencia del Fondo de Servicio Mundial aprobado por la Conferencia General. Otra porción importante de esto es el presupuesto para sostener programas de la conferencia anual. A estas dos cantidades juntas se les llama «Servicio Mundial y Benevolencias de la Conferencia».

El presupuesto puede incluir también otras causas especiales que apruebe la conferencia anual, como la recaudación de fondos de capital para instituciones relacionadas con la conferencia. De todos modos, ninguna institución u organización relacionada con el metodismo unido está autorizado para pedir a las iglesias locales de la Conferencia anual sin una aprobación de la Conferencia anual con la recomendación del Concilio de FAC (¶611).

Ministerio

Dos juntas y un comité supervisan asuntos relacionados con categorías particulares del ministerio. Ellas sirven para que las conferencias anuales logren su tarea central de preparar, dar credenciales y colocar personas en el ministerio. La Junta del laicado (o una estructura equivalente) existe para «fomentar una conciencia del rol del laicado» tanto dentro como fuera de la iglesia. La *Disciplina* los encarga de desarrollar oportunidades para el entrenamiento del laicado, especialmente para los oradores laicos (¶630). El líder laico de la conferencia, electo por toda la conferencia, preside la Junta. A este puesto se le da una amplia esfera para «hacer posible y apoyar la participación laica» en las actividades de la conferencia y sus distintas unidades. El líder laico sirve ex-oficio en cuerpos importantes de la conferencia (¶603.9.a). Otras unidades de la conferencia también trabajan para realzar el ministerio laico, incluyendo a las Mujeres Metodistas Unidas, Hombres Metodistas Unidos y el Concilio de Ministerio con Jóvenes.

La Junta de Ministerio Ordenado (JMO) ejecuta la función histórica principal de la conferencia anual, manejando todos los asuntos concernientes a las relaciones de los clérigos con la conferencia. La JMO está compuesta mayormente de clérigos postulados por el obispo que preside, contando entre un quinto y una tercera parte de miembros laicos electos por la conferencia anual. Éstos pueden participar en todo excepto votar sobre las relaciones de los clérigos con la conferencia.

La JMO debe preparar un informe cada año, basado en las preguntas y respuestas históricas Disciplinarias, las cuales incluyen todas las solicitudes de cambios en las relaciones con la conferencia (jubilación, permiso de ausencia, etc.), admisión de miembros a prueba o a plena conexión e informe de un satisfactorio progreso en los estudios de aquéllos que se están preparando para membresía clerical. La JMO también desarrolla sistemas respecto a asuntos como procedimientos para quejas, educación continuada y evaluación de los clérigos.

Aunque la JMO debe llevar a cabo sus obligaciones con la cooperación completa del obispo, Gabinete, Junta de Pensiones y otras unidades de la conferencia, es «responsable directamente ante la Conferencia anual» (¶633.1.a). Estas palabras se refieren, por supuesto, a la conferencia en su sentido histórico, esto es, la sesión de los clérigos la cual por sí sola tiene poder sobre las relaciones de los clérigos con la conferencia.

Tercero, el Comité del Episcopado trabaja como una clase de «Comité de relaciones pastor-parroquia» para el obispo que preside la conferencia anual. La *Disciplina* encarga a este comité que represente ante el obispo las necesidades del área así como las condiciones que «afectan las relaciones del obispo con el pueblo». Una de las funciones más importantes es que lleve ante el Comité Jurisdiccional del Episcopado una recomendación con respecto a las «necesidades del liderato episcopal», esto es, una solicitud de que regrese el obispo actual o que se busque un nuevo obispo (¶635).

Distritos

Los distritos juegan un lugar peculiar en el sistema de gobierno metodista unido. No tienen un mandato de posición constitucional y por ende, no tienen un rol formal constituyendo la conexión. Sin embargo, sirven en una función crítica como un eslabón de comunicación y fraternidad entre laicos y clero.

La Constitución sólo señala que las conferencias de distrito «pueden ser organizadas en una conferencia anual», pero no les da poder constitucional (¶40). Los párrafos legislativos aclaran que las responsabilidades y organización de tales conferencias son un asunto para que lo determine la conferencia anual. Así, la práctica actual de la organización del distrito varía ampliamente en la conexión (¶652).

La Constitución manda que «habrá uno o más Superintendentes de distrito que ayudarán al obispo en la administración de la conferencia anual» (¶51). Esto hace que los distritos sean más explícitamente una expresión de la superintendencia, con atención particular al nombramiento de clérigos a sus cargos.

Así que desde el punto de vista constitucional los distritos parecen ser esencialmente una subdivisión de la superintendencia creados para hacer más eficaz la supervisión episcopal. Aparecen como una subdivisión geográfica secundaria de la conferencia anual, intensificando y haciendo ciertas funciones de la conferencia anual más locales.

De hecho, algunos poderes críticos pertenecen legislativamente a los distritos. La *Disciplina* autoriza un Comité de Distrito del

Ministerio Ordenado, encargado de supervisar a todos los candidatos para el ministerio ordenado y emitiendo certificados de que han terminado y aprobado la candidatura—el primer paso hacia la ordenación (¶659). La *Disciplina* localiza la organización y administración del comienzo de una nueva iglesia con el Superintendente de distrito y autoriza una Junta de Distrito de localización de Iglesia y Edificio (¶263, 2518). Este último debe aprobar todos los sitios para las iglesias, planes de construcción, compra de propiedades y renovaciones que exceden el diez por ciento del valor del edificio. Muchos distritos también tiene una Unión de Distrito o participan de una Sociedad de Extensión de la Iglesia para recaudar y manejar fondos para edificios o iglesias locales que se extienden (¶653.4).

La *Disciplina* autoriza un Comité de Superintendencia del Distrito para dar apoyo e información al Superintendente, manejar la casa pastoral del distrito y consultar con el obispo con respecto al nombramiento de un Superintendente (¶662). La *Disciplina* requiere que dos organizaciones laicas, Mujeres Metodistas Unidas y Hombres Metodistas Unidos también se organicen en cada distrito así como en cada conferencia anual y la iglesia local (¶663). Un líder laico es electo en cada distrito –generalmente por una conferencia de distrito– y es miembro de la conferencia anual así como de cuerpos claves de administración y programa del distrito (¶654).

Es más, en muchas conferencias anuales los distritos están completamente desarrollados siguiendo las líneas permisivas que sugiere la *Disciplina*, muchos tienen Concilios de Ministerios para actuar como intermediario con la conferencia anual y para coordinar e iniciar programas y misión entre las iglesias del distrito. Muchos tienen oficiales de programa del distrito paralelos a la estructura de la conferencia anual en áreas como iglesia y sociedad o religión y raza. Muchos apoyan los programas de la juventud, oradores laicos y actividades laicas.

Los distritos también pueden jugar un papel crucial en el financiamiento del presupuesto de la Conferencia anual. En algunas conferencias la práctica histórica ha sido prorratear el presupuesto con los distritos. Una Junta de Mayordomos del distrito distribuye a cada iglesia local o cargo la cantidad proporcional necesitada para la asignación del distrito (¶612.3). En todas las conferencias se espera que el Superintendente notifique a cada iglesia local o cargo cuál es su asignación (¶249.13).

La Iglesia Metodista Unida en los EE.UU. tiene actualmente más de 500 distritos. Varían mucho por la zona geográfica, tamaño de la membresía y número de iglesias locales. Algunos distritos de la región central de los EE.UU. y en el oeste, cubren tanto terreno que cualquier clase de trabajo distrital causa mayores esfuerzos y gastos. Otros distritos en regiones urbanas son más compactos y muy organizados, llegando a ser una expresión esencial de la misión conexional.

Todos los distritos tienen algún papel que jugar como la «goma» que conecta las acciones de la conferencia anual con las iglesias locales. Como las conferencias anuales, los distritos tienen un lugar mediador y están agarrados en la tensión inevitable entre la autonomía local y la autoridad conexional. Muchas personas piden que se hagan más locales las superintendencias de distrito, más relacionadas con la iglesia y los ministros y las necesidades misionales y que sean menos una función de la administración de la conferencia. A muchos distritos les gustaría tener más recursos disponibles para comenzar nuevas iglesias y trabajo de misión en los cuales las iglesias locales puedan participar completamente.

Por otro lado, las iglesias locales no estarían dispuestas a mantener los gastos de mucha organización estructural en los distritos. La mayoría de los distritos tienen un personal mínimo así como poco espacio de oficina, y la administración se hace directamente por el Superintendente. Los distritos dependen mucho del trabajo voluntario de clérigos y laicos para ejecutar sus funciones. Estos compromisos pueden edificar una alta moral entre las iglesias del distrito, lo cual a la vez edifica entusiasmo para participar plenamente en las iniciativas de la conferencia anual.

Pero las propias estructuras del distrito es probable que permanezcan pobres y orientadas hacia tareas específicas. El desarrollo de los distritos seguirá dependiendo mucho del liderazgo del Superintendente de distrito y de clérigos y laicos interesados.

CAPÍTULO 11
Propiedad de la iglesia

El estado legal y eclesiológico de la propiedad de la iglesia en el metodismo unido es un ejemplo del carácter de la tradición metodista como una síntesis de sistemas de gobierno. En su manejo de la propiedad no es completamente orgánica ni enteramente congregacional, combinando el metodismo unido elementos de cada una en un tercer modo. No ha cambiado en gran parte en doscientos años y el modo ha sido fieramente defendido y confirmado sistemáticamente en las cortes civiles de los EE.UU. Las leyes de la propiedad varían, por supuesto, en otras naciones en las cuales el metodismo unido está activo.

En sistemas de gobierno orgánicos con un sistema de episcopado monárquico (como en el catolicismo romano), la propiedad de la iglesia—incluyendo iglesias locales o edificios parroquiales– está bajo el nombre del obispo de la diócesis, quien por razones legales se considera como una corporación que tiene los títulos de propiedad. Todas las decisiones sobre la disposición de la propiedad deben pasar por la oficina del obispo.

En sistemas de gobierno congregacional, cada iglesia local posee su propia propiedad categóricamente. Asociaciones, conferencias y síndos pueden tener varios grados de influencia sobre cómo las iglesias locales disponen de la propiedad, pero el título está a nombre de la corporación de la iglesia local con síndicos designados.

En el metodismo unido, así como en la iglesia presbiteriana (USA) y en otras iglesias conexionales, la propiedad de la iglesia local se tiene «en fideicomiso» para la denominación. Esta frase clave significa, por otro lado, que la escritura de la propiedad está a nombre de la iglesia local (preferiblemente como incorporada bajo las leyes del estado). La administración, mantenimiento y la iniciativa para renovación o expansión de la propiedad están en las manos de los síndicos de la iglesia local y de la Conferencia del cargo. Pero, los síndicos de la iglesia local no pueden hacer transacciones mayores con respecto a la propiedad bajo su mayordomía sin la aprobación de la conexión, específicamente, el Superintendente de distrito y el Comité de distrito de localización de la iglesia y edificio. Aunque el obispo no tiene el título, las propiedades de la iglesia local y los activos se revierten a la conferencia anual (si la iglesia local se abandona o se cierra) y se reservan para el uso exclusivo de la Iglesia Metodista Unida.

Un modelo de escrituras

La cláusula sobre el fideicomiso tiene sus raíces en el metodismo inglés del siglo XVIII. Aunque las leyes de la propiedad eran diferentes entonces, se presentan asuntos legales similares. Como una sociedad o asociación, el metodismo inglés tenía un estado peculiar dentro de los límites de la Iglesia de Inglaterra. Las capillas metodistas o casas de predicación no eran propiedad de la Iglesia de Inglaterra, ya que no había actividades metodistas oficialmente autorizadas o aprobadas por la Iglesia. Por otro lado, Juan Wesley y otros líderes metodistas estaban preocupados de que las capillas y casas de predicación no estuvieran solamente bajo síndicos locales. Querían que fueran usadas para cultos de acuerdo con la enseñanza metodista bajo predicadores debidamente nombrados. En particular, Juan Wesley no quería que síndicos locales trajeran predicadores Disidentes que defenderían la separación de la Iglesia (aunque los edificios estaban obviamente separados).

Por lo tanto, la conferencia inglesa empezó tan temprano como 1746 a requerir una «escritura modelo» asegurando que sólo los predicadores nombrados por Wesley o la conferencia y que estén enseñando la doctrina metodista, tendrían uso de los púlpitos. Los síndicos locales no pueden ni traer a un predicador que no ha sido aprobado ni excluir a predicadores que no han sido debidamente nombrados. Cuando los asuntos de sucesión de autoridad empezaron a agruparse alrededor de un Wesley anciano, el significado de la Conferencia tenía que definirse más cuidadosamente. De ahí, la Escritura del Convenio de 1784 especificó cien nombres de predicadores que constituirían legalmente la Conferencia. La Escritura Modelo de ese año incluía las palabras

«para permitir que tales personas y no otras como fueran nombradas en la Conferencia anual del pueblo llamado Metodista . . . para tener y disfrutar tales premisas para el propósito anteriormente mencionado: siempre que las personas no prediquen otra doctrina que la que está contenida en las *Notes on the New Testament* de Wesley y sus cuatro volúmenes de sermones» (Rack, *Reasonable Enthusiast*, 246).

Las Escrituras de 1784 hicieron más clara la independencia legal del metodismo de la Iglesia de Inglaterra, lo cual se combinó con el rechazo de la Iglesia de aprobar el metodismo bajo la ley canónica para dar realidad a la constitución del metodismo como una iglesia separada en Inglaterra en 1836.

Bajo las leyes que surgían en los EE.UU., la antigua Iglesia Metodista Episcopal podía establecer un sistema de propiedades más orgánico en su naturaleza. Después de todo, no había una iglesia establecida para afirmar la independencia como una sociedad. Por supuesto, no había tampoco una iglesia establecida a la cual los metodistas pudieran—en verdadera forma wesleyana– prometer su eterna lealtad. Los metodistas americanos terminaron manejando sus propiedades de la misma manera que los metodistas ingleses, ahora bajo el contexto de una sociedad voluntaria. Esto les dio un sistema que era mucho más orgánico que el que deseaban muchos norteamericanos de mente más independiente e incorporando más autonomía congregacional que los sistemas orgánicos permitirían. En breve, fue un sistema de propiedad conexional.

La primera Escritura de la Iglesia Metodista Episcopal en América apareció en la *Disciplina* de 1796. Aquí la Escritura reservaba la propiedad de la iglesia

«*para el uso de los miembros de la Iglesia Metodista Episcopal en los Estados Unidos de América, de acuerdo con las Reglas y Disciplina en las cuales de vez en cuando se pongan de acuerdo y la aprueben por los ministros y predicadores de dicha Iglesia, y su Conferencia Anual en los Estados Unidos de América;* y además en fideicomiso y confianza de que (los síndicos) deberán en todo tiempo, y para siempre, permitir a dichos ministros y predicadores, que pertenezcan a dicha Iglesia, como pueden de tiempo en tiempo ser debidamente autorizados por las *Conferencias Generales* de los ministros y predicadores de dicha Iglesia Metodista Episcopal o por la Conferencia anual *autorizada por dicha Conferencia General,* y ninguna otra, para predicar y exponer la Santa Palabra de Dios» (Buckley, *Constitutional and Parliamentary History,* 83).

Así que desde el principio, la Conferencia General y las conferencias anuales constituidas por la Conferencia General tenían sola determinación de cómo la propiedad metodista sería usada. Por otro lado, en ningún momento la Conferencia General -o conferencias anuales– poseían o tenían el título de la propiedad de la iglesia local. Según Asbury y Coke interpretaron el sistema en sus notas explicativas de la *Disciplina* de 1798, «las propiedades de las casas de predicación no serán invertidas en la conferencia general. Pero la preservación de nuestra unión y el progreso del trabajo de Dios, requieren indispensablemente que el uso libre y completo de los púlpitos deben estar en las manos de la conferencia general, y las conferencias anuales autorizadas por ellos. Por supuesto, los predicadores itinerantes que están en plena conexión, reunidos en sus conferencias son los patrocinadores de los púlpitos de nuestras iglesias».

Rápidamente explican un poco más adelante, que esto no excluye de los púlpitos metodistas a los predicadores locales que no eran miembros a plena conexión.

La cláusula de fideicomiso y la iglesia local

El carácter legal de la Conferencia General (o de sus conferencias anuales) como la parte que controla los ministerios en las iglesias locales, pero no como dueños de la propiedad de la iglesia local, ha seguido sin cambiar. Como hemos visto, la *Disciplina* actual especifica que «la Iglesia Metodista Unida» no existe como una entidad (¶118). Por lo tanto, ningún título podrá indicar como dueños a la «Iglesia Metodista Unida» o la «Conferencia General de la Iglesia Metodista Unida» (¶2501). Muchas entidades dentro de la denominación están incorporadas y como tales tienen el título de la propiedad—incluyendo iglesias locales, conferencias anuales, agencias e instituciones. Todas esas escrituras deben indicar que la propiedad se tiene en fideicomiso para la Iglesia Metodista Unida. Pero esto no significa que la denominación como tal es dueña de la propiedad. Como lo declara la cláusula del fideicomiso,

«En fideicomiso, que dichas premisas serán usadas, cuidadas y mantenidas como un lugar de adoración divina de los miembros y el ministerio de la Iglesia Metodista Unida; sujeto a la *Disciplina*, uso y nombramiento ministerial de dicha iglesia, y de tiempo en tiempo autorizado y declarado por la Conferencia General y por la Conferencia anual dentro de cuyos límites están localizadas dichas premisas» (¶2503).

La *Disciplina* va más lejos clarificando el mismo asunto que preocupaba las sociedades inglesas en el siglo XVIII. La Junta de síndicos de una iglesia local
«no habrá de impedir ni interferir con el pastor en el uso de ninguna de dichas propiedades para cultos religiosos u otras reuniones apropiadas o propósitos reconocidos por la ley, usos y costumbres de la Iglesia

Metodista Unida o permitir el uso de dicha propiedad para reuniones religiosas y otras, sin el consentimiento del pastor, o en la ausencia del pastor, sin el consentimiento del superintendente de distrito» (¶2532.1).

De esta manera la conexión retiene su interés en el ministerio que ocurre en y a través de la iglesia local, sin que ésta sea la dueña ni opere la propiedad.

Lo que la cláusula del fideicomiso significa exactamente al referirse al uso de la propiedad que está «sujeta a la *Disciplina*», está todavía sin definir. Se presume que debe querer decir entre otras cosas, que las doctrinas expuestas a través del púlpito y en programas de ministerio deben estar de acuerdo con las normas protegidas por las Reglas Restrictivas. Pero la Junta de síndicos local no es juez en tal acuerdo. La misma aceptación por la iglesia local de un nombramiento de un pastor indica su buena disposición a estar sujeta a la cláusula del fideicomiso (aun si la cláusula de fideicomiso no está escrita específicamente en la escritura de la propiedad en particular). Esto en efecto coloca en las manos de las respectivas conferencias anuales la prerrogativa de determinar los ministerios de la iglesia local y ejercitar la disciplina sobre las iglesias locales (¶2503.6).

Una denominación tan expansiva como lo ha sido el metodismo unido en los EE.UU no puede esperar tener regularidad en todas sus relaciones con la propiedad. La *Disciplina* trata de proteger el nombre «metodista» o «metodista unido» de que sea usado por organizaciones que no han sido autorizadas por las conferencias (¶2502). Ésta tiene el control de la «insignia oficial» de la iglesia, como la de la cruz y la llama (¶807.5). Pero el uso de símbolos es difícil de controlar en una asociación voluntaria grande e internacional en la cual el pueblo metodista unido está creando constantemente nuevas organizaciones relacionadas con la iglesia. A la inversa, cientos de capillas o iglesias locales llevan el nombre—especialmente en zonas rurales–pero tienen sólo una tenua relación con una Conferencia anual. Muchas existen principalmente como una asociación de un cementerio. Muchas no están incorporadas ni debidamente organizadas según la *Disciplina*.

Las provisiones Disciplinarias para las Juntas de síndicos locales, intentan permitir cierta libertad para tradiciones locales mientras que las controlan en parte de la independencia de estas ampliamente esparcidas iglesias locales. La Junta no puede tener menos de tres ni más de nueve miembros, pero solamente dos terceras partes deben ser miembros de la IMU (permitiendo así para iglesias, por ejemplo, que sirvan como capillas para toda una comunidad rural). Los síndicos están en tres clases iguales y rotativas de tres períodos para evitar la dominación por ciertas personas (pero nada evita que una persona sea reelecta). La *Disciplina* recomienda que por lo menos una tercera parte sean hombres y por lo menos una tercera parte sean mujeres para asegurar el balance del género (¶2524). A diferencia de otros cuerpos de la iglesia, los propios síndicos eligen a la persona que los preside y a otros oficiales (¶2529.1). Por razones legales deben tener un quórum de la mayoría de sus miembros (¶2531).

La *Disciplina* aclara que la Junta de síndicos es responsable ante la Conferencia del cargo en asuntos como ventas, hipotecas, regalos o legados. Esto mantiene las decisiones de la propiedad abiertas al resto de la congregación así como al Superintendente de distrito quien preside (¶2528). Tanto el Superintendente como el pastor deben dar consentimiento por escrito de cualquier venta, transferencia o hipoteca de la propiedad (¶2539).

Cualquier compra, venta, hipoteca, plan de construcción o renovación de la propiedad que valga más del 10 por ciento de su valor debe ser aprobada no sólo por la Junta de síndicos, sino por la Junta del Distrito de Localización de la Iglesia y Edificio y por la Conferencia del cargo. Estas dos últimas están bajo la presidencia del Superintendente del distrito, lo cual refuerza los vínculos con la conexión. Los planes para construir y renovar deben ser estudiados primero por el comité de construcción establecido para dicho propósito. Toda la congregación se invita a participar en cualquier decisión propuesta por medio de una conferencia de iglesia, la única ocasión para la cual se exige dicha conferencia (¶2543).

Propiedad y prosperidad

Al prosperar económicamente el pueblo metodista unido, muchas iglesias locales han adquirido propiedades valiosas y donaciones. Como quiera que todos esos bienes se mantienen en fideicomiso para la Iglesia Metodista Unida y se revierten legalmente a la Conferencia anual para que se usen en esos propósitos, en verdad la conexión ha hecho muy poco esfuerzo en influir en el uso de estas propiedades.

La *Disciplina* estipula que se establezca un Comité de fondos de donaciones permanentes o aun una fundación de la iglesia local, lo cual dará atención especial a lo que de otra manera es una función de los síndicos (¶2533). Las iglesias locales son animadas a que inviertan su dinero de acuerdo con los Principios Sociales y que pongan sus fondos de donaciones con una Fundación Metodista Unida de la conferencia anual o del área, para su administración (¶2532.5). La *Disciplina* encarga a los Superintendentes de distrito con la tarea casi imposible de mantener «registros exactos y completos» de «todas las donaciones conocidas, anualidades, fondos de fideicomiso, inversiones y legados sin pagar que pertenecen a cualquier cargo pastoral u organización conectada con el distrito» (¶423.7.c).

La conexión no ha establecido muchas regulaciones para los activos ni ha encontrado una manera de distribuir las entradas de iglesias locales con muchas iglesias locales en necesidad de recursos. La *Disciplina* señala que una iglesia local no puede hipotecar su propiedad para pagar gastos actuales ni tampoco puede vender una propiedad para pagar sus cuentas (¶2542). Pero estas limitaciones no dicen nada del asunto de qué se debería hacer de una generosa donación a la iglesia local cuando sus miembros no pueden sostener el programa de la iglesia, o no quieren hacerlo, ni qué acción una iglesia local debiera tomar cuando recibe un legado que hace parecer pequeña la ofrenda de aun los mejores donantes.

¿Debiera una iglesia local de una menguante membresía gastar sus donaciones especiales en aumentar artificialmente el salario pastoral, contratar músicos profesionales, o mantener un edificio monstruoso? ¿Debiera una iglesia local que reciba un legado de varios millones de dólares retener ese dinero simplemente para una inversión? ¿Es apropiado para una iglesia local ser dueña de tierras y edificios que no se usen directamente para asuntos de la iglesia (aparte de lo que le podría costar en impuestos)? ¿Sufre la mayordomía de miembros actuales por la condición de una riqueza de donativos? ¿Qué debe enseñar la iglesia respecto a las posesiones materiales por medio de su política financiera? La Conferencia General no ha enfrentado hasta ahora estos asuntos legislativamente. Bajo el aliento de la cláusula del fideicomiso, las iglesias locales retienen autonomía para manejar sus dineros mientras que sigan sus ministerios.

El momento en el cual la cláusula del fideicomiso realmente molesta es cuando la propiedad de una iglesia local se abandona o se terminan los ministerios de una congregación. En tal caso, con la aprobación del Superintendente de distrito, la propiedad se revierte a la administración de la Junta de síndicos de la conferencia anual. Esta Junta debe entonces buscar la aprobación de la conferencia anual para vender tales propiedades. Lo recaudado debe usarse entonces en otros propósitos dentro de la conexión (¶2548).

A pesar del fuerte sentido de conexión que surge de una conferencia capaz de usar para otras necesidades tal dinero dado fielmente a la iglesia, no hay un momento más penoso en los negocios de la conferencia anual que la decisión de vender la propiedad de una iglesia local metodista unida. Los metodistas unidos no quieren reconocer que sus ministerios pueden ser menos que viables o en el fin en un local dado. Sería de consuelo que todos los documentos, objetos de interés y cualesquier otros activos de la iglesia se mantengan en perpetuidad por la conferencia anual.

Cuando una congregación se relocaliza—sigue su ministerio como una iglesia local en otra parte– debe ofrecer su propiedad primero a otra iglesia metodista unida a precio normal del mercado. Este es otro esfuerzo para tratar de mantener las propiedades en la conexión y para evitar la tensión que se levanta, por ejemplo, cuando una congregación predominantemente blanca decide mudarse fuera de un barrio predominantemente negro (¶2540.3).

Otras propiedades de la iglesia

Entidades metodistas unidas, aparte de las iglesias locales, también poseen muchas propiedades. Tales entidades están incorporadas con síndicos para sus propiedades. Así, conferencias jurisdiccional o anual a veces son dueñas de edificios de oficinas, centros de retiros, campamentos o residencias episcopales. Los distritos tienen casas pastorales o residencias y oficinas. Las agencias generales tienen edificios de oficinas y otras propiedades. Todos estos puestos en el consejo de administración son responsables ante sus conferencias respectivas para cuyos propósitos se tienen las propiedades. En el caso de las agencias generales, la *Disciplina* autoriza al Concilio general de finanzas y administración a que reciba informes de todas las propiedades que posean las agencias generales y que aprueben cualquier venta o compra de bienes raíces. En tales acciones el CGFA y las agencias generales son finalmente responsables ante la Conferencia General (¶807.1).

Instituciones como universidades, hospitales y hogares están relacionadas con la Iglesia Metodista Unida de varias maneras. Aquellas que «son propiedad o controladas» por cualquier conferencia o agencia deben estructurar sus síndicos de manera que por lo menos el 60 por ciento sean metodistas (¶2553). Muchas instituciones ahora son autónomas con Juntas de síndicos que se perpetúan. Sin embargo, aun éstas retienen cierto nivel de metodistas en la Junta.

En los últimos veinte años una nueva e importante literatura ha salido del puesto en el consejo de administración y la mayordomía de las instituciones. El metodismo unido, con una herencia de dos cientos años edificando instituciones, ciertamente debe preparar miembros para ser mayordomos fieles de los activos de la iglesia. Las 37,000 iglesias en los EE.UU. tienen propiedades con un valor de más de $29 mil millones de dólares, que están aumentando su valor anualmente en más de $1 mil millones de dólares. Las propiedades de la conferencia junto con las instituciones relacionadas con la iglesia le agregan varios miles de millones a este total.

La mayordomía de esta masa de propiedad implica una variedad de asuntos legales. Por ejemplo, las propiedades de la iglesia están normalmente exentas de impuestos del gobierno y se evalúan sólo para propósitos especiales como «alumbrado público o reparaciones de aceras«. Las organizaciones de la iglesia sólo tienen que llenar una planilla de exención. Sin embargo, muchas personas en los EE.UU. luchan por que las propiedades de la iglesia paguen impuestos como la única manera justa de distribuir equitativamente los costos del gobierno municipal, escuelas y servicios públicos. Las iglesias tendrán que decidir si están de acuerdo con dicha apelación por equidad o si es más importante continuar insistiendo en la separación estricta de la iglesia y el estado.

Otro ejemplo es la creciente preocupación con las medidas preventivas y adecuado seguro, especialmente en áreas de responsabilidad por todo, desde heridas personales dentro de la propiedad de la iglesia, al abuso sexual, a mal uso de los fondos. En una sociedad pleiteadora como los EE.UU., las iglesias deben tener más cuidado con los procedimientos legales y la protección.

Mayordomía

Hablando más ampliamente que en asuntos legales, la mayordomía de la propiedad de la iglesia debe estar enfocada en el uso de la propiedad para la misión de la iglesia. Esta preocupación se manifiesta de varias formas. Por ejemplo, la *Disciplina* pide a la Junta de síndicos de la iglesia local que tenga «una auditoría anual de accesibilidad a los edificios, terrenos y propiedades» para ver si hay barreras que previenen la participación completa de «personas con condiciones de incapacidad» (¶2532.6). Las iglesias e instituciones no demostraban mucha conciencia sobre los problemas del acceso a los edificios antes de 1960. Esto ha dado por resultado que las generaciones actuales han tenido que enfrentar enormes gastos para modificar los edificios. Sin embargo, la accesibilidad es un testimonio importante ante una comunidad inclusiva.

En el mandato general para las iglesias locales, la *Disciplina* insiste en que «cada iglesia local tendrá . . . una responsabilidad de alcance misional a la comunidad local y global» (¶204). El concilio de la iglesia es responsable por llevar a cabo su «tarea primaria y misión en el contexto de su propia comunidad» (¶245). Muchas iglesias han respondido a los cambios en la vida de las familias de clase media organizando o dirigiendo un «día de los padres» o centros de cuidado diario. Muchos auspician reuniones de organizaciones de la comunidad o reuniones sobre asuntos de la comunidad. Muchos usan sus edificios para comidas para los pobres, refugio o clínicas de salud. Sin embargo, muchas otras iglesias se han resistido a tener que prestar sus edificios para ser usados para programas de la comunidad.

La *Disciplina* no hace demandas específicas para usos misionales de la propiedad y, sorprendentemente, dice poco acerca de la mayordomía de los activos de la iglesia. Pero, como los metodistas unidos en los EE.UU. y en otras naciones saben, las iglesias tienen un papel crítico que jugar en fomentar un sentido del bien común y de justicia en las comunidades en las cuales son una parte vital. Por medio del uso eficiente de sus activos, tienen una buena oportunidad de ministrar a los pobres—una preocupación central de aquéllos que siguen en los caminos de Wesley. Este mandato del discipulado no es explícito en el sistema de gobierno metodista unido, dejando a que las iglesias locales se den cuenta de lo esencial que son sus edificios y activos para el testimonio y servicio en el nombre de Cristo.

CAPÍTULO 12
Administración judicial

Una de las maneras más obvias en que el metodismo unido americano se ha adaptado a las tendencias contemporáneas está en su elaboración de los procedimientos judiciales. La sociedad americana se ha hecho cada vez más pleiteadora, con un rol regulatorio del gobierno vastamente expandido, en favor del público, y con un cuerpo creciente de precedentes legales que les dan forma a los derechos individuales. Igualmente, la iglesia ha aumentado su enfoque en la consistencia de las leyes de la iglesia y su conformidad con la Constitución de la iglesia. También la iglesia ha dado una atención cada vez mayor a reglas que regulan una participación completa en la iglesia y un proceso justo al personal de la iglesia y en procedimientos de quejas.

La creación de un Concilio judicial para la Iglesia Metodista Episcopal del Sur en 1934 marcó el comienzo de una nueva era en la ley de la iglesia. Las conferencias unificadoras que formaron la Iglesia Metodista en 1939.

En la Iglesia Metodista Episcopal del Sur, antes de 1934, las decisiones relativas a la constitucionalidad de la Conferencia General, así como las decisiones o interpretaciones de la ley de la iglesia, eran hechas por los Colegios de obispos. El poder episcopal para interpretar la ley, desde hacía tiempo se consideraba como un balance crucial de los poderes de la Conferencia General para hacer legislación. Si estaba en desacuerdo con las interpretaciones episcopales, la Conferencia General tendría que enmendar la *Disciplina*. A la vez, aumentaban las voces de los del sur que se levantaban en contra del poder de los obispos de bloquear la voluntad de la Conferencia General. También la Iglesia Evangélica de los Hermanos Unidos les daba a los obispos poder judicial sobre la constitucionalidad de la legislación, sujeta a enmiendas por la Conferencia General.

En la Iglesia Metodista Episcopal antes de 1939, las decisiones sobre la ley se remitían a un Comité judicial de la Conferencia General como la autoridad final en la iglesia, a la cual aun los obispos eran responsables. De nuevo, gradualmente se levantaron voces en contra del poder de la Conferencia General para dictaminar sobre sus propias acciones.

El plan del Concilio judicial resolvió ambas objeciones al establecer un tercer cuerpo, que no era legislativo ni episcopal, al cual pudieran apelar las variadas entidades de la iglesia. Visto en el contexto de un amplio cambio social, la necesidad que se había percibido de una corte eclesiástica distintiva, tenía por lo menos dos fuentes. Primero, la creciente diversidad de la cultura americana y de la iglesia, hacía que la autoridad atribuida tradicionalmente a oficiales (civil o eclesiástica) fuera cada vez más cuestionable. El tiempo hace mucho que pasó de cuando la iglesia pudiera operar simplemente como una familia; los papeles se estaban convirtiendo en más especializados y burocráticos. Los miembros querían un locus de apelación legal que no estuviera involucrada directamente con los intereses legislativos ni administrativos.

Segundo, los asuntos legales se estaban haciendo cada vez más técnicos y complejos, demasiado involucrados en una asamblea legislativa para adjudicar. Mirando este escenario, es interesante que los laicos que eran jueces y abogados trabajaran para hacer cambios en la administración judicial de la denominación. Como resultado de sus esfuerzos como especialistas, las Conferencias General y la Unificadora, decidieron crear un cuerpo separado que pudiera concentrar todas sus energías en asuntos legales. La *Disciplina* no menciona las calificaciones para los miembros del Concilio judicial, pero la Conferencia General siempre ha electo abogados para los puestos laicos.

En los últimos sesenta años, los sucesivos Concilios judiciales han tomado más de setecientas decisiones sobre la ley de la iglesia. Éstas están ahora en los registros y forman parte de un cuerpo que crece con precedentes legales a los cuales el Concilio se refiere en sus deliberaciones. Todas las decisiones del Concilio judicial son finales, lo que significa que para apelarlas habría que hacer una enmienda en la Constitución o en la *Disciplina*. Sin embargo, hasta la fecha, a pesar de la creciente influencia de este material legal, nadie ha publicado una evaluación crítica del impacto de un sistema jurídico distintivo de la eclesiología o prácticas de la iglesia.

Decisiones del Concilio Judicial

Tal como está formado en el presente, el Concilio tiene nueve miembros, con cinco laicos y cuatro clérigos en un cuadrienio, y cuatro laicos y cinco clérigos en el siguiente. El Concilio de obispos postula tres veces el número de personas que necesitan para llenar las vacantes y la Conferencia General vota entones por esos postulados. Esta provisión permite a los obispos considerar con cuidado quién es la persona más apta para este trabajo, mientras que a la vez dejan la selección a la conferencia. Los miembros sirven períodos de ocho años y pueden ser reelectos (¶2602).

El Concilio tiene libertad para hacer su propia organización y desarrollar las reglas de procedimiento. La *Disciplina* exige sólo algunos procedimientos. Insiste en que ningún miembro del Concilio Judicial discuta fuera del Concilio ningún caso pendiente. Requiere un quórum de siete y señala un voto afirmativo de seis como mínimo requerido para declarar inconstitucional una acción de la Conferencia General (¶2607).

Más allá de esto, el Concilio judicial ha creado su propia estructura y elige una persona para presidir, vicepresidente y secretaria. Ha establecido reglas para la preparación de casos y para argumentos orales. Se reúnen cuando los convoca la presidencia, por lo general dos veces al año con una reunión obligatoria durante la sesión de la conferencia anual.

Asuntos que se presentan al Concilio caen en cuatro categorías principales. Primero están las decisiones declaratorias con respecto a la constitucionalidad o legalidad de acciones tomadas por las Conferencias General, Jurisdiccional, Central o Anual, o por cuerpos creados por Conferencias General, Jurisdiccional o Central. Estas decisiones deben ser solicitadas por una cierta mayoría de miembros o por el Concilio de obispos o el Colegio de obispos (¶2609).

Las decisiones declaratorias permiten a las conferencias escribir o revisar la legislación en conformidad con la ley constitucional de la iglesia. Este procedimiento es de ayuda especial para las sesiones de la Conferencia General. Con el Concilio judicial reuniéndose simultáneamente en el mismo sitio, la conferencia puede mandar legislación que se ha propuesto para saber de la constitucionalidad o legalidad, corregirla y pasarla con la confianza de que la nueva legislación podrá resistir pruebas legales. La legislación que se declare inconstitucional puede, por supuesto, ser sometida de nuevo como una enmienda constitucional para que sea aprobada por la Conferencia General y luego por todo el cuerpo de miembros de las conferencias anuales.

Una segunda categoría aparece con los poderes de los obispos de presidir sobre las conferencias. La Constitución manda que los obispos «decidirán todas las preguntas sobre la ley» que se presenten «en los negocios regulares de una sesión». Tales preguntas se deben presentar por escrito y las decisiones debidamente registradas. La Constitución entonces manda que el Concilio judicial revise todas esas decisiones de la ley hecha por obispos que presiden sobre conferencias jurisdiccional, central, anual y aun de distrito. Los obispos informan anualmente al Concilio judicial de todas las decisiones, las que el Concilio puede ratificar, ratificar parcialmente o rechazar (¶¶49, 54).

El obispo en este sentido actúa como la judicatura al presidir sobre las conferencias anuales. Pero como que la conferencia anual no tiene al Concilio Judicial en sus sesiones, pueden estar seguros que las decisiones legales serán revisadas. Para hacer esto más explícito, la *Disciplina* también autoriza una tercera categoría de procedimientos a través de los cuales la propia conferencia anual puede apelar una decisión legal a la cual por lo menos una quinta parte de los miembros objetan. Esto permite que las partes que estén en desacuerdo con la interpretación del obispo puedan preparar un caso para una consideración completa por el Concilio Judicial (¶54.2).

La cuarta categoría, y la menos usada, es una apelación «en una pregunta sobre ley de la iglesia» que pudiera suscitarse en medio de un juicio de la iglesia. Pocos juicios llegan a la etapa de apelación del Comité de apelaciones de una Conferencia Jurisdiccional o Central. Pero si la hubiera, el Concilio judicial determina sólo en asuntos de un conflicto de decisiones u otras preguntas de la ley de la iglesia, no «sobre los hechos» de un caso. La determinación de culpable o inocente permanece en los procedimientos del juicio de la iglesia (¶2615).

Históricamente la iglesia ha considerado los juicios de la iglesia como una protección del acusado más que como una medida de disciplina eclesiástica. El derecho de un clérigo o un laico a un juicio es una provisión constitucional protegida por la Regla Restrictiva (¶18). Ningún clérigo metodista unido, ni miembro laico, puede ser despedido sin un juicio si así lo pide la persona acusada.

A la misma vez, el ejercicio de la disciplina por la iglesia ha evolucionado más hacia la persuasión pastoral y moral que a la confrontación legal. Pocos clérigos o laicos han estado dispuestos a presentar retos formales por su negligencia en la fe o la práctica. Pocos metodistas unidos han saboreado largos procedimientos legales sobre asuntos doctrinales, aunque «la diseminación de doctrinas contrarias a las normas de doctrina establecidas por la iglesia» es una ofensa perseguible (¶2624.1). La *Disciplina* dedica más de veinte páginas al proceso legal del juicio de la iglesia, suplicando a la vez que «los juicios de la iglesia deben ser considerados como un asunto de último extremo» (¶2627.1).

Asuntos legales actuales

El apóstol Pablo instaba a los primeros cristianos a ser obedientes a las autoridades civiles, pagar sus impuestos y respetar la ley criminal (Romanos 13.1-7). También estaba en desacuerdo con que los miembros de la iglesia llevaran a la corte civil las disputas que tenían entre ellos (1 Corintios 6.1-11). Desde entonces estas actitudes básicas han informado las prácticas de la iglesia de varias maneras.

Los procedimientos judiciales de la IMU se derivan de la comprensión de la iglesia de sí misma como una comunidad de fe a la cual todos los miembros están unidos en una responsabilidad mutua. Las provisiones disciplinarias fueron escritas en el lenguaje de una responsabilidad pastoral y del pacto de la iglesia, no en la terminología legal de la ley civil, Por supuesto, debido a que la herencia de la IMU como una conexión del pacto de los clérigos, la *Disciplina* trata los procesos de responsabilidad y protecciones de los clérigos mucho más que la del laicado.

Esto se ve especialmente claro en los procedimientos de quejas tal como se presentan en la sección del ministerio ordenado de la *Disciplina*. Mientras que una queja pueda tener que ver con cualquier asunto listado como una ofensa perseguible en el capítulo posterior sobre juicios, los procedimientos intentan evitar la necesidad de un juicio. Las ofensas perseguibles son inmoralidad, crimen, abuso sexual u hostigamiento y muchos otros asuntos (¶2624).

La *Disciplina* indica que las quejas se manejen primero por una «respuesta de supervisor» (¶358.1). Esto permite que el Superintendente de distrito o el obispo, al recibir una queja por escrito, conferencie pastoralmente con la persona clériga y el quejoso. El obispo y el Gabinete también están encargados de atender a la «sanidad de la congregación», incluyendo «apoyo a las víctimas» y maneras de mediar y reconciliar. La resolución de las quejas comienzan, entonces, tan cerca de la situación como sea posible y con un método pastoral y de pacto apropiado a la iglesia.

Si el asunto no llega a una «resolución y/ o una reconciliación» por medio de la respuesta del supervisor, el obispo puede pasar la queja a uno de dos cuerpos (¶358). Una queja referente a una ofensa perseguible puede ser referida al Comité de investigación de la conferencia anual. El obispo nombra un abogado de la iglesia para «que represente los intereses de la iglesia al insistir en la reclamación de la persona que hace la queja» (¶2626.3.b.). Esto da comienzo a un proceso de averiguación sobre la queja que puede incluir una respuesta oral y escrita de las partes involucradas. Si no se llega a una solución satisfactoria, entonces puede ser que sea necesario un juicio.

Una queja con respecto a «incompetencia, ineficacia o falta de interés o de habilidad para cumplir con los deberes ministeriales» puede mandarse a la Junta del ministerio ordenado (¶358.1.d.2.). La persona clériga en contra de quien se ha presentado la queja tiene el derecho a una vista. Si la JMO manda una localización administrativa o una salida involuntaria o jubilación para la persona clériga, la decisión está sujeta a revisión por el Comité de revisión administrativa para estar seguro de que los procedimientos se siguieron debidamente (¶¶358.3, 634).

La relativa informalidad y flexibilidad de estos procedimientos ha permitido a las autoridades de la iglesia manejar las quejas con sensitividad a las circunstancias del clérigo en particular, actor e iglesias. La misma respuesta no es apropiada en todos los casos. Ya que los motivos de queja puede cubrir cualquier cosa, desde diferencias doctrinales hasta mala conducta sexual, la autoridad que reciba las quejas debe ejercitar juicio acerca de la respuesta apropiada –mediación, acción inmediata, una forma de reparación u otras opciones. Por otro lado, la flexibilidad de múltiples opciones puede llevar a inconsistencias que el clérigo de una Conferencia anual, laicado y actores tienen dificultad para comprender. Además, es esencialmente un proceso de revisión por los iguales, a quienes el laicado, especialmente en quejas de laicos, tienen menos acceso (aunque el Comité de clérigos sobre investigaciones debe tener dos observadores laicos).

En realidad la iglesia se enfrenta cada vez más con presiones para desarrollar procedimientos legales más precisos -por razones diferentes a las que generaciones anteriores pudieron haber anticipado. La clerecía y el laicado están todavía sujetos, por supuesto, a las leyes civiles y criminales y a las normas éticas de la iglesia. Pero en muchos casos la gente espera reparación de la iglesia y cuando no aparece, presentan una demanda.

Tres áreas principales de la ley están forzando esta atención de los cuerpos de la iglesia. Primero, un aumento devastante en casos de mala conducta sexual, especialmente por clérigos masculinos, han puesto una tremenda tensión en los procedimientos existentes. La herencia metodista unida de la responsabilidad de los clérigos se expresa claramente en la *Disciplina*, de que la «ordenación y membresía en una conferencia anual . . . es una confianza sagrada» (¶358:1). Sin embargo, algunas conferencias anuales han tenido una cantidad de quejas por mala conducta sexual casi todas al mismo tiempo y la mayoría de las conferencias anuales han tenido por lo menos una.

Los procedimientos existentes son vulnerables al hecho de convencer a las personas que traen las quejas de mala conducta sexual, que el asunto no será «echado a un lado». Se debe hacer todo el esfuerzo posible para asegurar al actor que él o ella será atendida correctamente y que se llevarán a un proceso justo y con amor pastoral. Además, la iglesia algunas veces demuestra poco interés por una persona clériga en contra de quien se presenta una queja. Especialmente aquéllos a quienes la iglesia les quita las credenciales de la ordenación son a veces dejado fuera de los medios de sanidad y reconciliación en un tiempo triste de desempleo y transición a una nueva vida. Irónicamente, a pesar de que éstos son asuntos pastorales sobre los que la iglesia debiera de sobresalir, el fallo de la iglesia en demostrar suficiente interés pudiera ser el trampolín para que las personas afectadas presenten demandas civiles. Ciertamente, parte de la razón para los defectos de la iglesia al responder a los actores y a la persona de quien se han quejado es el temor a que un proceso abierto exponga a la iglesia a mayores daños, escrutinio público y vergüenza. Pero cuando hay una insinuación de «escándalo» que no se enfrenta en seguida, puede ser mucho peor.

Segundo, en la mala conducta sexual, política del empleo y otras áreas, la iglesia está forzada a considerar procesos legales que pueden enfrentarse a una revisión tanto civil como eclesiástica. Por ejemplo, todos los estados tienen leyes que gobiernan la política de «emplear y cesantear» y los derechos de los empleados a revisión, beneficios, licencias y otros asuntos. Las agencias generales en particular han tenido que estar seguras que su política de personal están de acuerdo con las del estado en el cual están incorporadas. Un Comité de política y prácticas del personal del CGFA coordina y revisa esa política (¶805.4.d.).

Las políticas del personal son relevantes especialmente para los empleados laicos de las agencias de la iglesia. La *Disciplina* ofrece muy poco procedimiento distintivamente eclesial para manejar empleos del laicado en la iglesia local o en agencias generales, dejándolo más bien como un asunto de la ley civil. Pero asuntos del personal también afectan a los clérigos. De acuerdo con la tradición metodista unida, los clérigos trabajan en un cuerpo del pacto bajo la autoridad de obispos y Superintendentes de distrito. Sin embargo, clérigos que piensan que han sido tratados injustamente pudieran volverse a las leyes civiles del empleo para una reparación legal.

El Concilio judicial ha dictaminado en varios casos que la ley de la iglesia debe acercarse más a la ley civil, especialmente para proveer un más explícito «debido proceso» en términos familiares a las cortes civiles. La iglesia sigue insistiendo en el «justo proceso», para distinguir las prácticas apropiadas a una comunidad de fe del pacto de los procedimientos civiles (¶2623). En una investigación, por ejemplo, las partes involucradas pueden tener representación por un consejo, pero no por un abogado (el consejo puede ser una persona clériga o un miembro laico de la iglesia). El comité debe tratar de traer las partes «frente a frente» como un esfuerzo para resolver el asunto. No se toman votos; las deliberaciones del comité ejecutivo no tienen que ser trascritas. En todas estas maneras, el procedimiento de la iglesia está basado en la integridad y confianza de las personas que comparten una fe y práctica común (¶2626.6).

Para hacer que se cumpla la justicia y evitar demandas legales, la iglesia debe desarrollar procedimientos lo más justos posible y deben seguirlos sistemáticamente. Estos procedimientos debieran ser bien anunciados de manera que las personas sepan cuáles son las ofensas perseguibles, cómo presentar una queja y cómo se manejará la queja. La iglesia también debe mejorar la manera en que investiga los antecedentes de tanto los empleados como los voluntarios y cómo se mantiene los registros. Las iglesias locales y las agencias de la conferencia deben tener un cuidado especial para investigar los antecedentes de los que trabajan con niños y jóvenes incluyendo una investigación de condenas criminales. Los obispos y las conferencias están desarrollando políticas para mantener con más cuidado los registros de los clérigos, especialmente las quejas contra clérigos aun después de que se hayan resuelto. Estos registros debieran ser compartidos entre los obispos y JMO hasta el punto que fuere necesario para prevenir que una persona clériga se mude de una conferencia para otra dejando un rastro de quejas de mala conducta.

Por supuesto que ninguna de estas medidas legales toca el hecho de que la iglesia no debiera buscar como su norma un mínimo legal de derechos, sino un máximo eclesial de responsabilidades mutuas en una comunidad de fe. La iglesia como una fraternidad de amor y justicia debiera educar a sus miembros sobre el comportamiento apropiado y enseñar maneras de expresar cuidado amoroso aun en situaciones en donde se ha roto la confianza. Los clérigos en el pacto y el laicado en congregaciones debieran practicar llamarse unos a otros para dar cuenta de sus acciones. Pero esto ha probado ser cada vez más difícil en la cultura americana de derechos individuales y privacidad personal.

Un tercer asunto legal para la IMU es su estado como una organización religiosa conexional. Las cortes generalmente han mantenido que ninguna denominación religiosa puede considerarse una entidad jurídica como un todo, sino sólo las unidades incorporadas dentro de la misma. Ya que la IMU no está incorporada como una organización sola, parecería que no puede ser demandada (¶118). Pero, la bien conocida demanda a los Pacific Homes en 1970 abrió las puertas para que una futura corte dictamine que la «Iglesia Metodista Unida» es realmente una estructura jerárquica sola. Una corte de apelación en este caso vio a la IMU como una organización gobernada por el Concilio de obispos como su cuerpo ejecutivo continuado. La corte leyó los muchos mandatos de la *Disciplina* como evidencia de que las iglesias locales y las agencias son unidades bajo la autoridad de una estructura piramidal continua de lo local a lo nacional. Aunque esto fue una flagrante mala interpretación de la herencia de la iglesia de disciplina y orden, los expertos legales han tenido que examinar la *Disciplina* cuidadosamente para quitar palabras que pudieran reforzar tal percepción.

De hecho, el metodismo unido parece a veces que trata de «tener lo mejor en ambas maneras». La iglesia quiere que la clerecía sea responsable el uno por el otro y que sirva bajo la autoridad de los Superintendentes. Por otro lado, si una persona clériga es demandada por algún tipo de mala conducta, la iglesia no quiere asumir una responsabilidad corporativa por las acciones de la persona clériga. Igualmente, las conferencias anuales dependen de que las iglesias locales mantengan su lugar en la escala de salarios de la conferencia con el propósito de hacer nombramientos de clérigos. Aun la denominación ha tenido que conceder que el gobierno civil pueda requerir que los clérigos sean clasificados como empleados para la cuestión del impuesto. Pero la iglesia insiste en que «tal clasificación no debe ser interpretada como que afecta o define el sistema de gobierno metodista unido, incluyendo los pactos históricos que unen a las conferencias anuales, clérigos y congregaciones» (¶120).

Por mucho que uno quiera insistir que las cortes civiles están excluidas debido a la separación de la iglesia y el estado de cualquier intento de definir a la iglesia como una entidad corporativa, el hecho es que las cortes tratarán de hacerlo inevitablemente. Mientras tanto, la iglesia no está muy a menudo bien preparada para articular su naturaleza conexional. Es muy fácil decir qué cosa no es la iglesia: no es una organización corporativa, los presbíteros no trabajan para una congregación, las iglesias locales no son unidades de una corporación de la conferencia anual, los obispos no son oficiales ejecutivos en jefe, las agencias generales –especialmente el CGFA y CGM– no son comités ejecutivos para la denominación como un todo. Es mucho más difícil decir qué es la iglesia.

La iglesia ha crecido de una química de tradiciones de órdenes eclesiales y la misión de la iglesia de cambiar los contextos sociales. Es un juego de prácticas en desarrollo mucho más que una entidad capaz de descripción exacta y definición. De hecho, hay un número de puntos en los cuales la IMU estaría mucho mejor si los entusiastas *Disciplina*rios hubieran resistido el impulso de escribir legislación. Como quiera que sea, la conexión no puede ser legislada; debe ser vivida.

La IMU es una amalgama de sistemas de gobierno eclesiales—católicorromano, anglicano, reformado, pietista y evangélico. Su conexión muy única conlleva una responsabilidad mutua que se originó en los grupos pequeños con la feroz independencia de predicadores atrapados en el poder del Espíritu Santo con una palabra del Señor. Combina tanto un principio democrático de conferencia como un principio orgánico de episcopado. Para avanzar su autonomía y participación, ha asegurado que las decisiones cruciales no son hechas por ejecutivos sino por conferencias. Para avanzar su continuidad y organización para la misión, ha mantenido un episcopado.

En todos los asuntos legales, la IMU será mejor servida por su clerecía y laicado que estén agarrado en este carácter básico, sintético de su sistema de gobierno. Mientras que más clara y coherentemente los líderes de la iglesia puedan articular y practicar la conexión metodista unida, menos cortes civiles y jueces tratarán de definirla por sí mismos.

CONCLUSIÓN

Asuntos para el futuro del sistema de gobierno metodista unido

Estoy escribiendo este libro en un momento en que muchas personas están declarando que la Iglesia Metodista Unida está en crisis. Se ha desarrollado todo un vocabulario para encarar cambios críticos— nuevo paradigma, rebajar, local, global, cualidad, visión, discernimiento, liderato, revitalización. Muchos clérigos y líderes laicos están pidiendo una reestructuración grande de la denominación. Algunos argumentan que los elementos básicos del sistema del ministerio y misión —incluyendo nombramientos y asignaciones del presupuesto— deben reformarse fundamentalmente.

Pero también es cierto que el carácter básico del metodismo unido como una síntesis única de tradiciones políticas eclesiales, persiste de muchas maneras. Las conferencias se reúnen, tratan una serie notable de asuntos y se dispersan para estar en ministerio. Los obispos expresan nuevas direcciones para la iglesia, viajan sin cesar, predican y enseñan a lo largo de la conexión. El pueblo metodista unido está unido en una red de fraternidad y colegialidad que tiene una asombrosa profundidad y elasticidad.

He dicho que ver a la iglesia contemporánea a través de un lente de crisis deja de reconocer los dones y fortalezas que la tradición de la iglesia les da a las necesidades actuales. No les hace justicia a los laicos y clérigos fieles que constantemente declaren o den a entender que sus servicios no son efectivos y que son inadecuadas las estructuras en las que trabajan. La conexión metodista unida siempre ha sido un reto para mantener. Reunirse y tomar decisiones en la conferencia requieren un profundo compromiso, energía y atención. Nombrar pastores donde sean más necesitados y mejor capacitados para servir es extraordinariamente complejo. Adorar y servir como una congregación significa estar nadando constantemente en contra de la corriente del privatismo y consumerismo norteamericano. Y ningún papel eclesial es más desalentador que tratar de ser un obispo de integridad.

Enormes cambios sociales han barrido los EE.UU. y aun las naciones en donde el metodismo unido es activo. Pero los seguidores del metodismo wesleyano inventaron la conexión precisamente para extender el evangelio en un mundo que ya estaba cambiando rápidamente cuando Wesley comenzó su movimiento. En un buen estilo metodista unido, la manera de trabajar en medio de estos cambios es una mezcla de tradición de la iglesia, experiencia evangélica y un pragmatismo vivo. La química cambiante de este sistema de gobierno sintético está escrito en un libro, para estar seguro, pero es más bien una práctica que se vive. Comprende las maneras en las cuales tradiciones y hábitos institucionales persisten así como los medios por los cuales la gente busca cambio. Está en interacción continua con cambios en el contexto social, tendencias y eventos. El sistema de gobierno metodista unido requiere por encima de todo que su gente sean teólogos prácticos, promulgando sus afirmaciones teológicas en respuesta a situaciones de cambio en la misión de la iglesia.

Este libro ha señalado muchos asuntos que habrán de desafiar el sistema de gobierno metodista unido ahora y en años por venir, a los cuales el pueblo metodista unido tendrá que traer todos los recursos de la tradición conexional. Los sintetizaré en cinco categorías. Primero, hay un conjunto de preguntas acerca del ministerio ordenado y la itinerancia. El creciente número de clérigos que se jubilan más los altos costos para tener un pastor a tiempo completo significará menos presbíteros ordenados a plena conexión en el futuro. El metodismo unido necesita desarrollar un sistema para enfrentar las necesidades pastorales de las muchas iglesias locales y circuitos pequeños, los cuales no pueden esperar recibir o sostener un presbítero bajo nombramiento. Estas iglesias están entre las más leales a la tradición metodista unida, pero hay el temor de que se sientan excluidas o aisladas de las conferencias que están dominadas por iglesias más grandes y clérigos a tiempo completo.

La propia itinerancia necesita de un estudio constante para encontrar maneras de nombrar presbíteros más adecuadamente. En particular, la iglesia necesita tratar tanto el reclutamiento de nuevos pastores como la alta atrición de los clérigos. Muchos pastores permanecen en la itinerancia diez años o menos; de acuerdo con un estudio, la tercera parte de los clérigos ordenados en la década entre 1974 y 1983 dejaron la iglesia local para los diez años y la mitad de los que se habían ido, dejaron de ser pastores o se localizaron. La gran diferencia entre los sueldos pagados por iglesias pequeñas y las grandes, puede que sea un factor. Mantenerse en un pacto entre clérigos, algunos de los cuales tienen una entrada cuatro o cinco veces mayor que la de otros, es muy difícil. Otro factor pudiera ser la inflexibilidad del sistema actual de los clérigos, en el cual los pastores y pastoras están limitados de hecho, a un servicio de toda la vida en una conferencia sin mucha oportunidad de ascender por toda la conexión.

El sistema de la itinerancia debe continuar buscando un balance entre su garantía de nombramiento bajo el pacto de los presbíteros y las necesidades y los deseos de las iglesias locales. La garantía de un nombramiento bajo el poder exclusivo del obispo, hace posible la colocación de mujeres como pastoras y el nombramiento de clérigos a lo largo de las líneas raciales, en un grado mayor que en otras denominaciones. Por otro lado, el sistema fuerza a la conexión a desarrollar un consenso más amplio, por ejemplo, sobre la ordenación de autodeclarados practicantes de la homosexualidad, ya que si pastores gays y lesbianas fueran admitidos a las conferencias anuales, gozarían de la misma garantía de nombramiento.

Algunas congregaciones quieren un papel más grande en la selección de sus pastores. Mientras que algunos se mueven hacia un sistema de llamado, la mayoría estaría de acuerdo con la posibilidad de proponer nombres de presbíteros para que fueran tomados en cuenta. Incorporar este deseo en un sistema justo de nombramiento garantizado será un reto inmenso, y es parte de la razón por la cual algunas personas piden que se quite por completo la garantía.

Otro asunto ministerial tiene que ver con el diaconado. El metodismo unido pudo trabajar por veinte años con una categoría híbrida para certificar y legitimar los roles cruciales de personal profesional en las iglesias. Los ministros diaconales están entrando ahora a la orden de los diáconos con estado de clérigos. Pero un diaconado permanente de personas que no estén nombradas como itinerantes por el obispo, es una innovación grande en el sistema de gobierno metodista unido y va a necesitar años de práctica para que la iglesia lo pueda vivir.

Un segundo asunto es cómo sostener la misión, tanto local como globalmente. Como que los seguros y pensión de los clérigos suben mucho, las conferencias anuales se resisten a aumentar los presupuestos para la conferencia y agencias generales. Por generaciones la IMU ha sostenido un cuadro de especialistas expertos en misiones, educación, acción social y otros asuntos conexionales. Pero en algunas agencias la mitad o más de estos puestos han sido eliminados.

El desafío ahora es el de reformar y crear estructuras a través de las cuales la iglesia pueda continuar su testimonio evangelístico en un mundo devastado por la pobreza, superpoblación, desastres ecológicos e injusticia social. El pueblo metodista unido responde con una notable generosidad ante la necesidad de pueblos en crisis. Los programas para entrenar, colocar y coordinar voluntarios laicos en misión, están creciendo rápidamente. Al pueblo metodista unido les gusta las actividades en donde se hacen las cosas, en las cuales pueden ver resultados prácticos y conocer nuevas amistades en la fraternidad del servicio cristiano.

A la vez, las agencias generales son una de las fuerzas claves en la conexión metodista unida. Éstas proveen servicios de apoyo en muchas áreas de la administración de la iglesia y el ministerio. También facilitan a toda la iglesia para que lleven adelante su llamado de desarrollar un ministerio educado y comprometido y una misión dinámica. Estas funciones básicas de la denominación deben continuar de alguna manera en el futuro.

Un tercer asunto es la posibilidad de crear una estructura para la conexión global, menos centralizada en los EE.UU., con todas las regiones de la iglesia participando en una base igual (proporcional) con todas las demás. Ambos el Concilio de obispos y el Concilio general de ministerios han estado desarrollando propuestas para que la Conferencia General se convierta en un cuerpo global con los dos propósitos de constituir unidades gobernantes básicas regionales y establecer una política amplia para toda la iglesia. Ésta se reuniría con menos frecuencia y rotaría entre las regiones del mundo. Las conferencias regionales tendrían libertad para aprobar formas y procedimientos que fueran útiles en culturas particulares—mucho de lo que las conferencias centrales hacen ahora.

Estos planes deben contender particularmente con la disparidad económica entre las sociedades del mundo. El crecimiento más rápido del metodismo unido está en África y en las Filipinas, en donde el nivel de vida es mucho menor que en los EE.UU. El metodismo unido norteamericano tendría que comprometerse a llevar mucho del costo de las reuniones globales y de las unidades administrativas.

Una iglesia global también abre las posibilidades para que iglesias metodistas autónomas se hagan compañeras del metodismo unido formando algún nuevo cuerpo eclesial que continúe la tradición metodista wesleyana. Las actividades del Concilio metodista mundial y las reuniones de la Conferencia metodista mundial cada cinco años ha facilitado que estos grupos se acerquen para la adoración, estudio y fraternidad. Una nueva iglesia haría que trabajaran juntos por un sistema de gobierno común así como una misión.

A la misma vez, está surgiendo un metodismo global, el metodismo unido está muy involucrado en un cuarto asunto para las iglesias norteamericanas. Las denominaciones protestantes convencionales han estado trabajando por muchos años hacia una nueva iglesia, católica, evangélica y reformada, inclusive de muchas tradiciones que salen de la Reforma Protestante y recibiendo a personas de toda identidad étnica y trasfondos. La IMU está a punto de entrar en una comunión del pacto con otras denominaciones comprometidas a un reconocimiento mutuo de membresía, ordenación y sacramentos, así como a una misión compartida.

La Iglesia de Cristo Unificada (The Church of Christ Uniting) va a llevar años para que surja (las conversaciones comenzaron hace cincuenta años). Cada tradición tiene que descubrir cómo traer sus propios dones y gracias eclesiales a la comunión, mientras que sigue enseñando lo que le es propiamente distintivo y los valores de un nuevo pacto relacional con otras iglesias. El esfuerzo para una unión orgánica de cuerpos de la iglesia tan prevaleciente en la primera mitad del siglo XX ha abierto el camino para un deseo de sistemas de gobierno que sean más flexibles, locales y prácticos. Pero todavía hay que ver qué forma va a tomar.

Finalmente, la iglesia va a enfrentar un asunto perenne de cómo definirse por medio de su sistema de gobierno. En el contexto norteamericano, después de todo, la iglesia es una asociación voluntaria compuesta por una variedad de seres humanos tan diversos como la propia humanidad. Depende de su pueblo que busca y conoce el llamado y la dirección de Dios. Está gobernada por una disciplina eclesial y no por una regla de la ley. Diga lo que diga la *Disciplina*, cada iglesia local y conferencia tiene su propia manera de hacer las cosas, sus tradiciones culturales locales y expectativas, su manera única de expresar la fe cristiana.

En especial, en muchas áreas de la vida de la iglesia tanto clérigos como laicos resisten activamente las demandas que les quita el sentido de la iglesia como una fraternidad o aun como una familia extendida o limita su autonomía local e iniciativa. Mientras que las agencias y las conferencias pueden estar ansiosas para poner las cosas por escrito y agregar mandatos, muchos metodistas unidos van a seguir con sus costumbres y sistemas de siempre.

A la misma vez, mientras que hay algunos metodistas unidos que resisten las órdenes en segunda y tercera persona que hay en la

Disciplina, hay una creciente necesidad de definiciones y políticas legales más precisas que gobiernen las operaciones de la iglesia. Especialmente cuando metodistas unidos buscan reparación en las cortes civiles en vez de por medio de los procedimientos de la iglesia, la ley civil hará presión sobre la iglesia para redefinir las vocaciones ministeriales como empleos de carreras profesionales, obispos como oficiales ejecutivos en jefe y las iglesias locales como empleadores corporativos. De hecho, la iglesia ha sido descuidada y contradictoria en muchas áreas de su política, especialmente en guardar documentos y en manejar a los empleados laicos. Las oficinas de distrito y episcopal no tienen el personal ni el dinero para mantener esa clase de archivos y procedimientos que uno esperaría del gobierno o de negocios corporativos. Mucho clérigos y líderes laicos prefieren manejar la iglesia con pedazos de papel regados en los bolsillos o en las carteras. Demasiados acuerdos y contratos se han hecho de manera informal y desconsiderada.

Si la iglesia no quiere que las cortes redefinan su sistema de gobierno, entonces tendrán que cambiar algunos de estos hábitos. Las iglesias locales y las conferencias tendrán que tener más cuidado con asuntos del personal y de la propiedad. Y esto debe hacerse no tanto para satisfacer las cortes civiles como para preservar la autonomía de la iglesia. Puede muy bien que haya puntos en los cuales la iglesia debe reclamar su libertad para definir su sistema de gobierno en su propio lenguaje eclesial, en las tradiciones de disciplina mantenida por largo tiempo por el pueblo metodista. Para hacerlo así, la iglesia debe tener su propia casa en orden.

Así como el metodismo unido se enfrenta a retos y cambios en estas cinco áreas, debe prestar mucha más atención a su sistema político, de la que le ha dado en el pasado. La iglesia ha confiado mucho en la tradición oral para pasar sus prácticas distintivas. Pero esto ha llevado a un descuido desafortunado de los fundamentos eclesiales y contextos históricos de los cuales ha salido el sistema de gobierno metodista unido. Muy pocos estudios que se puedan comparar con éste se han publicado en este siglo, y considero que éste es sólo el comienzo. Muchas áreas de práctica política necesitan estudio y reflexión, entre otras:

• el lugar emergente de la iglesia local en el conexionalismo;

• los efectos del liderato de las mujeres en las prácticas del sistema de gobierno, al moverse las mujeres de roles exclusivamente en organizaciones de género-específico a oficinas de la iglesia total;

• el lugar de los hombres en la iglesia, la manera en que las asunciones masculinas han dado forma al sistema de gobierno y la práctica, y los cambios que ocurren cuando los papeles masculinos cambian y las mujeres aparecen en el liderato;

• el papel del Concilio judicial al dar forma al sistema de gobierno y ejercitar influencia en la dirección de la iglesia;

• el impacto del «establecimiento» norteamericano del metodismo de 1880–1920 en el sistema de gobierno contemporáneo e interpretaciones de la conexión;

• las diferentes perspectivas políticas y prácticas de las iglesias rurales, urbanas y suburbanas;

• la comparación de la retórica de crisis contemporánea y el uso de conceptos de administración de los negocios con períodos anteriores, especialmente en la década de 1890;

• la comparación del sistema de gobierno metodista unido con los sistemas de otras tradiciones denominacionales, especialmente en el contexto de las tendencias culturales y cambio social; y

• la naturaleza global de la iglesia como ha aparecido no sólo en esta generación, sino a través de los últimos doscientos años.

El florecimiento actual de estudios sobre Wesley anima a todos los que quieren ver nuevas generaciones de metodistas unidos enfrascados en la teología y espiritualidad muy única de la tradición metodista. La iglesia ahora necesita estudios comparables que capturen la experiencia metodista de ser iglesia y su eclesiología distintiva.

El sistema de gobierno es una práctica vivida, de poco valor, como dijo Wesley, si no lleva a las personas a descubrir el insondable amor y esperanza de la vida con Cristo. A través de las generaciones el pueblo metodista unido ha descubierto disciplinas y vías de educación y misión que han traído incontables personas a esa nueva vida. Ha llegado el momento para reclamar los dones de esta rica tradición, aprender bien estos caminos y buscar maneras y prácticas para una iglesia vital del futuro.